ADAC Reiseführer

Prag

von Anneliese Keilhauer

Intro

Unterwegs

Leserforum

Die Meinung unserer Leserinnen und Leser ist wichtig, daher freuen wir uns von Ihnen zu hören. Wenn Ihnen dieser Reiseführer gefällt, wenn Sie Hinweise zu den Inhalten haben – Ergänzungs- und Verbesserungsvorschläge, Tipps und Korrekturen – dann kontaktieren Sie uns bitte:

Redaktion ADAC Reiseführer
ADAC Verlag GmbH
Am Westpark 8, 81365 München
Tel. 089/76 76 41 59
reisefuehrer@adac.de,
www.adac.de/reisefuehrer

Karten und Pläne

Service

Prag Impressionen

Stadt, deren Ruhm die Sterne berührt

»Ich sehe eine Stadt, deren Ruhm einst die Sterne berühren wird« – mit diesen Worten soll die sagenumwobene Seherin Libussa in grauer Vorzeit die Gründung der Stadt Prag prophezeit haben. Und die Weissagung erfüllte sich: Mit ihrer malerischen Lage an der Moldau, ihrer architektonischen Schönheit und ihrer reichen Geschichte ist die tschechische Hauptstadt seit Jahrhunderten ein Anziehungspunkt für Menschen aus aller Welt.

Kunterbuntes Weltkulturerbe

Fast 4 Mio. Reisende besuchen jedes Jahr die Moldaumetropole, die seit 1992 stolz den Titel **UNESCO Weltkulturerbe** trägt – und dabei keinesfalls die Zukunft vergessen hat. Tradition und Moderne, sorgfältiger Erhalt und kreative Entwicklung, tschechische Kultur und multikulturelles Flair gehen in Prag Hand in Hand und sorgen für reizvolle Kontraste: Ganz selbstverständlich eröffnen in historischen Gemäuern Museen und Galerien für Moderne Kunst, in mittelalterlichen Gewölbekellern haben durchgestylte Bars und Klubs Platz gefunden, und die altehrwürdige Prager Burg wird alljährlich Kulisse für zeitgenössische Musik- und Theaterproduktionen. In den vergangenen 20 Jahren, seit der ›Samtenen Revolution‹ 1989, haben zahlreiche tschechische und internationale **Literaten, Musiker und Künstler** Prag als ihre Bühne entdeckt und viele haben die Stadt zu ihrer Wahlheimat gemacht. So ist es nicht ungewöhnlich, wenn sich die Musiker während einer Jam-Session mit einem Mischmasch aus Tschechisch, Englisch und Spanisch absprechen, eine amerikanische Goldschmiedin ein Schmuckgeschäft in der Altstadt betreibt oder sich der Karikaturenmaler auf der Karlsbrücke mit einem fröhlichen ›Grazie‹ beim Porträtierten bedankt. Doch halt! Die bunte

Rechts oben: *Musik liegt in der Luft! Nicht nur auf der Karlsbrücke – überall in Prag*
Rechts Mitte: *Zeitreise – Die Jugendstilfresken im Gemeindehaus erzählen Geschichte*
Rechts unten: *Parade der Kraftkerle – Barockskulpturen im Waldstein Garten*
Unten: *Wie ein Schattenriss – die Karlsbrücke im Licht der untergehenden Sonne*

Vielfalt Prags entdeckt man am besten selbst – und zwar bei einem Spaziergang durch die vier historischen Stadtteile Hradschin, Kleinseite, Altstadt und Neustadt.

Vom Hradschin in die Neustadt

Als Ausgangspunkt bietet sich der Burgberg **Hradschin** (Hradčany) an, denn hier oben hat auch die Stadtgeschichte ihren Anfang genommen: Im 9. Jh. gründete der erste Fürst der Tschechen, Bořivoy, auf dem lang gestreckten Höhenrücken am linken Moldauufer die **Prager Burg**. Im Lauf der Jahrhunderte wurde sie als Residenz der Herzöge und Könige von Böhmen immer weiter ausgebaut, und so präsentiert sie sich heute als imposantes Zeugnis von Macht, Reichtum und Kunstwollen. Unbedingt sehenswert ist der opulent ausgestattete **Dom St. Veit**, in dem einst die Herrscher gekrönt wurden, sowie der **Alte Königspalast** mit dem Wladislawsaal, dem größten und wohl schönsten Saalbau des späten Mittelalters. Im niedlichen Kontrast zu all dieser Grandezza steht das **Goldene Gässchen** mit seinen hübschen Puppenstubenhäuschen.

Von den Rampen der Burg hat man einen schönen Blick auf die **Kleinseite** (Malá Strana), die sich in die Talmulde zwischen Burghügel, Laurenziberg und

Moldau schmiegt. Über die malerische **Nerudagasse** gelangt man hinunter in diese einstige Wohnstadt des Adels, die verträumte Gässchen ebenso prägen wie barocke Prachtbauten, allen voran die majestätische kuppelbekrönte Kirche **St. Niklas auf der Kleinseite**. Für Freunde moderner Kunst bietet sich nun ein Besuch des **Museum Kampa** in einer alten Mühle auf der Moldauinsel Kampa an. Erholungsbedürftige können in einem der wunderschönen **Palastgärten** eine kleine Ruhepause einlegen. Und wer schon jetzt auf die Suche nach hübschen Souvenirs gehen möchte, wird sicherlich in der **Brückengasse** mit ihren zahlreichen kleinen Geschäften fündig.

Auf dem Weg in die **Altstadt** (Staré Město) überquert man nun die imposante **Karlsbrücke**, die nicht nur von dramatisch bewegten **Barockskulpturen**, sondern auch von Musikern, Malern und Andenkenhändlern bevölkert wird. Unbedingt empfehlenswert ist der Aufstieg auf den **Altstädter Brückenturm**. Von oben eröffnet sich ein herrlicher Blick hinunter in die mittelalterlichen Gassen der Altstadt. Eine davon, die von Geschäften, Restaurants und Hotels gesäumte **Karlsgasse**, führt geradewegs auf den **Altstädter Ring** zu. Dieser Platz im Zentrum der Altstadt dient seit jeher als grandiose Bühne aller bedeutenden politischen und festlichen Ereignisse Prags. Mit etwas Glück kann man hier eine Tanzaufführung bewundern oder über einen bunten Markt schlendern. Schön und lehrreich ist der Blick hinauf aus dem Trubel zur Fassade des **Altstädter Rathauses** mit der Astronomischen Uhr, einem kunstvoll bebilderten Meisterwerk der Technik.

Nördlich des Altstädter Rings breitet sich die **Josefstadt** aus, das ehemalige jüdische Getto. Das hiesige **Jüdische Museum** umfasst neben dem Alten Jüdischen Friedhof auch mehrere Synagogen, die heute Ausstellungen zu Geschichte, Religion und Kultur der Prager Juden zeigen.

Zurück auf dem Altstädter Ring passiert man nun die **Zeltnergasse**, deren

Bebauung bereits auf romanisch-gotische Zeit zurückgeht. Mit einer bedeutenden Ausnahme: Das **Haus zur Schwarzen Muttergottes** von 1911 ist der erste wichtige Bau des Kubismus, eine Architekturform, die nur in Tschechien zu finden ist.

Schließlich erreicht man die **Neustadt** (Nové Město) mit dem Platz der Republik, auf dem das schönste Jugenstil-Gebäude Prags die Blicke auf sich zieht: das prachtvolle **Gemeindehaus** mit Restaurants, Café und dem Smetana-Saal, einem der wichtigsten Konzertsäle der Stadt. Einige der Mosaike und Fresken im Inneren stammen vom berühmten Jugendstilkünstler **Alfons Mucha**, dem nahebei ein eigenes Museum gewidmet ist. Durch die belebte Einkaufsstraße **Am Graben** gelangt man nun zum lang gestreckten **Wenzelsplatz**, dem Herz der Neustadt, auf dem das Leben tagsüber in Kaufhäusern und Passagen, nach Einbruch der Dunkelheit in zahlreichen Klubs, Kasinos und Bars pulsiert.

Links oben: *Tradition mit Schwung – Eine Folkloregruppe tanzt auf dem Altstädter Ring*
Links unten: *Noch ein Stück Torte? In den Kaffeehäusern fällt das Widerstehen schwer*
Rechts oben: *Café mit Aussicht – und zwar auf Teyn-Kirche und Astronomische Uhr*
Mitte: *Bunte Stilkunde v. li. n. re.: Jugendstilmosaik im Gemeindehaus, Tanzendes Haus als Beispiel der Moderne, Kuppel des Nationalmuseums im Zeichen der Neorenaissance*

Kulinarisches und Kulturelles

Eine Stadtbesichtigung macht Appetit, und an Einkehrmöglichkeiten herrscht in

Prag wahrlich kein Mangel. Urgemütliche **böhmische Bierkeller** sorgen mit Schweinebraten, Knödel und frischgezapftem, oft selbstgebrautem Bier für neue Energie. Wer es schicker mag wählt vielleicht eine minimalistisch-moderne Sushibar, und für den erlesenen Geschmack halten exquisite Feinschmeckerrestaurants kulinarische Höchstleistungen bereit. Keinesfalls entgehen lassen sollte man sich einen Besuch in einem der traditionsreichen **Kaffeehäuser**. Wo einst Franz Kafka, Max Brod und Franz Werfel über ihre literarischen Werke diskutierten, besprechen heute Studenten der Karlsuniversität ihre Seminararbeiten, blättern Intellektuelle in Zeitungen, und Gäste aus aller Herren Länder lassen sich bei leiser Klaviermusik Latte Macchiato und Palatschinken schmecken.

Ausgeruht und frisch gestärkt kann man sich nun dem Abendprogramm zuwenden. Wie wäre es zum Beispiel mit einem **klassischen Konzert** im Rudolfinum, Heimstatt der hochgelobten Tschechischen Philharmoniker? Oder doch lieber Jazz? Spätestens seit Bill Clinton 1994 sein Saxophon im Reduta Club erklingen ließ, ist Prag als **Metropole des Jazz** weltberühmt. Theaterfans haben die Qual der Wahl zwischen so renommierten Bühnen wie dem **Nationaltheater** und dem **Ständetheater**. Wer es experimenteller mag, wird von der fantastischen Bühnenshow der **Laterna Magica** begeistert sein, einer Prager Institution.

Der Reiseführer

Dieser Band stellt Prag in *sechs Kapiteln* vor. Von den geschichtsträchtigen Bezirken im Herzen der Metropole bis zu den Highlights rund um Prag gibt die Autorin ein umfassendes Bild. **Übersichtskarten**, **Pläne** und **Grundrisse** erleichtern die Orientierung. Besondere Empfehlungen zu Sehenswürdigkeiten, Hotels, Restau-

Oben: *Fernblick vom Altstädter Brückenturm – Westlich der Moldau gilt es, die Kleinseite und den Hradschin zu entdecken*
Links: *Shoppinggelüste? Wie wär's mit kecken Kreationen in kleinen Boutiquen, böhmischem Glas im Traditionsgeschäft oder bunter Vielfalt im modernen Einkaufszentrum?*
Rechts Mitte: *Mozart live! Noch dazu in der Villa Bertramka, wo er einst als Gast weilte*
Rechts unten: *Klangmeister – die Tschechischen Philharmoniker im Rudolfinum*

rants, Bierkellern und Cafés bieten die **Top Tipps**. Auf den letzten Seiten informiert **Prag aktuell A bis Z** über Nützliches wie Anreise, Einkaufsmöglichkeiten, Essen und Trinken, Festivals und Events sowie Nachtleben, Unterkunft und Verkehrsmittel. Hinzu kommt ein praktischer **Sprachführer**. Im Rahmen des **Kaleidoskops** runden Kurzessays zu verschiedenen interessanten Themen den Reiseführer ab. Hinweise für Kurzbesucher bietet die Rubrik **1 Tag/1 Wochenende in Prag**.

Geschichte, Kunst, Kultur im Überblick

Stadt der Kaiser und Könige, Kaufleute und Künstler

8000–5000 v. Chr. Besiedlung des Prager Beckens.
4. Jh. v. Chr. Einwanderung der keltischen Boier aus dem Stammeszentrum Bononia in das ›Heim der Boier‹, also nach Böhmen, lateinisch Bohemia.
1.–5. Jh. n. Chr. Besiedlung durch germanische Stämme.
6. Jh. Unter dem Druck der turko-mongolischen Awaren dringen slawische Stämme in das Innere des Böhmischen Beckens vor.
623–658 Slawischer Stammesbund unter Führung des Kaufmanns Samo.
um 830 Das westslawische Großmährische Reich entsteht.
9. Jh. Den westslawischen Stamm der Tschechen (namengebend war der sagenhafte Ahnherr Čech) führt das Geschlecht der Přemysliden an. Dessen sagenhafte Ahnherrin Libussa (Libuše) prophezeit Gründung und Ruhm der Stadt Prag (tschechisch: Praha, Schwelle oder Stromschnelle).
871–894 In der Regierungszeit von Bořivoj I., dem ersten historisch bezeugten Fürst der Tschechen, wird der Fürstensitz von Levý Hradec (nördlich von Prag) auf den Hradschin verlegt und die Prager Burg sowie die erste Steinkirche errichtet. Bořivoj I. und seine Gemahlin Ludmila werden von Slawenapostel Method getauft und nehmen die slawisch-byzantinische Liturgie an.
10. Jh. Prag entwickelt sich zur internationalen Handelsstadt. Der spanisch-jüdische Kaufmann Ibrahim Ibn Jakub schildert Prag als »aus Stein und Kalk erbaut und eine der reichsten Handelsstädte weit und breit«.
920–935 Fürst Wenzel (Václav) der Heilige erkennt sowohl die Lehnshoheit der deutschen Könige als auch die lateinische Liturgie an. Prag untersteht dem Bistum Regensburg. 929 wird Wenzel von seinem Bruder Boleslav I., dem Grausamen, ermordet und wenig später als erster Märtyrer zum Landesheiligen erhoben. Seine Großmutter Ludmila wird erste Landespatronin.

Miniatur Kaiser Karls IV. in der Goldenen Bulle, um 1400

973 Prag wird Bischofssitz und untersteht dem Erzbistum Mainz. – Mlada, die Schwester von Fürst Boleslav II., gründet auf dem Burgberg das Benediktinerinnenstift St. Georg, das älteste Kloster Böhmens.
993 Adalbert (Vojtěch), Bischof von Prag, gründet das Benediktinerstift Breunau (Břevnov).
1085 Kaiser Heinrich IV. verleiht Fürst Vratislav II. (reg. 1061–92) für seine Hilfe im Investiturstreit die Königswürde. Deutsche, französische und jüdische Kaufleute und Handwerker siedeln beidseitig der Moldau.
1140–72 Während der Regierungszeit von Fürst Vladislav II., ab 1158 König Vladislav I., wird das Prämonstratenserstift Strahov als bedeutendes Kulturzentrum gegründet und die steinerne Judith-Brücke über die Moldau gebaut.
1197–1230 König Ottokar I. (Přemysl I. Otakar) erhält 1212 von Kaiser Friedrich II. die Bestätigung Böhmens als erbliches Königreich. Grundlage der wirtschaftlichen Macht ist die Silberförderung.
1230–53 Wenzel I. lässt die ›Erste‹ oder ›Alte Stadt Prag‹ (Altstadt) erweitern und befestigen.
1253–78 Unter Ottokar II. (Přemysl II. Otakar), der ›eiserne‹ oder ›goldene König‹, wird Böhmen Großmacht. 1278 fällt er in der Schlacht gegen Rudolf von Habsburg auf dem Marchfeld.
1257 Stadtrecht für die ›Kleinere Stadt Prag‹ (Kleinseite).
1306 Ermordung des siebzehnjährigen Königs Wenzel III. Das Königsgeschlecht der Přemysliden erlischt im Mannesstamm.
1310 Johann von Luxemburg (1296–1346) vermählt sich mit Elisabeth (1292–1330), der letzten Vertreterin aus dem Geschlecht der Přemysliden.
1344 Prag wird Erzbistum, Baubeginn des Veitsdomes.
1348 Gründung der ersten Universität Mitteleuropas (Collegium Carolinum) nach dem Vorbild von Paris und Bologna. Gründung der Neustadt als Wohnsitz für Handwerker.
1355 Karl IV. (röm.-dt. König 1346–78) wird zum Kaiser gekrönt. Prag, die ›Goldene Stadt‹, wird zum politischen und kulturellen Mit-

telpunkt des Heiligen Römischen Reiches, mit 40 000 Einwohnern die größte Stadt Mitteleuropas. Überführung der Reichskleinodien auf die Burg Karlstein.

1356 Goldene Bulle: Unabhängigkeit der Staatsmacht vom Papsttum, Regelung der Königswahl.

1378–1419 Wenzel IV. (röm.-dt. König 1376–1400) übernimmt nach dem Tod seines Vaters Karl IV. die Herrschaft. Streitigkeiten mit Hochadel und Klerus. Soziale Unruhen, konfessionelle und nationale Spannungen zwischen Tschechen und Deutschen. Beginn der Reformation.

1383–1483 Die böhmischen Herrscher residieren im Königspalast in der Neustadt. Aus Sicherheitsgründen wird dieser schließlich wieder zugunsten der Prager Burg aufgegeben.

1393 Johannes von Pomuk (Nepomuk), Generalvikar des Erzbistums Prag, wird auf königliches Geheiß gefoltert, sein Leichnam in die Moldau geworfen. 1729 wird er heilig gesprochen.

1409 Das Kuttenberger Dekret sichert der von dem Kirchenkritiker Jan Hus geführten ›tschechischen Nation‹ bestimmenden Einfluss auf die Universität. Abwanderung zahlreicher deutscher Professoren und Studenten nach Leipzig.

1415 Jan Hus wird auf dem Konzil von Konstanz als Ketzer verbrannt. Protestbriefe fordern die Spendung des Abendmahls »unter beiderlei Gestalt«. Der Laienkelch wird das Symbol der hussitischen Revolution.

1419 Erster Prager Fenstersturz am 30. Juli: Hussiten stürmen das Neustädter Rathaus und werfen katholische Ratsherren aus dem Fenster. Beginn der Hussitenkriege. Spaltung der Hussiten in den gemäßigten Prager Städtebund (Utraquisten) und Kalixtiner (Universität, Hochadel, Bürgertum) einerseits sowie die radikalen Taboriten (Kleinadel, Bürger, Bauern).

Die Krone Kaiser Rudolfs II. ist ein Werk Jan Vermeyens

1420 Sieg der Taboriten unter Jan Žižka am 14. Juli bei der Schlacht auf dem Vítkov bei Prag. Sie weisen Kaiser Sigismunds Ansprüche auf den böhmischen Thron zurück, der sich desungeachtet zum König von Böhmen krönen lässt.

1433 Konzil von Basel: Die Utraquisten schließen einen Kompromiss mit der katholischen Kirche, Zugeständnis des Laienkelches und weitgehender Religionsfreiheit (Baseler Kompaktate).

1434 Bei der Schlacht von Lipany besiegt das Adelsheer der Utraquisten das Volksheer der Taboriten.

1436 Kaiser Sigismunds wird als König von Böhmen anerkannt und gekrönt.

1458–71 Regentschaft Georgs von Podiebrad, des ›Hussitenkönigs‹.

1471–1526 Die polnisch-litauischen Jagiellonen führen die Regentschaft: Wladislaw II. und Ludwig I., der 1526 bei Mohacs fällt. Böhmen und Ungarn fallen im Erbgang an die Habsburger.

1526–64 In der Regierungszeit Ferdinands I. entsteht das königliche Lustschloss Belvedere 1538–60 als erster reiner Renaissancebau Prags. 1556 Berufung der Jesuiten nach Böhmen.

1564–76 Regierungszeit Maximilians II.

1576–1612 Rudolf II. führt das Land zu erneutem kulturellen Aufschwung, Prag wird wieder Hauptstadt, ein Zentrum der Spätrenaissance und des Frühbarock. Rudolf richtet auf der Burg eine bedeutende Kunstsammlung mit Gemäldegalerie ein und zieht Künstler und Gelehrte aus aller Herren Länder an seinen Hof, z. B. die Astronomen Johannes Kepler und Tycho Brahe. Blüte des Prager Judentums mit Rabbi Löw. 1609 sichert der Majestätsbrief die Religionsfreiheit.

Deutlich erkennbar sind die Türme des Burgbergs auf einem Kupferstich von 1618 ▷

1612–19 Matthias I. erhält die Krone. Am 23. Mai 1618 kommt es zum zweiten Prager Fenstersturz: Weil Matthias die Religionsfreiheit immer mehr beschneidet, werfen protestantische Adlige drei katholische Beamte aus dem zweiten Stock der Hofkanzlei. Beginn des Aufstands der böhmischen Prostestanten und des Dreißigjährigen Krieges. 1619 wird Kurfürst Friedrich V. von der Pfalz zum böhmischen König gewählt (›Winterkönig‹).
1619–37 Regierungszeit Ferdinands II.
1620 Am 8. November Schlacht am Weißen Berge bei Prag: Das kaiserliche Heer und die Katholische Liga unter Maximilian von Bayern schlagen die protestantischen böhmisch-mährischen Stände unter Führung Christians von Anhalt. Über Böhmen bricht ein Strafgericht herein – 150 000 Flüchtlinge, Enteignung vieler Adeliger, Gegenreformation und Rekatholisierung.
1621 21. Juni: Hinrichtung der 27 Anführer des Aufstandes von 1618 vor dem Altstädter Rathaus.
1623–27 Durch die Verlegung der böhmischen Hofkanzlei nach Wien verliert Prag an Bedeutung. Böhmen wird gemäß der ›Verneuerten Landordnung‹ Erbland Habsburgs. Generalissimus Albrecht von Wallenstein lässt das erste Prager Barockpalais errichten.
1648 Schwedische (protestantische) Truppen besetzen den Hradschin und die Kleinseite. Der Westfälische Friede beendet den Dreißigjährigen Krieg.
nach 1650 Zunehmender wirtschaftlicher Aufschwung führt zu reger Bautätigkeit. Durch italienische Wanderkünstler wird das Böhmische Barock eingeleitet.
1740–80 Maria Theresia wird Königin von Böhmen und Ungarn, Regentin der habsburgischen Erblande. Im Österreichischen Erbfolgekrieg und im Siebenjährigen Krieg wird Prag von Franzosen und Preußen dreimal belagert. Ausbau der Prager Burg.
1780–90 Joseph II., Reformkaiser des aufgeklärten Absolutismus, hebt die Leibeigenschaft auf und säkularisiert zahlreiche Klöster. Das Toleranzpatent von 1781 gewährt Angehörigen nichtkatholischer Konfessionen beschränkte Religionsfreiheit, die Lage der Juden verbessert sich. Das Jüdische Getto entwickelt sich zur ›Josefstadt‹.

Protestanten stürzen 1618 katholische Beamte in die Tiefe

1784 Vereinigung der Prager Städte Hradschin, Kleinseite, Altstadt und Neustadt zur Großstadt Prag (72 000 Einwohner). Die Spannungen zwischen Tschechen und Deutschen wachsen.
1792–1835 Franz II. wird 1804 als Franz I. Kaiser von Österreich. Staatskanzler Fürst Metternich unterdrückt alle Freiheitsbewegungen. Während der Napoleonischen Kriege sind französische und russische Truppen in Prag stationiert.
1845 Eröffnung der Eisenbahnlinie Wien – Prag. Belebung der Industrie, erste Arbeiterviertel entstehen.
1848 Slawenkongress unter Leitung des national orientierten Historikers František Palacký. Der antihabsburger ›Prager Pfingstaufstand‹ wird blutig niedergeschlagen.
1848–1916 Unter Franz Joseph I. kommt es zum nationalen Aufbruch, Besinnung auf tschechische Identität. Bedeutende Schriftsteller und Künstler wirken in Prag (›Generation des Nationaltheaters‹). Historismus und Sezession.
1861 Die Deutschen verlieren ihre Mehrheit im Stadtparlament.
1866 Friede von Prag zwischen Preußen und Österreich am 23. August. Ende des Deutschen Bundes.
1868 Gründung des Nationaltheaters.
1882 Spaltung der Universität in eine tschechische und eine deutsche.
1891 Bei der Landesausstellung präsentiert sich Böhmen als industrielles Kernland der Donaumonarchie.
1918 Am 28. Oktober wird in Prag die Tschechoslowakische Republik ausgerufen. Erster Präsident ist Thomás G. Masaryk.
1939 Deutsche Truppen besetzen das ›Reichsprotektorat Böhmen und Mähren‹.
1942 Am 27. Mai wird im Prager Vorort Libeň auf den stellvertretenden Reichsprotektor Reinhard Heydrich ein Bombenattentat verübt. Als Vergeltungsschlag folgt die Vernichtung des Dorfes Lidice (Liditz) bei Prag. Insgesamt 36 000 Prager Juden werden während des Zweiten Weltkriegs ermordet.
1945 Prager Aufstand am 5. Mai, vier Tage später rückt die Rote Armee ein. Vertreibung der Prager Deutschen und Ungarn aus der Stadt.
1948 Die Tschechoslowakei wird zur Volksrepublik erklärt. Klemens Gottwald wird Staatspräsident.
1954 Prag zählt 1 Million Einwohner.
1960 Neue Verfassung: Sozialistische Republik (ČSSR).
1968 Reformprogramm eines »Sozialismus mit menschlichem Antlitz« unter Parteichef Alexander Dubček. Am

Panzer setzen der friedlichen Reformbewegung ›Prager Frühling‹ 1968 ein Ende ▷

21. August wird dieser ›Prager Frühling‹ durch Truppen des Warschauer Paktes (UdSSR, DDR, Polen, Ungarn, Bulgarien) niedergeworfen.
1969 ČSSR wird tschech.-slowak. Bundesstaat. Parteichef ist Gustav Husák, seit 1975 auch Staatspräsident.
1974 Erste Metro-Strecke in Prag.
1977 Gründung der Bürgerrechtsgruppe ›Charta 77‹.
1988 Regierungsumbildung als Folge der von Michail Gorbatschow in der UdSSR eingeleiteten ›Perestrojka‹.
1989 Demokratie-Kundgebungen am Wenzelsplatz werden von der Polizei gewaltsam niedergeschlagen. Alexander Dubček und Václav Havel, Schriftsteller und Dissident, sprechen am 24./25. November vor 500 000 Demonstranten. Präsidium und Sekretariat der KPČ treten zurück. Nach der ›Samtenen Revolution‹ wird am 10. Dezember ein mehrheitlich nichtkommunistisches Kabinett mit Marián Čalfa als Regierungschef gebildet. Alexander Dubček wird Präsident der Bundesversammlung und Václav Havel erster nichtkommunistischer Staatspräsident seit 1948. – Bereits im Herbst suchen Tausende DDR-Bürger Zuflucht in der bundesdeutschen Botschaft im Palais Lobkowitz in Prag, von wo aus sie in die Bundesrepublik ausreisen wollen.
20. April 1990 Neuer Staatsname: Tschechische und Slowakische Föderative Republik (ČSFR). Besuch von Papst Johannes Paul II.
Juni 1990 Überwältigender Sieg des Bürgerforums bei den ersten freien Parlamentswahlen des Landes seit 44 Jahren.
1992 Václav Havel legt sein Amt als Staatspräsident der ČSFR nieder. Zum Jahresende erfolgt die Teilung in zwei souveräne Staaten, die Tschechische und die Slowakische Republik. – Prag wird zum UNESCO-Weltkulturerbe ernannt.
1993 Prag wird Hauptstadt der Tschechischen Republik. Václav Havel wird zum ersten tschechischen Präsidenten gewählt.
1997 Der dt. Bundeskanzler Helmut Kohl und der tschech. Ministerpräsident Václav Klaus unterzeichnen den deutsch-tschechischen Aussöhnungsvertrag.
1999 Die Tschechische Republik tritt der NATO bei.
2000 Prag wird Kulturhauptstadt Europas.
2002 Der Sozialdemokrat Vladimir Spidla geht als Sieger aus den Wahlen im Juni hervor. Im August werden weite Teile Prags durch die katastrophale Jahrhundertflut der Moldau überschwemmt.
2003 In einem Referendum entscheiden sich die Tschechen mehrheitlich für einen Eintritt ihres Landes in die EU.
2004 Am 1. Mai tritt die Tschechische Republik mit neun weiteren neuen Mitgliedsstaaten der EU bei.
2007 Ende Juli beginnt die umfangreiche Restaurierung der Karlsbrücke samt der 30 Figuren, die bis zu 13 Jahre dauern könnte.
2008 Fertigstellung der Autobahn A6 Nürnberg–Prag.
2009 Die Tschechische Republik übernimmt ab Januar für ein halbes Jahr die EU-Ratspräsidentschaft. Staatspräsident und EU-Gegner Václav Klaus lehnt jedoch das Hissen der EU-Flagge auf der Prager Burg ab.

Ein DDR-Bürger versucht 1989 über den Zaun der Deutschen Botschaft in Prag zu klettern ▷

Unterwegs

Verkehrsweg und Zierde zugleich: die Moldaubrücken Prags

Hradschin – ein Jahrtausend von Reichtum, Glanz und Herrlichkeit

Der Stadtteil Hradschin (Hradčany) umfasst den ausgedehnten Gebäudekomplex der **Prager Burg** mit dem **Lustschloss Belvedere** im Nordosten sowie die einstigen Vorstädte bis hin zum **Kloster Strahov** im Südwesten des Burghügels. Burgpalast, Kirchen, Klöster, und Palais spiegeln eindrucksvoll die mehr als tausendjährige Geschichte des tschechischen Staates wider. Die Anfänge der Prager Burg reichen ins 9. Jh. zurück, im 14. Jh. erkor sie *Kaiser Karl IV.* zum Mittelpunkt des Heiligen Römischen Reiches und den **Veitsdom** zur Kathedrale des Erzbistums Prag. König *Wladislaw II.* ließ im 15. Jh. den **Alten Königspalast** großzügig ausbauen. Die ersten Habsburger fügten ausgedehnte Parkanlagen und das Belvedere hinzu. Unter *Kaiser Rudolf II.* erblühte die Prager Burg als politischer und kultureller Mittelpunkt der Spätrenaissance, im 18. Jh. folgte die Umgestaltung weiter Bereiche im Stil des Barock. Ab 1918 residierte auf dem Hradschin der Staatspräsident der Tschechoslowakei, seit 1993 ist der Staatspräsident der Tschechischen Republik im Burgpalast ansässig.

1 Prager Burg
Pražský hrad

Einstige Königsresidenz über der Moldau.

Tel. 224 37 33 68, www.hrad.cz
Burgareal: April–Okt. tgl. 5–24,
Nov.–März tgl. 6–23 Uhr
Gebäude, Galerien, Info- und Kartenverkaufsstelle (im zweiten Burghof):
April–Okt. tgl. 9–18,
Nov.–März tgl. 9–16 Uhr
Metro A Hradčanská
Straßenbahn 22 Pražský hrad

Die Prager Burg thront weithin sichtbar über der Stadt und ist mehr als eine Burg im herkömmlichen Sinne. Auf einem von Mauern und Burggraben umgebenen riesigen Areal scheint die Historie Prags in all ihrer Pracht zu Stein geworden zu sein, Besucher wandeln wie in einem Museum durch die Epochen von Macht und Reichtum. Zusätzlich wird die Prager Burg regelmäßig zur imposanten Kulisse für kulturelle Veranstaltungen der Spitzenklasse, z. B. das alljährliche Jazzfestival (www.jazznahrade.cz) oder das Shakespeare Sommerfestival [s. S. 123].

Herzstück der Prager Burg: der Dom St. Veit ▷

Erster Burghof 1

První nádvoří

Schon der Eingang zur Prager Burg bietet einen imposanten Anblick. Wählt man für den Besuch die Mittagsstunde, präsentiert sich der erste Burghof, auch Ehrenhof genannt, zudem mit einem besonderen Spektakel: Eine Menschenmenge drängt sich vor dem Tor und rund um die schmiedeeiserne Umzäunung, um die von Fanfaren begleitete Zeremonie der **Großen Wachablösung** zu beobachten. Wer dieses tägliche Ritual der uniformierten hoheitlichen Burgwache um Punkt 12 Uhr versäumt hat, kann eine kleinere Version davon auch zu jeder vollen Stunde miterleben. Ist das Schauspiel vorüber und jeder Protagonist wieder an seinem Platz, kann man den Ersten Burghof betreten und dessen Pracht in aller Ruhe auf sich wirken lassen.

Mitte des 18. Jh. ließ Kaiserin Maria Theresia den tiefen Burggraben an der Westseite zuschütten, einige mittelalterliche Gebäude abtragen oder wieder herstellen und 1756–74 die ›Königliche Hofburg‹ nach Plänen des Wiener Oberhofarchitekten *Nikolaus (Nicolo) von Pacassi* ausbauen. Die hinter einheitlichen Fassaden zusammengefassten **West- und Südflügel** des Burgpalastes – die sogenannten Theresianischen oder Pacassi-Trakte – markieren das Ende des Prager Barock, die Wende zum nüchternen Klassizismus. *Ignaz Platzer*, der führende Bildhauer des Prager Rokoko, fertigte den plastischen Schmuck an: kämpfende Giganten am **Eingangstor** zum Ehrenhof, Vasen und militärische Embleme auf der Attika (weitgehend durch Kopien ersetzt).

Das **Matthias-Tor** (1614) von Giovanni Maria Filippi, ursprünglich ein Teil der Befestigungen aus Kaiser Matthias' Zeit, ließ Pacassi in den Eingangsflügel einfügen. Flächiger Aufbau und horizontale Rustikagurte erinnern an manieristische Festungsanlagen in Norditalien Ende des 16. Jh. Der gewaltige Höhendrang – bis zum vierten Geschoss des Pacassi-Flügels – und die geschwungenen Seitenteile des Giebels nehmen jedoch barocke Kirchenfassaden um Jahrzehnte vorweg (Salvator-Kirche in der Altstadt, s. S. 66). So gilt das Matthias-Tor als frühestes Beispiel des *Prager Barock*, durch das – bildlich gesprochen – die neue Stilrichtung ihren Einzug in Böhmen hielt.

An Wächtern und kraftstrotzenden Giganten vorbei gelangt man in die Innenhöfe der Burg

Zweiter Burghof und Gemäldegalerie 2

Druhé nádvoří a Obrazárny Pražského hradu

Die umlaufenden Palastflügel entstanden zum Großteil im 16. Jh., die Fassaden entwarf *Nikolaus von Pacassi*. Der frühbarocke **Sandsteinbrunnen** des Prager Bildhauers *Hieronymus Kohl* und des italienischen Steinmetzen *Francesco della Torre* greift das klassische Muschelmotiv auf. Den Säulenfuß umringen Götterfiguren (Merkur, Neptun, Herkules, Vulkan, datiert 1686), Tritonen und Löwen.

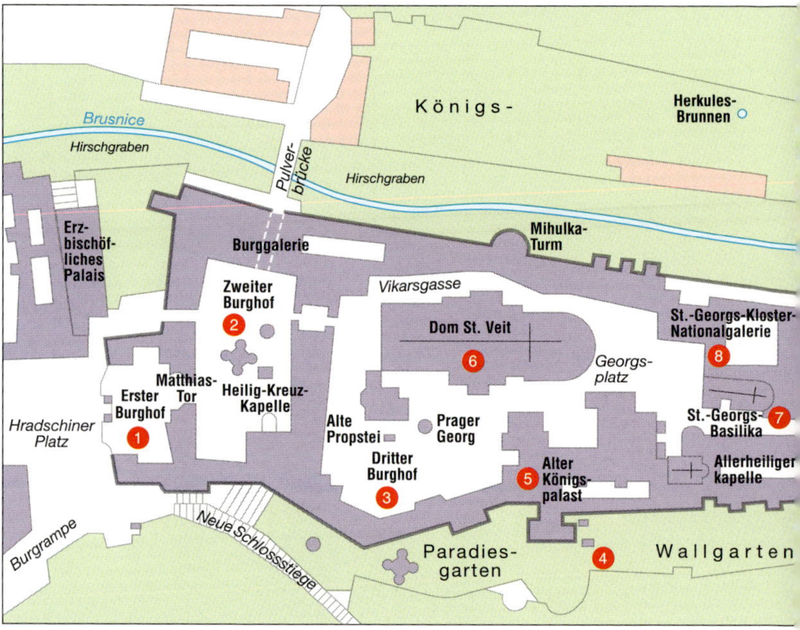

Die **Gemäldegalerie** (Tel. 224373531, www.obrazarna-hradu.cz) in den ehemaligen Marställen (Eingang im Nordflügel) birgt die wiederaufgefundenen Werke der habsburgischen Kunstsammlung des 16. und 17. Jh., darunter auch einige Stücke aus der Rudolfinischen Sammlung. Gemälde von Holbein, Cranach, Tizian, Tintoretto, Bassano, Veronese, Reni, Brandl, Fetti, Kupecký, Grund sowie böhmische Barockmeister des 18. Jh. werden hier ausgestellt. Höhepunkte sind das Gemälde ›Kaiser Matthias‹ von dem seit 1596 als Hofmaler tätigen *Hans von Aachen* (1552–1615), eine Büste Kaiser Rudolfs II. und ein Bronzepferd von *Adriaen de Vries* (1545–1626). Beachtung schenken sollte man auch der ›Versammlung der olympischen Götter‹ aus der Frühzeit *Peter Paul Rubens* (1577–1640). Hinter einer Glaswand befinden sich die 1950 freigelegten **Fundamente** der ältesten Kirche der Prager Burg, der von Fürst Bořivoj I. um 890 gestifteten Marienkirche.

Die spätbarocke **Heilig-Kreuz-Kapelle** (Kaple svatého Kříže) in der Südostecke des Zweiten Burghofes erbaute *Anselmo Lurago* um 1760 nach einem Projekt von Pacassi. Der Innenraum wurde Mitte des 19. Jh. neobarock verändert, nach Abschluss der Umbaumaßnahmen soll die Kapelle ab 2010 den Domschatz von St. Veit beherbergen.

Zweikampf im Dritten Burghof: Hoch zu Ross besiegt der Prager Georg den Drachen

Dritter Burghof, Prager Georg und Mihulka-Turm 3

Třetí nádvoří, Sv. Jiří a Mihulka

Gegenüber dem Durchgang zum Dritten Burghof ragt die 1929 fertiggestellte neugotische **Westfassade des Domes St. Veit** [s. S. 24] empor. Die *Bronzetüren* zeigen die Baugeschichte (Mitte), die Legenden des hl. Wenzel (rechts) und des hl. Adalbert (links). Die *Tympanonreliefs* (Kreuzigung) wurden erst 1952 vollendet.

Nach rechts folgt die **Alte Propstei** mit einer Eckstatue des hl. Wenzel (1662), geschaffen von *Johann Georg Bendl*, Böhmens erstem bedeutenden Barockbildhauer. An der Ostseite der Propstei kamen bei Renovierungsarbeiten Mauer- und Fensterreste des romanischen Bischofspalastes zum Vorschein. Eine Überdachung schützt die **Grundmauern** der Bischofskapelle St. Mauritius und der Basilika St. Veit aus dem 11. Jh. Der fast 17 m hohe Granit-Obelisk ehrt seit 1928 die Opfer des Ersten Weltkrieges.

Das gotische Reiterstandbild des **Prager Georg** (1373), ein Meisterwerk der Brüder *Martin* und *Georg von Klausenburg* aus Siebenbürgen, fand nach mehrfachem Standortwechsel in einer Kopie als Brunnenfigur Aufstellung. Es handelt sich um das erste frei stehende Reiterstandbild seit dem ›Magdeburger Reiter‹ von

1240 – doch welche Entwicklung! Mit spielerischer Anmut wird der Augenblick des Erstechens des Drachens festgehalten.

Nördlich des Veitsdomes ragt der walzenförmige **Mihulka-Turm** aus dem Hirschgraben empor. Erbaut 1496 von Benedikt Ried als Teil der spätgotischen Befestigungen, diente er den Alchemisten und Magiern Kaiser Rudolfs II. als Labor. Sie suchten nach Gold, dem Stein der Weisen und dem Lebenselixier. Heute widmet sich hier eine Dauerausstellung des Militärhistorischen Museums der tschechischen Militärgeschichte.

Wall- und Paradiesgarten 4

Zahrada Na Valech a Rajská zahrada

Zugang: überdachte Plečnik-Treppe in der Südostecke des Dritten Burghofes
April–Okt tgl. 10–18 Uhr

Von den Aussichtspromenaden am Südhang der Prager Burg öffnen sich reizvolle Blickwinkel. Der **Wallgarten** entstand Mitte des 19. Jh. auf dem zugeschütteten Wallgraben, die weitere Umgestaltung leitete der slowenische Architekt *Josip Plečnik* in den 1920er-Jahren. Unter dem Ludwigsflügel des Alten Königspalastes bezeichnen zwei Obelisken die Stelle des Prager Fenstersturzes von 1618. Den **Paradiesgarten** ließ 1562 der damalige Statthalter Erzherzog Ferdinand von Tirol anlegen.

TOP TIPP Alter Königspalast 5

Starý královský palác

Eingang: Ostseite des Dritten Burghofs; Besichtigung im Rahmen der Burgführung

Hinter einer Fassade und Eingangsrampe von Pacassi, die Putti (1760) von Ignaz Platzer zieren, erhebt sich der dreigeschossige Alte Königspalast. Bereits der älteste Fürstensitz vom Ende des 9. Jh. befand sich an dieser Stelle, seine baulichen Überreste ziehen sich aber noch bis unter den Dritten Burghof hin (Ausgrabungen nicht zugänglich). An der **Seitenfront des Wladislaw-Saales** (gegenüber dem Chor des Veitsdomes) lässt sich die Baugeschichte gut ablesen: Die offenen *Arkaden* stammen vom frühgotischen Palast König Ottokars II. (1253–78), die *Strebepfeiler* sind spätgotisch, die *Fenster* zeigen dagegen schon reine Renaissanceformen – erstmals in Böhmen!

Im Inneren sind die romanischen und gotischen Säle aus der Přemysliden- und Luxemburger-Zeit (11.–14. Jh.) im Unter- und Mittelgeschoss teilweise zugänglich. Auch das oberste, spätgotische Geschoss aus der Zeit des letzten großen baulichen Eingriffs unter König Wladislaw II. Jagiello Ende des 15. Jh. kann besichtigt werden.

Zunächst betritt man den *Vorraum* (Kassenraum), der Mauerteile des unter Herzog Soběslav I. um 1140 erbauten romanischen Palastes bewahrt. Die *Grüne Stube* (Buchladen, links vom Vorraum) diente einst als Sitz des Kammer- und Hofgerichtes, unter Kaiser Ferdinand I. als Audienzsaal; das barocke Deckenfresko ›Salomos Urteil‹ wurde aus dem Burggrafenamt übertragen. Selten zugänglich ist die anschließende *Wladislaw-Stube*, das Schlaf- und Audienzgemach Wladislaws II., ein reizvoller Raum mit blau-rot-gold-gefasstem Rautensterngewölbe (1493) von Benedikt Ried.

Der **Wladislaw-Saal**, ein stützenloser Raum majestätischer Maße – 62 m lang, 16 m breit, bis 13 m hoch – besticht gleichermaßen als technische wie künstlerische Meisterleistung. *Benedikt Ried* (Rejt, Rieth) aus Piesting in Österreich, der geniale Hofbaumeister König Wladislaws II., hat ihn 1493–1502 errichtet. Er führte die Prager Gotik zum letzten Höhepunkt und zur Schwelle der Renaissance. Reiterspiele, Gastmähler, Krönungsfeierlichkeiten und Märkte erfüllten den Saal einst mit glanzvollem, buntem Leben. Heute findet hier die Wahl des Staatspräsidenten statt. Berühmtheit genießt das ›wogende‹ *Schlingrippen-Gewölbe*, entwickelt aus sechs Paar Strebepfeilern. Es ist ein prägnantes Beispiel der letzten Phase der Hallengotik in Tschechien. Fenster und Portale dagegen folgen schon dem neuen Zeitgeist, der Renaissance.

Den nach Süden anschließenden **Ludwigstrakt** errichtete Benedikt Ried bereits ganz in diesem Stil. Benannt ist er nach König Ludwig II., dem Sohn Wladislaws II., der 1509 im Alter von drei Jahren zum König von Böhmen gekrönt wurde. An dieses Ereignis erinnert das Monogramm am Portal des Schreibergemaches in der **Böhmischen Kanzlei.**

Weltgeschichte wurde im nächsten Raum ›geschrieben‹, im **Statthalter-Saal**. Vom östlichen (linken) Fenster warfen Vertreter der protestantischen Stände am 23. Mai 1618 die kaiserlichen Räte *Jaroslav Martinic* und *Vilém Slavata* sowie deren Geheimschreiber *Philipp Fabricius* in den 16 m tiefen Wallgraben. So bestrafte man ›nach alttschechischem Brauch‹ Landesverräter! Martinic und Fabricius

Ein außergewöhnliches Schlingrippen-Gewölbe ziert den großen Wladislav-Saal

kamen mit dem Schrecken davon, Slavata wurde schwer verletzt; sein anschaulicher Bericht ist erhalten. Dieser ›Zweite Prager Fenstersturz‹ löste den Dreißigjährigen Krieg aus.

Neben der Wendeltreppe im Ludwigstrakt führt ein schmaler Gang zum Königlichen Oratorium im Veitsdom. Die **Reichshofkanzlei** im Obergeschoss (selten geöffnet) bewahrt die Ausstattung aus der Zeit Kaiser Rudolfs II. (reg. 1576–1612), als von hier aus das Heilige Römische Reich verwaltet wurde.

Vom Ostteil des Wladislaw-Saales öffnet sich eine **Aussichtsterrasse** mit prachtvollem Blick auf die Stadt. Ein *Renaissanceportal* von Giovanni Gargiolli führt auf die Empore der königlichen **Allerheiligen-Kapelle**. Die romanische, von Peter Parler gotisch veränderte Palastkapelle wurde 1570/71 von Udalrico Aostalis im Renaissancestil erneuert und bis zum Wladislaw-Saal verlängert; seit 1755 gehörte sie zum Adligen Damenstift. Ältestes *Gemälde* ist die ›Kreuzabnahme‹ am rechten Seitenaltar von *Hans von Aachen*, Hofmaler Rudolfs II. Das barocke *Hochaltarblatt* ›Allerheiligen‹ malte Wenzel Lorenz Reiner 1729, den Schnitzrahmen fügte Peter Prachner um 1765 hinzu. Ein *Barockschrein* an der Nordseite des Langhauses birgt die Gebeine des hl. Prokop(ius) († 1052), Abt des slawischen Benediktiner-Klosters Sázava und einer der vier böhmischen Landespatrone. Ein *Gemäldezyklus* (1699) von Christian Dittmann schildert sein Leben.

Links von der Allerheiligen-Kapelle führt ein Renaissanceportal zur **Alten Landrechtsstube**, Ort der Ständeversammlung und Königswahl, bis 1847 Tagungsstätte des Obersten Landesgerichts. Benedikt Ried führte den spätgotischen Umbau durch, die Renaissancetribüne für den obersten Landesschreiber steuerte Bonifaz Wolmut bei. Rechts vom Königsthron saßen der Erzbischof und die hohe Geistlichkeit, links die Landes-

Kunstvolle Heraldik: Die Räume der Landtafeln sind mit Landeswappen bemalt

beamten, auf den übrigen Bänken die Herren und Ritter, auf der Galerie die Vertreter der privilegierten (aber nicht stimmberechtigten) Städte. Die *Gemälde* zeigen Habsburger: Maria Theresia und ihren Gemahl Franz Stephan von Lothringen (Kaiser Franz I.), ihre Söhne Joseph II. und Leopold II. sowie Franz II.

Im 1. Obergeschoss (Portal neben der Reitertreppe) befinden sich die **Räume der Landtafeln**, wo seit dem 16. Jh. die Besitzverhältnisse des Adels, des Klerus und der Städte sowie die wichtigsten Landtagsbeschlüsse registriert wurden. Im wappengeschmückten *Sitzungssaal des Präsidiums* wurde 1838 das Kronarchiv eingerichtet.

Schlingrippen-Gewölbe von Benedikt Ried ziert die **Reitertreppe**, deren flache Stufen es den Turnierreitern ermöglichten, in voller Rüstung vom Burghof in den Wladislaw-Saal einzureiten.

TOP TIPP Dom St. Veit 6

Katedrála sv. Víta

März–Okt. Mo–Sa 9–17, So 12–17,
Nov.–Febr. Mo–Sa 9–16, So 12–16 Uhr
Glockenturm (Wenzelsturm): voraussichtl. bis Ende 2009 geschl.

Ein Muss für jeden Prag-Besucher ist ein Rundgang durch die **Krönungskirche** und **Grablege** der böhmischen Könige,

Der Dom St. Veit ist Krönungskirche und Grablege, Pilgerort und Wahrzeichen Prags ▷

den Dom St. Veit. Der lichtdurchflutete Hochchor mit dem ersten Netzrippengewölbe und die Porträtbüsten von Peter Parler bedeuten einen Höhepunkt europäischer Gotik!

Baugeschichte: Der Kirchenpatron Vitus (Veit), ein Märtyrer des 4. Jh. in Sizilien, galt als Lieblingsheiliger der Slawen. König Heinrich I. schenkte Fürst Wenzel (dem Heiligen) eine kostbare Armreliquie, die in der um 930 erbauten St.-Veits-Rotunde verwahrt wurde. Als dann Kaiser Karl IV. in Pavia die übrigen Gebeine des Heiligen erwarb und überführen ließ, wurde Prag zu einer Kultstätte des Nothelfers.

Nach Prags Erhebung zum Erzbistum (1344) legte Karl IV. den Grundstein für die gotische Kathedrale. Planung und Bauleitung oblagen dem nordfranzösischen Architekten *Matthias von Arras*, der sich die Kathedralchöre von Narbonne und Rodez in Südfrankreich zum Vorbild nahm. Bis zu seinem Tode (1352) konnte er acht polygonale Chorkapellen und die anschließenden Teile des Umgangs fertigstellen. 1352–99 führte *Peter Parler* aus Schwäbisch-Gmünd den Dombau weiter und vollzog einen bedeutenden Stilwandel hin zur Spätgotik, besonders in der Einwölbung und in der Gestaltung der Südfassade. Zunächst stellte er die restlichen, nunmehr rechteckigen Chorkapellen fertig, dann folgten die Alte Sakristei, der Hochchor (Weihe 1385), die Südfront mit der Goldenen Pforte und die Wenzelskapelle.

1421 unterbrachen die Hussitenkriege die Bauarbeiten: Der Dom blieb bis ins 19. Jh. ein Torso. Erst 1872–1929 vollendeten die Dombaumeister *Josef Mocker* und *Kamil Hilbert* das dreischiffige Langhaus und die Westfassade im Sinne der Kathedralgotik mit zwei Türmen und drei Portalen.

Das Glasmosaik über der Goldenen Pforte gemahnt an den Tag des Jüngsten Gerichts

Fassade: Die künstlerisch bedeutendste Außenansicht bietet die **Südseite**, von Peter Parler zur Hauptfassade bestimmt und in Beziehung zur Stadt und zum Alten Königspalast gesetzt. Durch die **Goldene Pforte** (Zlatá brána) schritten die Könige bei den Krönungsfeierlichkeiten.

Einzigartig in Mitteleuropa war zur Entstehungszeit (1370/71) das venezianisch-byzantinisch beeinflusste *Mosaikbild* des Jüngsten Gerichts, nach einem Karton von Nicoletto Semitecolo in böhmischem Glasmosaik ausgeführt. Neben Christus in der Mandorla knien Maria und Johannes der Täufer (Deësis – Fürbitte), darunter die böhmischen Landesheiligen Prokop, Sigismund und Veit, Adalbert, Ludmila und Wenzel; in den Bogenzwickeln sieht man Kaiser Karl IV. und seine vierte Gemahlin Elisabeth von Pommern.

Den **Glockenturm** (Wenzelsturm) führten Peter Parlers Söhne Johann und Wenzel bis 1406 zur Höhe der Arkaden empor. Bonifaz Wolmut krönte ihn 1562 mit Galerie und Haube im Renaissancestil; nach Beschuss durch die Preußen im Siebenjährigen Krieg wurde er um 1770 barock verändert. Nach Abschluss der Bauarbeiten 2009 wird sich von der Galerie wieder ein herrliches Panorama bieten.

Inneres: Peter Parlers schöpferische Kraft entfaltete sich am eindrucksvollsten im Chor: Über dem Umgang öffnet sich der lichtdurchflutete **Hochchor** – Abbild des Himmlischen Jerusalem – mit seinem feingliedrigen Maßwerk und herrlichen *Netzgewölbe*. Trotz aller Steilheit des Raumes betonte Parler die Horizontale: Über die Arkadenzone legte er ein *Triforium*, einen Laufgang, der wiederum von einem Horizontalgesims abgeschlossen wird.

An den Durchgängen befindet sich eine Galerie von **Porträtbüsten**, gearbeitet 1374–85 zum Teil von Peter Parler selbst oder von seiner Bauhütte. Am **Chorhaupt** beginnt die ›Königsgalerie‹ der Luxemburger mit den Büsten Karls IV. und seiner vierten Gemahlin Elisabeth von Pommern, nach rechts und links folgen weitere Mitglieder seiner Familie. Beidseitig sind Büsten von Baurektoren und Erzbischöfen angebracht, am zweiten Pfeiler das Selbstporträt Peter Parlers sowie die Büste Matthias' von Arras.

Den Auftrag zum **Habsburger-Mausoleum** im Chor vergab Rudolf II. an den niederländischen Bildhauer *Alexander Colin*. Auf der Marmortumba sind liegend dargestellt Kaiser Ferdinand I., seine Gemahlin Anna Jagiello und ihr Sohn, Kaiser Maximilian II. Seitliche Reliefplatten zeigen Porträts jener Verstorbenen, die in der Königsgruft beigesetzt sind: Kaiser Karl IV. und seine vier Gemahlinnen (Blanche von Valois, Anna von der Pfalz, Anna von Schweidnitz, Elisabeth von Pommern), die Könige Wenzel IV., Ladislaus Postumus und Georg von Podiebrad sowie Kaiser Rudolf II. Das prachtvolle Renaissancegitter schmiedete der Prager Hofschlosser Georg Schmidthammer.

Die **Königsgruft** (Zugang von der Heilig-Kreuz-Kapelle) in der Krypta wurde anlässlich des Millenniums des hl. Wenzel 1929 neu gestaltet. Im Bronze-Sarkophag ruht Kaiser Karl IV. (›Karel‹), links König Ladislaus Postumus (1439–1457), der Sohn der Luxemburgerin Elisabeth und König Albrechts von Habsburg, rechts der ›Volkskönig‹ Georg von Podiebrad (1420–1471), dahinter die beiden Söhne Karls IV., Wenzel IV. (1361–1419) und Johann von Görlitz (1370–1396). Eine gemeinsame letzte Ruhestätte teilen sich jeweils die vier Gemahlinnen und die Kinder Karls IV. In originalem Renaissance-Zinnsarkophag liegt Kaiser Rudolf II. (1552–1612) gebettet, im Empiresarg Erzherzogin Maria Amalia von Parma (1746–1804), eine Tochter der Herrscherin Maria Theresia. **Ausgrabungen** legten Teile der St.-Veits-Rotunde frei, in der 935 Fürst Wenzel beigesetzt wurde, sowie Reste des romanischen Domes, einer dreischiffigen Basilika des 11. Jh.

Chorumgang und Kapellenkranz bewahren eine Fülle erlesener Kunstschätze von der Gotik bis zum Barock: Das marmorne **Grabmal des Grafen Leopold Schlick** [**1**], Feldmarschall und Oberster Kanzler von Böhmen, zählt zu den besten Porträtwerken des böhmischen Hochbarock, geschaffen um 1723 vom Tiroler Bildhauer Matthias Bernhard Braun.

Im **Wladislawschen Oratorium** [**2**] – der mit dem Alten Königspalast verbundenen Königsempore von 1493 – finden sich am hängenden *Schlussstein* das Monogramm des Auftraggebers, König Wladislaw II. Jagiello, am vorspringenden Erker die *Wappen* Ungarns und Böhmens, an der Brüstung (von links) die Wappen von Dalmatien, Niederlausitz, Slawonien,

An sonnigen Tagen tanzen bunte Lichtpunkte im imposanten Innenraum des Doms St. Veit

Alfons Mucha schuf das Glasfenster mit Szenen aus dem Leben der hl. Kyrill und Method

Polen, Mähren, Luxemburg, Schlesien und Oberlausitz. Als Schöpfer dieses prachtvollen Beispiels sog. Astwerkgotik, einer süddeutschen Spielart der Spätgotik mit naturalistischen Anklängen, gilt Hans Spieß aus Frankfurt.

Die **Maria-Magdalena-Kapelle** [3] (um 1400) enthält die Grabplatten der Dombaumeister Matthias von Arras und Peter Parler. Zwei große **Holzreliefs** [4], um 1630 im Auftrag Kaiser Ferdinands II. geschnitzt, bestechen als Zeitdokumente aus dem Dreißigjährigen Krieg: An der Südseite ist die Verwüstung des Veitsdomes durch calvinistische Bilderstürmer (1619) geschildert, an der Nordseite die Flucht des ›Winterkönigs‹ Friedrich V. von der Pfalz nach der Schlacht am Weißen Berge im Jahr 1620.

Den silbernen **Reliquienaltar des hl. Johannes Nepomuk** [5] stiftete Kaiser Karl VI. anlässlich der Heiligsprechung des einstigen Generalvikars des Erzbistums Prag. Johannes Nepomuk war 1393 wegen eines kirchenrechtlichen Streits mit König Wenzel IV. in der Moldau ertränkt und 1729 auf Betreiben der Jesuiten kanonisiert worden [s. S. 63]. Der Silbersarkophag enthält seine Gebeine und die angeblich unverwest geborgene Zunge. Die Metallarbeiten schuf 1736 der Wiener Gold- und Silberschmied Joseph Johann Würth. Marmorbalustrade, allegorische Figuren, Baldachin und schwebende Engel sind *spätbarocke Zutaten* des Kleinseitener Silberschmieds Ignaz Novak, um 1770.

Die **Johannes-Nepomuk-Kapelle** [6] bestimmte Jan Očko von Vlašim, Kardi-

Dom St. Veit

1 Grabmal des Grafen Leopold Schlick
2 Wladislawsches Oratorium
3 Maria-Magdalena-Kapelle
4 Holzreliefs
5 Reliquienaltar des hl. Johannes Nepomuk
6 Johannes-Nepomuk-Kapelle
7 Reliquien- oder Sächsische Kapelle
8 Marien-Kapelle
9 Kapelle Johannes des Täufers
10 Mucha-Fenster
11 Wenzelskapelle

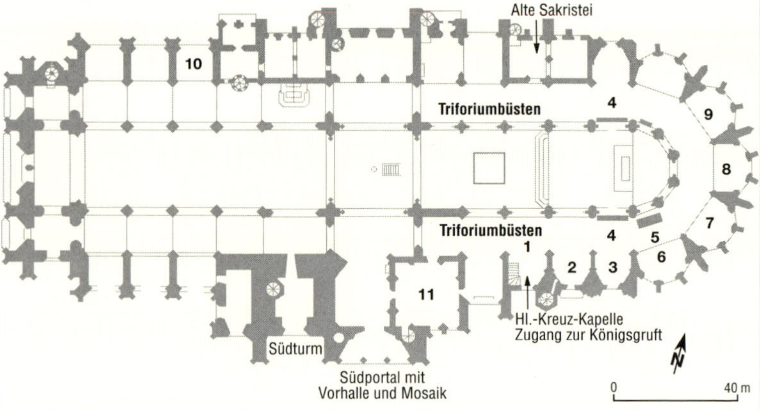

Goldplättchen und Halbedelsteine schimmern an den Wänden der Wenzelskapelle

nal-Erzbischof von Prag und langjähriger Ratgeber Karls IV., zu seiner Grablege. Gotische *Wandmalereien* des Hofmalers Oswald zeigen die Enthauptung der hl. Katharina sowie die Taufe der hl. Ottilia durch den hl. Bischof Erhard von Regensburg, denen die Kapelle ursprünglich geweiht war.

In den drei angrenzenden Kapellen sind schöne **Přemysliden-Gräber** zu sehen: Karl IV. ließ die aus der romanischen Domkrypta gehobenen Gebeine seiner Vorfahren in Kalkstein-Tumben betten, weihevolle und ausdrucksstarke Werke Peter Parlers und seiner Bauhütte (Beschädigungen durch die Calvinisten). Die zwei bedeutendsten Liegefiguren befinden sich in der **Reliquien- oder Sächsischen Kapelle** [**7**], geweiht den hll. Adalbert und Dorothea: rechts König Ottokar I. (um 1155–1230), links Ottokar II. (um 1232–1278). Das *Dreikönigsfresko* (um 1372) von Meister Oswald zählt zu den größten Wandmalereien der böhmischen Hochgotik. In der **Marien-Kapelle** [**8**] und der **Kapelle Johannes des Täufers** [**9**] ruhen Herrscher des 11. Jh.: Břetislav I. in Kriegsrüstung sowie Spitihněv II., Břetislav II. und Bořivoj II.

Die **Glasmalereien** im Dom schufen bedeutende tschechische Künstler des 20. Jh., wobei sich das berühmteste, das **Mucha-Fenster [10]**, in der 3 Seitenkapelle links befindet: In leuchtenden Farben schildert der Jugendstilkünstler Alfons Mucha Szenen aus dem Leben der Slavenheiligen Kyrill und Method.

Einen kaum überbietbaren Eindruck von der einstigen Pracht und Herrlichkeit Prags gibt der edelsteinverkleidete Reliquienschrein des böhmischen Nationalheiligen in der **Wenzelskapelle** [**11**], einem der bedeutendsten Innenräume der europäischen Hochgotik. Fürst Wenzel (Václav, reg. 920–935) wurde bald nach seinem gewaltsamen Tode – sein Bruder Boleslav hatte ihn in Altbunzlau erschlagen – als erster Märtyrer aus dem Přemysliden-Geschlecht hoch verehrt. Als Sühne für den Brudermord verfügte Boleslav I., genannt der Grausame, die Überführung des Leichnams in die St.-Veits-Rotunde in der Prager Burg. An dieser Stelle ließ Karl IV. 1358–67 durch *Peter Parler* die Grab- und Reliquienkapelle seines Vorfahren errichten und »so kostbar, wie es sich auf der ganzen Welt nicht findet« ausstatten. Reliquien und Kunstschätze galten dem Kaiser als wichtige Stütze der Herrschermacht ›von Gottes Gnaden‹. Stiftete er Burg Karlstein [Nr. 87] als Hort der Reichskleinodien und Christusreliquien, sollten in der Wenzelskapelle die Gebeine des Landespatrons in engster Verbindung mit dem Altarsakrament und den böhmischen Krönungsinsignien ruhen. Wie auf Karlstein schimmern an den Wänden *Goldplättchen* und polierte böhmische *Halbedelsteine* – Amethyst, Achat, Karneol, Chrysopras – mehr als 1300 hat man gezählt! Nur Auserwählte durften diese überirdisch anmutenden Räume betreten, teilhaben am mystischen Abglanz des Himmlischen Jerusalem, wie es der Evangelist Johannes in der Offenbarung (Apokalypse) visionär verhieß.

Bauplastik und Ausstattung der Wenzelskapelle zählen zu den bedeutendsten Werken der mittelalterlichen Kunst Prags. Am rundbogigen **Nordportal** (vom Chorumgang) hat sich Peter Parler selbst ein Denkmal gesetzt: als bärtiger Greis an der linken Konsole, gedeutet u.a. als Petrus, der den Herrn verleugnet, im Gespräch mit der Magd. Auf der rechten Konsole ist der Verräter Judas zu sehen, dem der Teufel die Zunge (Seele) aus dem Mund reißt. Die gotische Tür von Meister Wenzel trägt als *Türklopfer* einen prachtvollen spätromanischen Löwenkopf (um 1200). Das spitzbogige **Portal vom Querhaus** zeigt im Bogenfeld Christus als Erlöser der Welt (Salvator mundi), an der Innenseite die Apostel Petrus und Paulus. Die **Grabtumba** des hl. Wenzel aus dem 14. Jh. wurde 1911 restauriert und ergänzt. Den außerordentlich kostbaren Goldsarkophag, behängt mit Edelsteinen, Perlen und Kameen, hatte König Sigismund zur Finanzierung seines Heeres gegen die Hussiten plündern lassen.

Blick aufs Detail: Fresko eines Heiligen in der opulent ausgestatteten Wenzelskapelle

Die **Wandmalereien** (um 1378) des Hofmalers Oswald zeigen in der Edelsteinzone die *Leidensgeschichte Christi*, an der Altarwand die Kreuzigung mit Maria und Johannes, seitlich kniend Kaiser Karl IV. und seine vierte Gemahlin Elisabeth von Pommern. Die vorzügliche **Kalksteinfigur des hl. Wenzel**, geschaffen 1373 von Heinrich Parler, entspricht dem Typus des edlen Ritters, zeigt allerdings schon lebensnahe Züge. Der milde Gesichtsausdruck und die Neigung des Hauptes widersprechen geradezu dem kriegerischen Geist seiner Rüstung.

Der **Freskenzyklus** in der oberen Zone – gemalt um 1506 vom Meister des Leitmeritzer Altars – schildert die *Wenzel-Legende*, die seit dem 10. Jh. in typologische Beziehung zum Leiden Christi gesetzt wurde. An der **Altarwand**, allerdings stark übermalt, ist das Stifterpaar verewigt: König Wladislaw II. Jagiello und seine Gemahlin Anna de Foix-Candale. Die Ermordung des hl. Wenzel ist auch auf dem **Tafelbild** (1543) neben dem Nordportal dargestellt, dem Werk eines unbekannten böhmischen Malers. Der **Bronzeleuchter** mit einer Wenzelsfigur stammt aus der Peter-Vischer-Werkstatt in Nürnberg.

Im Obergeschoss liegt die mit sieben Schlössern versiegelte **Kronkammer** (nächste Öffnung 2013, Info www.hrad.cz), in der die böhmischen Kroninsignien verwahrt werden: Zepter, Reichsapfel, Krönungsmantel, Stola und natürlich die Krone. Vor jeder Krönung musste sie auf der Reliquienbüste des hl. Wenzel ruhen, daher die Bezeichnung ›Wenzelskrone‹. Karl IV. hatte sie anlässlich seiner Krönung 1346 aus der alten Přemysliden-Krone umgestalten lassen. Goldlilien, Perlen und 91 Edelsteine (Rubine, Saphire, Smaragde, Spinelle) umgeben die kostbare Reliquie: einen Splitter aus der Dornenkrone Christi.

St.-Georgs-Basilika 7

Bazilika svatého Jiří
Jiřské náměstí
Tel. 257 32 05 36

Auf das filigrane Äußere des Domchors blickt die barocke Schauseite der St.-Georgs-Basilika, hinter der sich der bedeutendste romanische Kirchenbau Prags verbirgt. Fürst Vratislav I. (der Vater des hl. Wenzel) stiftete noch vor dem Jahr 921 die zweite Steinkirche innerhalb der Prager Burg, wohl als Grablege der Přemysliden. Nach der Erhebung Prags zum Bischofssitz (973) ließ Fürst Boleslav II., genannt der Fromme, sie zu einer

Blick vom Wenzelsturm auf die barocke Fassade der romanischen St.-Georgs-Basilika

kleinen Basilika ausbauen, seine Schwester *Mlada* wurde die erste Äbtissin des angeschlossenen Klosters [s. S. 32].

Der heutige **Kirchenbau** entstand im Wesentlichen nach dem Burgbrand von 1142 unter Leitung des Baumeisters Wernher. Die beiden romanischen Chortürme überragen die um 1670 vorgeblendete, frühbarocke Westfront von Carlo Lurago. Johann Georg Bendl schuf die Giebelfiguren des Kirchengründers Vratislav I. und der Klosterstifterin Mlada. Die Ecke zur Georgs-Gasse nimmt die barocke Rundkapelle des hl. Johannes Nepomuk ein; sein Standbild ist ein Werk Ferdinand Maximilian Brokoffs. Das prachtvolle Südportal der St.-Georgs-Kirche gestaltete die Bauhütte Benedikt Rieds als antikisierende Halbsäulen-Ädikula, eine absolute Neuheit im spätmittelalterlichen Prag um 1515. Das Tympanonrelief, der hl. Georg als Drachenbezwinger, verbindet dagegen Formen der ausklingenden Gotik mit dem Naturerwachen der Renaissance.

Der **Innenraum** – eine dreischiffige Basilika mit erhöhtem Chorquadrat und drei halbkreisförmigen Apsiden aus der Mitte des 12. Jh. – ist von ursprünglicher, herber Schönheit. Mittelschiff-Arkaden und Nonnenempore stammen noch aus dem 10. Jh. Die doppelläufige, geschwungene *Chortreppe* mit barockem Gitter verleiht dem Ostteil einen malerischen Akzent. Am Eingang zur Krypta sind die Stifter beigesetzt: rechts die *Tumba des Fürsten Vratislav I.* († um 920) mit spätgotischem Aufsatz (1438), links – hinter dem schmiedeeisernen Gitter – Fürst Boleslav II. († 999) oder Ulrich (Oldřich; reg. 1012–1037); in der Mitte liegt die originale *Grabplatte Fürst Boleslavs II.*

In der dreischiffigen **Säulenkrypta** wird ein wertvolles spätromanisches *Stein-Triptychon* (um 1220) verwahrt. Unter der thronenden Muttergottes byzantinischen Typs knien die Äbtissinnen Mlada und Berta, an den Seitenflügeln König Ottokar I. und seine Tochter, die Äbtissin Agnes.

Romanische Wandmalereien sind teilweise im nördlichen Nebenchor (u. a. Christus in der Mandorla), in der südlichen Turmkapelle sowie im Chorquadrat (Himmlisches Jerusalem, 1. Hälfte 13. Jh.) erhalten. Die übrigen *Fresken* sind überwiegend gotisch, zum Teil nach einem Brand von 1541 erneuert. Das **Hauptschiff** schmücken spätgotische *Tafelbilder* (Ursula-Legende, Kreuzigung), die Seitenchöre bewahren *Plastiken des 15. Jh.* darunter ein Relief der Heiligen Drei Könige.

Die **Ludmila-Kapelle** (zugänglich vom Chorquadrat) reicht in ihren Anfängen ins frühe 10. Jh. zurück. Um 1370 ließ Kaiser Karl IV. den frühromanischen Bau gotisieren und mit der *Grabtumba* der hl. Ludmila ausstatten, einem bedeutenden

Werk der Parler-Plastik. Ludmila (um 860–921) hatte ihren Enkel Wenzel (den Heiligen) im christlichen Glauben unterwiesen. Nach dem Tode ihres Sohnes Fürst Vratislav I. im Jahr 916 kam es zum Machtkampf zwischen Ludmila und ihrer – der Legende nach heidnischen – Schwiegertochter Drahomira. 921 wurde Ludmila auf ihrem Witwensitz Burg Tetin erdrosselt und bald danach als Böhmens erste Märtyrerin heilig gesprochen.

Vor Verlassen der Kirche empfiehlt sich ein Blick in die **Johannes-Nepomuk-Kapelle**. Das Gemälde des Hauptaltars mit der Szene der Verklärung des Heiligen schuf 1722 Wenzel Lorenz Reiner.

St.-Georgs-Kloster – Nationalgalerie 8

Klášter sv. Jiří – Národní galerie
Jiřské náměstí 33
Tel. 257 53 16 44
www.ngprague.cz
Di–So 10–18 Uhr

An die Nordseite der St.-Georgs-Basilika schließt sich das St.-Georgs-Kloster an. *Mlada*, die Schwester Fürst Boleslavs II., gründete dieses älteste Kloster Böhmens bereits im 10. Jh. für den Orden der Benediktinerinnen, dem sie selbst als erste Äbtissin vorstand. Adlige Töchter genossen hier ihre Erziehung, deren Ziel die Verbreitung christlichen Lebens in allen Landesteilen war.

Die altehrwürdigen Gemäuer, die Carlo Lurago um 1670 mehrheitlich im Stil des Frühbarocks umgestaltete, beherbergen seit 2007 die Sammlung **Kunst des 19. Jh.** der Nationalgalerie. Auf zwei Stockwerken schildern 350 Gemälde und über 50 Skulpturen die Entwicklung der europäischen, vor allem aber der böhmischen Kunst ausgehend vom verspielt-fröhlichen Rokoko des späten 18. Jh. bis hin zum beginnenden Symbolismus. Die Gemälde sind sowohl chronologisch als auch nach Gattungen geordnet. So trifft man während des Besuchs auf die lebendigen Porträts (1. Hälfte 19. Jh.) von Antonín Machek, nimmt in den Genregemälden Antonín Manés' Teil am bürgerlichen Alltag, streift durch die romantischen Landschaften Max Haushofers oder erbebt bei der leidenschaftlichen *Anklage Kriemhilds* (1879) gegen den Mörder ihres Gatten im Historiengemälde von Emil Jan Lauffer. Eine Kapelle bietet den sakralen Kunstwerken jener Zeit einen geeigneten Rahmen, etwa der *Kreuzigung* (1843) von Emanuel Max. Auch Josef Václav Myslbeks *Statuen der böhmischen Landespatrone*, deren Bronzeabgüsse das Reiterdenkmal der hl. Wenzel auf dem Wenzelsplatz [Nr. 56] flankieren, sind hier zu finden. Glas- und Porzellanwaren, Silberarbeiten, Mobiliar und Kleidung sowie ein *Modell des Prager Nationaltheaters* (1880) von E. K. Liška vervollständigen die Ausstellung.

Der romanische Innenraum der St.-Georgs-Basilika beeindruckt durch seine herbe Schlichtheit

Die bunten Häuser im Goldenen Gässchen bewohnte einst ein ebenso buntes Völkchen

TOP TIPP

Goldenes Gässchen 9

Zlatá ulička

Oberhalb des Hirschgrabens verläuft parallel zur Burgmauer das berühmte Goldmacher-Gässchen, gesäumt von winzigen, bunt gestrichenen Häuschen. Laut königlichem Dekret wohnten hier zunächst die Burgwächter, später durften sich auch Goldschmiede niederlassen. Der Sage nach dampften und brodelten hier die ›Wunder- und Hexenküchen‹ der Alchemisten Rudolfs II. (tatsächlich hatten sie ihre Werkstätten im Pulverturm Mihulka, s. S. 22). Vom 18. Jh. an bis zum Zweiten Weltkrieg bevölkerten arme Leute, Wahrsager und Spielleute, fliegende Händler und kleine Handwerker die ›Spielzeug-Häuser‹. Das pittoreske Milieu des Goldenen Gässchens inspirierte Künstler und Schriftsteller: 1917 lebte *Franz Kafka* vorübergehend im Haus Nr. 22. *Gustav Meyrink* schildert in seinem Roman ›Der Golem‹ [s. S. 87] ein Haus in der Alchimisten-Gasse, das nur bei Nebel und auch bloß Sonntagskindern sichtbar wird. Heute drängen sich hier täglich tausende Touristen.

Im Westen begrenzt der **Neue Weiße Turm** (Nová bílá věž) das Gässchen, einst Staatsgefängnis und Schuldnerturm des Adels. Vom letzten Haus an der Ostseite kommt man zum **Daliborka**, dem bekanntesten Wehrturm der Burg, errichtet 1496 von Benedikt Ried. Als erster Gefangener schmachtete hier der *Ritter Dalibor von Kozojed*, der aufständischen Leibeigenen auf seinem Gut bei Leitmeritz Schutz gewährte. Hunger und Not lehrten ihn angeblich geigen und singen. In Wirklichkeit wurde er auf einem ›Geige‹ genannten Foltergerät gemartert und 1498 hingerichtet. Friedrich Smetana hat sein tragisches Schicksal in der romantischen Oper ›Dalibor‹ verewigt.

Palais Lobkowitz 10

Lobkovický palác

Jiřská 3
Tel. 233 31 29 25
www.lobkowiczevents.cz
tgl. 10.30–18 Uhr

Am östlichen Ende der Georgsgasse liegt das Palais Lobkowitz. Von dem 1570 erbauten Renaissancepalast der mächtigen Herren von Pernstein überdauerten Teile des Sgrafitto-Schmucks im Hof. Als Heiratsgut der Polyxena von Pernstein kam das Gebäude in den Besitz der Familie Popel von Lobkovicz, 1651 begann der frühbarocke Umbau durch Carlo Lurago. Die **Prunksäle** im ersten Obergeschoss zieren kraftvolle Stuckaturen von Domenico Galli und Fresken von Fabián (Sebastian) Harovník. Spätere Stuckverzierungen (Laubbandwerk, Rocaillen) stammen aus der ersten Hälfte des 18. Jh.

Seit 2007 kann man hier die private Ausstellung ›The Princely Collections‹ der Familie Lobkowicz besichtigen. Zu sehen sind Kunstschätze aus dem 16.–20. Jh., darunter bedeutende Gemälde Alter Meister wie zwei von Canalettos ›Londoner Verduten‹ (1740er-Jahre), die ›Heuernte‹ (1565) von Pieter Bruegel d. Ä. sowie eine große Sammlung spanischer Gemälde aus dem 16. Jh. Kostbare Musikinstrumente und Partituren zeugen vom Mäzenatentum der Fürsten Lobkowicz. Sogar einige Originalmanuskripte von Mozart und Beethoven zählen zur Sammlung. Zwei Säle sind einer umfangreichen Waffenkollektion gewidmet. Abgerundet wird der Besuch durch eines der täglich um 13 Uhr stattfindenden Konzerte.

Spielzeugmuseum im ehem. Burggrafenamt 11

Muzeum Hraček; Nejvyšší purkrabství

Jiřská 6
Tel. 224 37 22 94
tgl. 9.30–17.30 Uhr

Im Burggrafenamt residierte einst der Burggraf, der Stellvertreter des Königs. Nur Angehörige führender Adelsfamilien hatten dieses höchste Staatsamt inne. Seit dem 13. Jh. wurde der Gebäudekomplex mehrfach umgebaut, zuletzt Mitte des 16. Jh. im Stil der Renaissance. Aus dieser Zeit blieben in einigen Räumen bemalte *Holzdecken* erhalten. Im Nordflügel ist das **Spielzeugmuseum** mit einer umfassenden Spielwarensammlung untergebracht. Die Exponate stammen teils noch aus der Zeit des antiken Griechenlands und reichen mit Eisenbahnen und Barbiepuppen bis in die Gegenwart.

Der mächtige **Schwarze Turm** (Černá věž) rechts vom Burggrafenamt, ist der besterhaltene Teil der romanischen Burgbefestigung (um 1135). Sein Name kommt wohl von seiner Bestimmung als Schuldnergefängnis.

Ein prachtvoller Blick über die Palastgärten und die Kleinseite bis hin zum Laurenziberg bietet sich von der TOP TIPP um 1570 errichteten **Kanonenbastei** (Bašta). Abschließend gelangt man über die Jiřská ulice zu der **Alten Schlossstiege** (Staré zámecké schody), die über viele Stufen hinab zum Klárov-Platz und zur Moldau führt.

2 Lustschloss der Königin Anna – Belvedere

Letohrádek královny Anny – Belvedér

TOP TIPP *Erster reiner Renaissancebau Prags, einer der schönsten nördlich der Alpen.*

Im Königlichen Garten (Královská zahrada); Zugang durch den Zweiten Burghof über die Pulverbrücke (Prašný most)
Tel. 224 37 33 68, www.hrad.cz
Garten: April–Okt. tgl. 10–18 Uhr, Gebäude bei Ausstellungen: Di–So 10–18 Uhr
Metro A Hradčanská
Straßenbahn 22 Pražský hrad

Zwischen Hirschgraben und Marienschanze erstreckt sich parallel zur Burg der ehemalige **Königliche Garten**, um das Jahr 1534 für Kaiser Ferdinand I. als erster italienischer Giardinetto in Böhmen angelegt. Holländische Gärtner züchteten in Gewächshäusern seltene Pflanzen – »Pomerantzen, Limonen, Granat-Aepffel« und Tulpen, Kaiser Rudolf II. hielt in einem Raubtierzwinger exotische

Das Balkonzimmer im Palais Lobkowitz besitzt eine mit Fresken und Stuck verzierte Decke

Von der Kanonenbastei reicht der Blick über den Ledebur-Garten bis hin zum Laurenziberg

Tiere. Dieser manieristische ›Zaubergarten‹ ist längst verschwunden; heute gleicht er eher einem englischen Park, durchsetzt mit einigen *barocken Kunstwerken* wie dem Herkules-Brunnen (1670) von Johann Georg Bendl und der Skulptur ›Nacht‹ (1734) aus der Werkstatt Matthias Bernhard Brauns.

In seinem Westen ließ Kaiser Leopold I. um 1694 die Reitschule (Jízdárna, U prašného mostu 55, Tel. 224 37 32 32) nach Plänen von Jean Baptiste Mathey errichten. Heute ist sie ein Ausstellungssaal. Das **Große Ballhaus** (Míčovna) in der Mitte des Gartens erbaute Bonifaz Wolmut 1567–69 wohl im Auftrag Kaiser Maximilians II. Nach dem Vorbild oberitalienischer Paläste von Palladio ursprünglich als offener Loggienbau geplant, mussten die Wände aber aus klimatischen Gründen geschlossen werden. Halbsäulen, Nischen und Sgraffiti (Grotesken, Elemente, Tugenden, Künste, Wissenschaften) bilden Gliederung und Zier. Im Zweiten Weltkrieg brannte das Ballhaus aus; heute dient das restaurierte Gebäude wechselnden Ausstellungsprojekten.

Das **Königliche Lustschloss**, auch Belvedere genannt, ließ Kaiser Ferdinand I., der erste Habsburger auf dem böhmischen Thron, für seine Gemahlin Anna Jagiello erbauen. Ferdinand war in Spanien und den Niederlanden aufgewachsen und fühlte sich in der mittelalterlichen Prager Burg nicht wohl – *italienische Bauleute* sollten Eleganz und Wohnkomfort der Renaissance nach Norden bringen. Vorbild des Belvedere ist das mehr als hundert Jahre zuvor von Brunelleschi erbaute Findelhaus in Florenz. Obwohl mehrere Architekten an der Planung beteiligt waren, gelang ein Juwel an Harmonie und Schönheit. Den Kernbau mit seinem graziösen Arkadengang begann 1538 *Giovanni Spazio* unter Beteiligung des Bildhauers *Paolo della Stella*. Reicher figürlicher und pflanzlicher Schmuck an den Arkadenzwickeln aus der Werkstatt della Stellas zeigt mythologische und historische Szenen, Jagd und Genre.

Erst nach etwa 30-jähriger Bauzeit, die durch den Burgbrand unterbrochen wurde, vollendete der Hofarchitekt *Bonifaz Wolmut* 1563 das Belvedere. Er ließ das Obergeschoss, den Tanzsaal, weit zurückspringen und fasste den ganzen Baukörper unter einem mächtigen geschwungenen Kupferdach zusammen. Oberitalienische Stadtpaläste wie der ›Salone‹ in Padua dürften ihm dabei als Anregung gedient haben. Die elegante Dachkurve des Belvedere wurde in Prag mehrfach nachgeahmt, so etwa im Nationaltheater [Nr. 66].

Der berühmte **Singende Brunnen** (1564) vor dem Belvedere verdankt seinen Namen dem Klang der Wassertropfen auf dem Metall seiner Schalen. Böhmische Erzgießer haben ihn ausgeführt, vor allem *Tomáš Jaroš*. Den Säulenfuß

Die Grünfläche auf dem Hradschiner Platz – links das Erzbischöfliche Palais – lädt zur wohlverdienten Besichtigungspause ein ▷

zieren Szenen der griechisch-römischen Mythologie – Pan und Hirten, Bocksköpfe, Masken, Girlanden, nackte Knaben –, die Bekrönung bildet ein Dudelsackpfeifer.

Unweit vom Belvedere steht die **Villa Bílek** (Mickiewiczova 1, Tel. 222 31 42 59, wg. Renovierung vorauss. bis 2010 geschl.). Sie wurde 1912 in ägyptisierenden Formen erbaut und ist mit Plastiken von František Bílek (1872–1941) geschmückt, dem Hauptvertreter des tschechischen Symbolismus. Im Garten ist seine Figurengruppe des Jan Amos Komenský (1592–1670) zu sehen, besser bekannt als ›Comenius‹, Bischof der Böhmischen Brüder und Begründer der modernen Pädagogik.

3 Hradschiner Platz
Hradčanské náměstí

Von Adelspalästen gesäumte, repräsentative Platzanlage in unmittelbarer Nachbarschaft zur Burg.

Straßenbahn 22 Pražský hrad

Die Untertanensiedlung der Prager Burg um den heutigen Hradschiner Platz wurde 1320 zur burggräflichen Stadt erhoben und dehnte sich westwärts über die Vorstadt Pohořelec bis zum Kloster Strahov aus. Begrenzt wurde sie von der 1360 errichteten ›Hungermauer‹. Nach Zerstörungen in den Hussitenkriegen und durch den großen Burgbrand von 1541 setzte Ende des 16. Jh. eine rege Bautätigkeit ein: Adels- und Kleriker-Palais, Bürgerhäuser, Kirchen und Klöster entstanden. 1598 wurde Hradčany (Hradschin) königliche Stadt, 1784 ein Stadtteil der vereinten Prager Städte. Bis heute blieb die städtebauliche Einheit mit der Prager Burg bewahrt.

Ein kleiner Dudelsackpfeifer bekrönt den Singenden Brunnen vor dem Belvedere

Die zentrale **Marien- oder Pestsäule** (1736) umringen kraftvolle und lebensnahe Statuen von Ferdinand Maximilian Brokoff und seiner Werkstatt: die Heiligen Johannes Nepomuk, Elisabeth, Petrus, Norbert, Florian, Karl Borromäus (Pestpatron) sowie die böhmischen Landespatrone Wenzel, Veit und Adalbert, zuoberst die Unbefleckte Empfängnis (Immaculata).

Das **Erzbischöfliche Palais** (Arcibiskupství pražské, Hradčanské náměstí 16, Tel. 220 39 21 11, www.apha.cz, Besichtigung nur auf Anfrage) im Nordosten des Platzes ging aus dem Renaissancepalast der Grafen Gryspek (Griespek) hervor. Erzbischof Johann Friedrich Reichsgraf zu Waldstein beauftragte 1675 Jean Baptiste Mathey mit der Umgestaltung im Frühbarockstil. Die spätbarocke *Fassade* mit Rokoko-Zierraten stammt vom letzten Umbau (1764) durch Johann Joseph Wirch, der plastische Schmuck von Ignaz Platzer.

An der Nordseite des Platzes folgen ehemalige Chorherren-Häuser. Das **Palais**

Martinitz (Martinický palác, Hradčanské náměstí 8, Tel. 233 32 67 22, www.martinickypalac.cz, tgl. 10–18 Uhr) schmücken eindrucksvolle *Spätrenaissance-Sgraffiti* (nach 1588), Kratzputz-Szenen aus dem Alten Testament und der griechischen Mythologie. In einigen Sälen blieben bemalte *Holzdecken* (16. Jh.) erhalten, in der Kapelle barocke *Wandmalereien* um 1700. Zahlreiche Umbauten haben dem Gebäude in den vergangenen Jahrhunderten jedoch schwer zugesetzt. Lohnender als ein Rundgang durch die Palastsäle ist daher ein Besuch im integrierten *Museum für historische Musikautomaten*: Orchestrien, Drehorgeln und Grammophone aber auch Kuriositäten wie klingende Bücher oder Christbaumständer (19. Jh.) wurden hier zusammengetragen und dürfen selbst ausprobiert werden!

Die Westseite des Platzes beherrscht das **Palais Toscana** (Toskánský palác). Michael Oswald Graf Thun-Hohenstein ließ den mächtigen Frühbarockbau 1689–91 nach Plänen von Jean Baptiste Mathey errichten. Seinem Namenspatron, dem Erzengel Michael, widmete er die dramatisch bewegte *Statuengruppe* (1693) von Ottavio Mosto an der Ecke zur Loreto-Gasse.

4 Palais Sternberg – Nationalgalerie

Šternberský palác – Národní galerie

Bedeutende Kunstsammlung von der Antike bis zum Barock.

Hradčanské náměstí 15, Zugang neben dem Erzbischöflichen Palais
Tel. 22 05 14 63 47
www.ngprague.cz
Di–So 10–18 Uhr
Straßenbahn 22 Pražský hrad

Wenzel Adalbert Graf Sternberg ließ die große Vierflügelanlage mit überhöhtem, querovalem Mittelrisalit im Westteil 1698 von Giovanni Battista Alliprandi beginnen. In den *Prunkräumen* malten Michael Wenzel Halbax und Johann Rudolf Byss die *Deckenbilder*: ›Selbstmord der Dido‹, ›Trauernde Artemis‹, ›Esther vor Ahasver‹.

Das Palais bietet einen stimmungsvollen Rahmen für die hier untergebrachte **Sammlung alter europäischer Kunst** der Nationalgalerie Prag. Gleich im Erdgeschoss wartet sie in der Abteilung deutsche Kunst der Spätgotik und der Donauschule neben Werken Holbeins, Cranachs, Altdorfers, Griens u. a. mit einem Glanzstück Albrecht Dürers (1471–1528) auf: das ›**Rosenkranzfest**‹, das Hauptwerk seiner venezianischen Zeit, zugleich das erste Gruppenporträt der deutschen Kunst, gemalt 1506 für die Kirche San Bartolomeo der deutschen Kaufmannsgilde, später im Besitz Kaiser Rudolfs II. Links von der thronenden Muttergottes mit dem Kinde versammelt sich die Geistlichkeit, kniend Papst Julius II., dahinter stehend der hl. Dominikus, der dem Patriarchen von Aquileia, Kardinal Grimani, den Rosenkranz aufsetzt. Auf der rechten Seite empfängt Kaiser Maximilian I. den Rosenkranz, dahinter kniet Jakob (oder Ulrich) Fugger, das Oberhaupt der Augsburger Bankiersfamilie. Am Baum stehend hat sich Dürer selbst verewigt.

Im ersten Stock führt die Ausstellung thematisch zunächst zurück in die **Antike**. Eine Besonderheit sind zwei *Frauenporträts* aus Faiyum aus dem 4. Jh. v. Chr. Die folgenden Räumlichkeiten sind v. a. der Sammlung des Erzherzogs Franz Ferdinand d'Este gewidmet, die **italienische und niederländische Kunst des 14.–16. Jh.** vereint. Hervorzuheben sind Werke des Florentiner Manierismus, darunter Bronzinos *Eleonora von Toledo* (um 1540). In einem eigenen Raum werden russische Ikonen (15.–18. Jh.), gezeigt.

Publikumsmagnet der Nationalgalerie im Palais Sternberg ist Dürers ›Rosenkranzfest‹

Im 2. Obergeschoss sind Werke nahezu aller bedeutenden europäischen **Maler des 16.–18. Jh.** vertreten, u. a. Tintoretto, Goya, El Greco, Canaletto, Guardi, Pieter Bruegel d. Ä., Rubens und Rembrandt. Ein Kabinett ehrt den Sammler Josef Hoser (1770–1884), dem die Nationalgalerie einen Großteil ihres wertvollen Bestands Alter Meister verdankt.

5 Palais Schwarzenberg – Nationalgalerie

Schwarzenberský palác – Národní galerie

Kunst des Böhmischen Barock im bedeutenden Renaissance-Palais.

Hradčanské náměstí 2
Tel. 233 08 17 13
www.ngprague.cz
Di–So 10–18 Uhr
Straßenbahn 22 Pražský hrad

Die mächtige Dreiflügelanlage um einen Ehrenhof ließ Johann Graf Lobkowitz 1545–67 von Agostino Galli errichten. Im Jahre 1600 erwarben die südböhmischen Rosenberger das Palais; im Erbgang kam es an die steirischen Eggenberg, 1719 an die Fürsten Schwarzenberg. An der *Fassade* verbinden sich ›nordische‹ Traditionen wie die reich gegliederten Giebel mit lombardischen und florentinischen Stil-

Der Bauherr des Palais' Schwarzenberg ließ dessen Fassade in Sgraffito-Technik gestalten

elementen, etwa die weit vorkragende Hohlkehle am Dachansatz und an den halbkreisförmigen Bogenfeldern über der Fensterzone. Die *Sgraffiti* venezianischer Prägung ahmen Rustika- und Diamantquader nach.

Im Inneren zeigt die Nationalgalerie die Dauerausstellung **Barock in Böhmen** mit 160 Skulpturen und 280 Gemälden des 16.–18. Jh. Bereits im Eingangsbereich empfangen *Skulpturen römischer Götter* (1714–16) von Matthias Bernhard Braun den Besucher. Im zweiten Obergeschoss beginnt der ins Erdgeschoss führende Rundgang durch die chronologisch geordnete Schau: Auf profane und sakrale Werke der Spätrenaissance, entstanden am Hof Kaiser Rudolfs II., folgen barocke Malerei und Plastik von namhaften böhmischen Künstlern, darunter so dramatische Werke wie *Der hl. Borromäus besucht Pestopfer in Mailand* (1647) von Karel Škréta oder *Die Befreiung der Andromeda* (1695) von Michael Willmann. Ein kleiner Raum erinnert mit Elfenbeischnitzereien und Kunsthandwerk an die *Kunst- und Wunderkammer Rudolfs II.* auf der Prager Burg. Ein anderer Saal ist, was Hängung und Auswahl der Bilder betrifft, einer aristokratischen Gemäldegalerie um 1700 nachempfunden – Vorbild hierfür war das ebenfalls ausgestellte *Gemälde einer Kunstsammlung* (2. H. 18. Jh.) von A. F. Hampisch. Zusätzlich bereichert eine umfassende Sammlung von Zeichnungen, Drucken und Modellen die Ausstellung. Während des Besuchs lohnt übrigens immer wieder der Blick hinauf zu den exquisiten Deckengemälden, so etwa in einem Saal im 1. Stock *Orpheus in einer Landschaft mit Tieren* von 1585.

6 St. Johannes Nepomuk auf dem Felsen

Kostel svatého Jana Nepomuckého na Skalce

Erster Prager Sakralbau von Kilian Ignaz Dientzenhofer, dem bedeutendsten Architekten des böhmischen Hochbarock.

Kanovnická
Straßenbahn 22 Brusnice

1729 vollendete Dientzenhofer die Kirche der Ursulinen, einige Jahre später die umliegenden Klostergebäude. Nach der Aufhebung des Konvents 1784 unter Kaiser Joseph II. dienten sie als Kaserne, die Kirche war Gotteshaus der Garnison.

Portal, Mittelfenster und *Turm* (1815 verkürzt) ziehen den Blick nach oben und schaffen eine deutliche Vertikalachse. Die Schmuckformen weisen nach Wien, auf Johann Lukas von Hildebrandt, den Lehrmeister Dientzenhofers. Hinter der blockhaft aufgebauten Fassade verbirgt sich ein Zentralbau auf kreuzförmigem Grundriss. Wenzel Lorenz Reiner malte 1727 die *Deckenfresken* aus dem Leben des hl. Johannes von Nepomuk, also bereits zwei Jahre vor dessen Kanonisierung! Die *Altarblätter* von Michael Willmann und Johann Christoph Liška stammen aus der 1904 abgetragenen St.-Adalbert-Kirche am Pulverturm.

7 Neue Welt
Nový Svět

Vom Armenquartier zum Künstlerviertel – die alte Burgvorstadt lebt.

Straßenbahn 22 Brusnice

Die malerische Czernin-Gasse (Černínská) führt steil hinab in die **Neue Welt**, einen pittoresken Winkel der einstigen Burgvorstadt, dessen Anfänge ins 14. Jh. zurückreichen. Das frühere Armenquartier mit kleinen Häusern, Höfen und Gärten, in dem einige Szenen des Romans ›Der veruntreute Himmel‹ (1939) von Franz Werfel spielen, wurde umfassend saniert und entwickelt sich zunehmend zum Künstlerviertel. Bereits in den 1960er-Jahren lebte hier der Regisseur *Jindřich Polák*, der weltweit durch seine Pan-Tau-Filme bekannt wurde.

Pittoreske Neue Welt: einst Armenviertel, heute Wohnstatt von Künstlern

8 Loreto-Heiligtum
Loreta

TOP TIPP

Berühmtestes Marienheiligtum Prags, eine typisch böhmische Anlage mit vierseitigem Prozessionsumgang.

Loretánské náměstí 7
Tel. 220 51 67 40
www.loreta.cz
Di–So 9–12.15 und 13–16.30 Uhr
Straßenbahn 22 Pohořelec

Nach dem Sieg der Katholiken am Weißen Berge (1620), den man dem Eingreifen der Muttergottes zuschrieb, setzte in ganz Böhmen eine Welle der Marienverehrung ein. Wallfahrtsorte der ›Heiligen Maria vom Siege‹ (Sancta Maria de Victoria) und neu gegründete Klöster entwickelten sich zu *Zentren der Gegenreformation*. Das Loretoheiligtum auf dem Hradschin gründete Benigna Katharina Gräfin Lobkowitz 1626, die Betreuung oblag dem benachbarten Kapuziner-Kloster. Anwachsende *Pilgerströme* bewirkten den schrittweisen Ausbau bis um 1750. Vollendet wurde der ›Heilige Bezirk‹ durch Vater *Christoph* und Sohn *Kilian Ignaz Dientzenhofer* aus der oberbayerischen Baumeisterfamilie, die das Hochbarock in Böhmen nachhaltig prägte.

Die originelle **Westfassade** mit dem achteckigen (älteren) Glockenturm erbauten die beiden Dientzenhofer 1721–24. Johann Friedrich Kohl schmückte sie mit *Statuen*: links der Kapuzinermönch Felix von Cantalice vor der Muttergottes, rechts der hl. Johannes von Nepomuk, am Portal die bekanntesten Franziskaner-Heiligen Franz von Assisi und Antonius von Padua. Die *Balustrade* mit Putten von Andreas Philipp Quittainer verleiht dem Vorhof rokokohaft-heiteren Charakter. Als Schauplatz von Glocken- und Kirchweihfesten, Heiligsprechungen und bei anderen festlichen Anlässen prangte die Westfront zusätzlich in fantasievollen Festdekorationen. Das *Glockenspiel* im Turm stammt aus Amsterdam. Seit 1695 erklingt zur vollen Stunde das tschechische Marienlied ›Dich grüßen wir viel tausendmal‹.

Mittelpunkt der Gesamtanlage ist die **Santa Casa** (das Heilige oder Lauretanische Haus) im Hof, eine Nachbildung des Originalhauses im italienischen Wallfahrtsort Loreto. Der Legende nach sollen vier Engel im Jahre 1291 das kleine Haus der Jungfrau Maria in Nazareth, wo ihr der Erzengel Gabriel die Frohe Botschaft

Hinter der Barockfassade der Wallfahtsstätte Loreto verbirgt sich ein Nachbau der Santa Casa

verkündet hatte, durch die Lüfte in einen Lorbeerhain (›Lauretum‹ bzw. Loreto) bei Ancona getragen haben. Hier entwickelte sich der weltberühmte Wallfahrtsort, der einfache Backsteinbau wurde in den Jahrhunderten mit Marmor ummantelt und mit Statuen und Reliefs reich geschmückt. Die Prager Santa Casa erbauten Giovanni Orsi aus Como und sein Nachfolger Andrea Allio. Italienische Stuckateure – Giovanni Battista Cometa, Jacopo Agosto – überzogen 1664 die Wände lückenlos mit *Stuckreliefs*: Propheten und Sibyllen (weissagende Frauen der Antike), Marienleben, an der Ostseite die Loreto-Legende. Der kleine, dämmrige **Innenraum** enthält die Nachbildung des Marienhauses aus Backsteinen und das *Gnadenbild*, eine Maria-Loreto-Statue in Silberrahmung. Darunter befindet sich die Gruft der Stifterfamilie Lobkowitz.

Zwei **Barockbrunnen** mit den Figurengruppen ›Auferstehung Christi‹ und ›Mariä Himmelfahrt‹ von Johann Michael Biderle setzen theatralisch bewegte Akzente in den beiden Teilhöfen.

Im **Prozessionsumgang** (Ambit) zogen einst die Pilger singend und betend von Altar zu Altar. Schönstes *Altarblatt* ist die ›Stigmatisation des hl. Franz von Assisi‹ von Peter Brandl in der *Franziskus-Kapelle* im Nordflügel. Die Rahmenfiguren fügte Matthäus Wenzel Jäckel 1718 hinzu. In der **Kapelle der Schmerzhaften Muttergottes** in der Südwestecke des Ambits überrascht die Darstellung einer bärtigen Jungfrau am Kreuz. Es handelt sich dabei die hl. Wilgefortis. Sie soll als sizilianische (oder portugiesische) Königstochter im 2. Jh. gelebt haben. Als sie einen Heiden heiraten sollte, betete Wilgefortis um sichtbare Zeichen der Männlichkeit. Tatsächlich wuchs ihr daraufhin ein Bart, was ihren Vater so sehr erzürnte, dass er sie ans Kreuz nageln ließ. Sterbend predigte die Königstochter und bekehrte viel Volk, zuletzt auch ihren Vater.

Die **Christi-Geburt-Kirche** im Ostflügel, ebenfalls errichtet von Vater und Sohn Dientzenhofer, ist aufgrund ihrer reichen *Ausstattung* ein Juwel des Prager Barock. Engel, Putten, Propheten, Apostel und Heilige bevölkern diese ›Bühne‹. Die meisten Figuren schnitzte der Tiroler Bildhauer Matthias Schönherr. Im *Chorgewölbe* malte Wenzel Lorenz Reiner, der führende Freskenmaler im barocken Prag, die ›Darbringung Jesu im Tempel‹ (1736), in den beiden folgenden Jochen der Asam-Schüler Johann Adam Schöpf die Anbetung der Hirten und der Heiligen Drei Könige. Ältestes Stück ist das schlichte *Hochaltarblatt* (vor 1700) von Johann Georg Heintsch aus Schlesien. Anton Kern aus Nordböhmen schuf die reizvollen *Seitenaltarbilder* der hll. Agatha und Apollonia im zarten Kolorit des venezianischen Rokoko. Zwei *Choraltäre* bergen die Gebeine der spanischen Märtyrer Felicissimus und Marcia, gehüllt in zeitgenössische Gewänder des spanischen Hochadels. Johann Hennevogel verkleidete die *Wände* mit Kunstmarmor, Josef Helwig baute die *Orgel*.

Im 1. Obergeschoss des Westflügels befindet sich die 1636 gestiftete **Schatzkammer**. Sie ist die bedeutendste Sammlung **barocken Kunsthandwerks** in Böhmen und nennt trotz schwerer Verluste während der Türken- und Napoleonischen Kriege noch etwa 300 liturgische Geräte und Paramente ihr eigen. Ältestes Stück ist ein spätgotischer *Kelch* von 1510, unvergleichliches Glanzstück die berühmte **Diamanten-Monstranz**, die ›Prager Sonne‹, aus dem Vermächtnis der Gräfin Ludmila Eva Kolowrat – fast 90 cm hoch und 12 kg schwer, aus vergoldetem Silber und besetzt mit 6222 Diamanten.

Palais Czernin

Černinský palác
Loretánské náměstí 5

Gegenüber dem Heiligtum erstreckt sich die 150 m lange, durch 30 Kollosalsäulen gegliederte Hauptfassade des Palais Czernin. Das größte Adelspalais Prags, 1669–97 von italienischen Architekten als Majoratshaus für Humprecht Johann Czernin von Chudenitz (Chudenice) errichtet, ist heute Sitz des Tschechischen Außenministeriums.

9 Kloster Strahov

Strahovský klášter

TOP TIPP *Eine der bedeutendsten Kulturstätten Böhmens, ein Ort des Glaubens, der Wissenschaften und der Künste.*

Strahovské nádvoří 1
Zugang über die Rampe neben der Straßenbahn oder vom Haus Pohořelec 8
Zentrale: Tel. 233 10 77 11
Führungen: Tel. 233 10 77 22
www.strahovskyklaster.cz
Straßenbahn 22 Pohořelec

1140 gründete Vladislav I. auf Anregung des Olmützer Bischofs Jindřich Zdík das Kloster Strahov. Sein Name kommt von ›strahovati‹ (›bewachen‹) und entspricht der Lage am Abhang des Laurenziberges (Petřín), wo die Prager Burg von Posten geschützt wurde. Vom romanischen *Wehrkloster* blieb jedoch nur wenig erhalten, die Hussitenkriege unterbrachen die Gotisierung der Gebäude. Im Dreißigjährigen Krieg wüteten die Schweden. Mitte des 17. Jh. setzte ein erneuter Aufschwung ein, der den schrittweisen Aus- und Umbau der Gesamtanlage im Barockstil mit sich brachte. Sogar unter Joseph II., dem Kaiser der Aufklärung, erlebte der Strahover Konvent dank seiner wissenschaftlichen Arbeit und der Öffnung seiner Bibliothek eine Blütezeit. Nach einer Unterbrechung in der kommunistischen Zeit leben und arbeiten seit 1996 wieder Prämonstratenser im ›Juwel von Prag‹, wie das Kloster auch genannt wird.

Durch das barocke **Hauptportal**, das eine Statue des Ordensgründers Norbert von Xanten, ein Werk Johann Anton Quittainers von 1755 krönt, gelangt man in den ersten Klosterhof. Dort steht links die ehem. Strahover **Pfarrkirche St. Rochus**, 1599 von Kaiser Rudolf II. aus Dankbarkeit für das Ende der Pestepidemie gestiftet. Als Beispiel der Ende des 16. Jh. aufkeimenden ›Nachgotik‹, verbindet sie spätgotische Formen mit Renaissance-Elementen. Heute sind in dem Gotteshaus moderne Kunstausstellungen der **Galerie Miro** [s. S. 127] zu sehen.

Am anderen Ende des Klosterplatzes liegt die **Klosterkirche Mariä Himmelfahrt** (Kostel Nanebevzetí Panny Marie), deren Barockisierung um 1750 mit der Neugestaltung der beiden Osttürme und der Westfassade durch Anselmo Lurago ihren Abschluss fand. Bemerkenswert ist die anmutige *Immaculata-Statue* (Unbe-

Die Ausstattung der Kirche Mariä Himmelfahrt ist das Werk bedeutender Barockkünstler

fleckte Empfängnis) von Johann Anton Quittainer in der Portalnische.

Im **Inneren** lässt sich die Grundstruktur der romanischen dreischiffigen Basilika noch gut erkennen. An der spätbarocken **Ausstattung** beteiligten sich zahlreiche Künstler. *Gewölbeschmuck* und *Fresken* schufen der Stuckateur Michael Ignaz Palliardi, die Maler Josef Kramolín (Marienleben in den großen Gewölbefeldern), Ignaz Raab (marianische Symbole in den Wölbungszwickeln) und Wilhelm Josef Neunherz (Leben des hl. Norbert über den Arkaden). Johann Lauermann schuf *Marmoraltäre* und *Kanzel*, Ignaz Platzer d. Ä. die Plastiken am *Hochaltar*, Johann Anton Quittainer die meisten Figuren an den *Seitenaltären*. Die ältesten *Altarblätter* (Geburt Christi, böhmische Schutzheilige, Heimsuchung) malte der Rembrandt-Schüler Michael Lukas Willmann (vor 1706). Franz Ryckel schnitzte das frühbarocke *Chorgestühl* (1644). Auf der von F. Fassmann erbauten *Orgel* spielte einst Mozart.

Die **Ursula-Kapelle** am nördlichen Seitenschiff birgt *Reliquien* der hll. Ursula und Norbert. In der **Kapelle der Jungfrau Maria von Passau** (auch Pappenheimer-Kapelle) am südlichen Seitenschiff befindet sich das *Epitaph* für Gottfried Heinrich Graf Pappenheim, der 1632 bei Lützen fiel. Sprichwörtlich wurde sein Kürassierregiment durch Friedrich Schillers Trilogie ›Wallenstein‹ (»Daran erkenne ich meine Pappenheimer«). *Wandmalereien* des Ordensbruders Siardus schildern Schlachtszenen aus dem Dreißigjährigen Krieg.

Strahover Bibliothek

Eingang rechts neben dem Portal der Kirche Mariä Himmelfahrt
Tel. 220 51 66 95
www.pamatniknarodnihopisemnictvi.cz
tgl. 9–12 und 13–17 Uhr, Besichtigung von der jew. Saaltüre aus, das Betreten der Bibliothekssäle ist nur im Rahmen von Führungen möglich, Anmeldung ca. 4 Tage im Voraus unter Tel. 233 10 77 49

Bevor man das Bibliotheksgebäude betritt, lohnt die 1782–84 von Ignaz Palliardi geschaffene **Fassade** eine kurze Betrachtung. Sie gilt als bedeutendste Schöpfung des Frühklassizismus im ›josephischen‹ Prag. Ignaz Platzer fügte den plastischen Schmuck hinzu: das Medaillon Kaiser Josephs II., Putten und allegorische Gestalten im Segmentgiebel sowie Blattgirlanden, ein Leitmotiv des Klassizismus.

Im Inneren faszinieren die Prunkräume im 1. Obergeschoss: Der **Philosophische Bibliothekssaal**, erbaut 1782–84 durch Ignaz Palliardi, setzt den großartigen Schlussakkord des Prager Barock, allerdings schon gemäßigt durch die vornehme Zurückhaltung des Klassizismus. Harmonisch fügen sich die kostbaren

Nussholzschränke ein. Auftrag und Konzept der *Ausmalung* des **Tonnengewölbes** stammen vom aufgeklärten Abt Wenzel Mayer. Franz Anton Maulpertsch hat sein geniales Alterswerk – er stand bereits im 70. Lebensjahr – 1794 in nur sechs Monaten mit seinem Gehilfen Martin Michl vollendet. Das Monumentalgemälde in duftig zartem Rokokokolorit schildert das Streben und Ringen der Menschheit nach Weisheit in vier Epochen: Altes Testament, mythologische Zeit, heidnische Antike, Christentum. Dargestellt sind etwa Alexander der Große mit seinem Schlachtross Bukephalos, Diogenes in der Tonne, die Bundeslade gegenüber dem predigenden Apostel Paulus in Athen – insgesamt eine einzigartige Gruppierung berühmter Persönlichkeiten. Eingestreut finden sich Bezüge zu Böhmen (Landesheilige), eine Verherrlichung des Prämonstratenser-Ordens mit dem Kloster Strahov sowie der ›Sturz‹ der französischen Philosophen der Aufklärung. In der Mitte triumphiert die göttliche Weisheit am Ende der Tage, umringt von Allegorien der Religion und Tugenden.

Im Verbindungsgang zum Theologischen Saal wird naturwissenschaftliche Anschauungsmaterial aus dem 16./17. Jh. aufbewahrt: z. B. getrocknetes Meerge-

Prager Barock – eine europäische Glanzleistung

Die Rekatholisierung Böhmens nach der Schlacht am Weißen Berge (1620) bewirkte eine tief greifende Wende in der Prager Architektur. Nach einer Phase der Stagnation während der Renaissancezeit trat die Kirche als Auftraggeber nun wieder in den Vordergrund des Kunstgeschehens. Wallfahrtskapellen, **Kirchen** und Klöster für neu gegründete oder erneuerte Orden, besonders der Jesuiten, sollten Macht und Pracht des Katholizismus demonstrieren.

Prags erste Barockkirche, 1611–13 noch von den protestantischen Gläubigen auf der Kleinseite errichtet, wurde als Sancta Maria de Victoria den Karmelitern zugesprochen. Riesige **Ordenshäuser** wie das Clementinum der Jesuiten ›fraßen‹ sich geradezu als Fremdkörper in die weitgehend noch mittelalterlich strukturierte Stadt. Ganze Bezirke schmalbrüstiger gotischer Häuser fielen **Monumentalbauten** des Adels wie beispielsweise dem Palais Waldstein, Prags erstem Barockpalais (1623–30), zum Opfer.

Die Baumeisterfamilien – die Lurago, Canevale und Orsi – kamen zunächst ebenso wie Stuckateure, Maurer, Bildhauer und Maler aus **Italien**. In Prag gab es eine eigene italienische Kolonie – die Welsche Gasse auf der Kleinseite erinnert daran. 1687 krönte die erste ›römische‹ Kuppel die Kreuzherren-Kirche. Ihr Schöpfer, der zum Römer gewordene Franzose **Jean Baptiste Mathey**, erkannte als erster die Bedeutung des **Stadtbildes** als Kunstwerk.

Gegen Ende des 17. Jh. war der italienische Frühbarock bereits mit mitteleuropäischen Elementen verschmolzen. Führende Architekten des Hochbarock (1700–1740) waren **Johann Blasius Santini-Aichel**, der Sohn eines in Prag heimisch gewordenen italienischen Steinmetzen, und **Christoph Dientzenhofer** aus einer in Franken und Böhmen tätigen oberbayrischen Baumeisterfamilie. Sein Sohn **Kilian Ignaz** führte den römischen Raumillusionismus zum Höhepunkt; die Kuppel von St. Niklas auf der Kleinseite setzt als Pendant zur Kreuzherren-Kirche jenseits der Moldau einen markanten städtebaulichen Akzent.

Prags elegantesten Profanbau des Hochbarock, das Palais Clam-Gallas in der Altstadt, entwarf **Johann Bernhard Fischer von Erlach**, der große Meister des ›kaiserlichen‹ Wiener Barock. An der Fassade besticht das Zusammenspiel von Architektur und Plastik. Zwei Bildhauer wirkten als geniale Antipoden: Aus den Figuren des Tirolers **Matthias Braun** spricht der dramatisch expressive Geist Berninis, aus den Werken **Ferdinand Maximilian Brokoffs** die kraftvolle, stille ›Erdverbundenheit‹ Böhmens. Wohin man auch sah, schmückten Plastiken die Kirchen, Palais, Gärten, Bürgerhäuser und vor allem die Karlsbrücke.

Als führende **Freskenmaler** des Hochbarocks sind Johann Jakob Steinfels, Johann Lukas Kracker und Wenzel Lorenz Reiner zu nennen. Den wundervollen Ausklang spätbarocker Malerei bildet das Deckenfresko von **Franz Anton Maulpertsch** im Philosophischen Bibliothekssaal des Klosters Strahov.

Geballtes Wissen in Leder gebunden: der Philosophische Bibliothekssaal im Kloster Strahov

tier, Käfer und Schmetterlinge. An einer langen Reihe juristischer, medizinischer und pharmazeutischer Fachbücher vorbei gelangt man zu einer Kopie des **Strahover Evangeliars**, der ältesten und wertvollsten Handschrift aus dem Bestand des Klosters Strahov. Der lateinische Codex umfasst 218 Pergamentblätter, geschrieben in Unzialschrift (uncia = Zoll), wohl Anfang des 9. Jh. in Tours, dazu Evangelistenbilder auf Purpurgrund, die Ende des 10. Jh. vermutlich in Trier entstanden sind. Der Einband vereint Schmuckelemente vom 12. bis 17. Jh., u. a. vier Emailscheiben (1180) aus der Werkstatt von St. Pantaleon in Köln, romanische Statuetten und gefasste Kristalle.

Zur Rechten öffnet sich nun der **Theologische Saal**, geprägt vom Frühbarock nach Plänen von Giovanni Domenico Orsi. Reiche *Stuckaturen* – Rollwerk, Muscheln, Blatt- und Rankenwerk, Engelsköpfe (um 1670) – rahmen die Gewölbefelder. 1720 wurde der Saal von Frater Siardus mit *Fresken* geschmückt. Die Bildfolge schöpft aus dem umfangreichen philosophischen Werk des Abtes Hieronymus Hirnheim und aus den Sprüchen Salomos: eine Verherrlichung des ›Hauses der Weisheit‹, von Buch und Bildung. *Barockschränke, Pulte* und prächtige *Globen* aus dem 17. Jh. bilden die Ausstattung.

Die Bibliothekssäle sind Teil des **Museums des Nationalen Schrifttums** (Památník Národního Písemnictví), das seit 1953 im Kloster untergebracht ist. Es besitz insgesamt etwa 900 000 Bände, 5000 kostbare Handschriften und Raritäten, 2500 Wiegendrucke sowie eine einzigartige Sammlung hussitischer Literatur und das Literaturarchiv des Nationalmuseums mit etwa 5 Mio. Dokumenten! Ausgestellt ist nur ein Bruchteil der Sammlung.

Strahover Gemäldegalerie

Tel. 233 10 77 30
tgl. 9–12 und 12.30–17 Uhr

Im Nordosten der Kirche Mariä Himmelfahrt betritt man durch ein Tor den großen Innenhof des Klosters, hier befindet sich der Eingang zur Strahover Gemäldegalerie. Sie ist im ersten Stock des barockisierten Kreuzgangs untergebracht und bewahrt neben einer bedeutenden Sammlung europäischer sakraler **Kunst des 14.–18. Jh.** – ältestes Gemälde ist die berühmte Strahover Madonna (um 1340) – auch profane Werke. So etwa acht hübsche kleinformatige Szenen aus Ovids Metamorphosen (anonym, 17. Jh.) oder Landschaftsgemälde von Norbert Grund (um 1750/60). Im Erdgeschoss blieben noch drei schlichte Säle aus romanischer Zeit erhalten. Ferner lohnt ein Blick in das **Sommerrefektorium**, dessen Decke das Fresko ›Das Himmlische Gastmahl‹ (1728–31) von Frater Siardus ziert. Vom gleichen Künstler stammt das Deckengemälde ›Die Krankenheilung‹ (um 1750) im **Kapitelsaal**. Das **Winterrefektorium** besticht mit schönen Stuckaturen (1730).

Kleinseite – romantische Winkel zu Füßen der Prager Burg

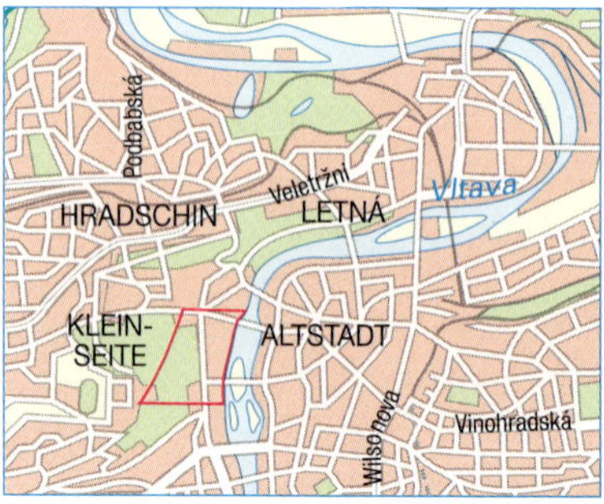

Bis heute ist die Kleinseite (Malá Strana) am Fuße der Prager Burg ein *Idyll* von unvergleichlichem Zauber. Enge, verwinkelte Gassen, verträumte Plätze und Gärten wechseln mit pompösen Adelspalästen und stolzen Bürgerhäusern, malerischen Laubengängen und Höfen – und immer wieder öffnen sich *Durchblicke* auf die einzigartige Dach- und Giebellandschaft, beherrscht von der majestätischen Kuppel der Kirche **St. Niklas**.

Die Anfänge des *Marktfleckens* reichen ins 9. Jh. zurück. An der Fernhandelsstraße nach Regensburg – Nürnberg – Leipzig gelegen, entwickelte er sich rasch zu einem wichtigen Städtchen. 1257 gründete König Ottokar II. im Bereich des Kleinseitener Rings die ›Neustadt unter der Prager Burg‹, auch die ›Kleinere Stadt Prag‹ oder kurz ›Kleinseite‹ genannt. Wesentlich vergrößert wurde sie bereits um 1360 unter Karl IV. Mit dem Regierungsantritt der Habsburger im 16. Jh. wandelte sich die Bürgerstadt allmählich zur *Adelsstadt*. Nach dem Sieg der Kaiserlichen am Weißen Berge hielt der Barock triumphalen Einzug und prägt im Wesentlichen bis heute das Stadtbild.

10 Nerudagasse
Nerudova

TOP TIPP *Schönste Gasse der Kleinseite mit typischen Prager Hauszeichen.*

Metro A Malostranská
Straßenbahn 12, 20, 22
Malostranské náměstí

Die frühere Spornergasse bildete den letzten, steilen Teil des ›Königsweges‹, den die böhmischen Könige seit dem 14. Jh. am Tage ihrer Krönung vom Vyšehrad zum Hradschin fuhren.

Zu beiden Seiten der Nerudagasse blieben viele der reizvollen **Hauszeichen** erhalten, z. B. am Haus ›*Zu den drei Geigen*‹ (Nr. 12), das der Geigenbauerfamilie Edlinger gehörte, ›*Zum Goldenen Kelche*‹ (Nr. 16), in dem ein Goldschmied wohnte, oder ›*Zum hl. Johannes Nepomuk*‹ (Nr. 18). Zahlreiche kleine Geschäfte bieten reichlich Gelegenheit für den Souvenir-Kauf.

Johann Blasius Santini-Aichel, ein Architekt italienischer Herkunft, schuf in kongenialer Zusammenarbeit mit bedeutenden Bildhauern zwei wundervolle barocke Profanbauten in der Nerudova: Vor das 1713/14 errichtete **Palais Morzin** (Morzinský palác, Nr. 5, heute Rumänische

In der malerischen Nerudagasse weiß jedes Haus eine eigene Geschichte zu erzählen

Botschaft) stellte Ferdinand Maximilian Brokoff kraftvolle Mohren-Atlanten, die Wappenzeichen der Grafen Morzin (Mohr). Vom Portal grüßt die lachende Büste des Tages (Sonne), gegenüber schlummert die Nacht (Mond). Am **Palais Thun-Hohenstein** von 1726 (Thun-Hohenštejnský palác, Nr. 20, Italienische Botschaft), einst im Besitz der Familie Kolowrat, setzte Matthias Bernhard Braun, einer der Hauptmeister des böhmischen Hochbarock, dramatisch rauschende Akzente: Mächtige Adler mit gespreizten Schwingen, die Wappentiere der Kolowrat, flankieren das Portal; auf den Gebälkstücken lagert das Götterpaar Jupiter und Juno.

An der Stelle des Strahover oder Schwarzen Tores wurde 1691–1717 die **Theatiner-Kirche der Jungfrau Maria bei den Kajetanern** (Kostel Panny Marie Ustavičné Pomoci a Božské prozřetelnosti) erbaut. Bemerkenswert sind die *Plastiken* am Hochaltar von Matthäus Wenzel Jäckel (1724) und das *Seitenaltarbild* der hl. Thekla von Franz Xaver Palko.

Auch den oberen Teil der Nerudova säumen stattliche **Bürger- und Adelspalais**, zumeist mit Barock- und Rokoko-Fassaden. Im *›Goldenen Löwen‹* (Nr. 32) befindet sich das **Apotheken-Museum** (Tel. 257 53 15 02, www.nm.cz, April–Sept. Di–So 11–18, Okt.–März Di–Fr 10–17 Uhr), eine Dependance des Nationalmuseums, mit pharmazeutischen Exponaten von der Renaissance bis zum 19. Jh. Im Palais Bretfeld (Nr. 33) *›Zum Frühling und Sommer‹* weilten Mozart und Casanova zu Gast. Unter den Zwillingsgiebeln der *›Zwei Sonnen‹* (Nr. 47) wohnte der Schriftsteller Jan Neruda (1834–1891), der das Leben im Stadtteil in seinen ›Kleinseitener Geschichten‹ (1877) auf köstliche Weise schilderte.

11 Kleinseitener Ring
Malostranské náměstí

Seit dem 10. Jh. als Markt das Herz der Kleinseite.

Metro A Malostranská
Straßenbahn 12, 20, 22
Malostranské náměstí

Der Platz war seit jeher in einen oberen und unteren Abschnitt geteilt, seine Mitte beherrscht das ehemalige Jesuitenkolleg mit der barocken *Niklas-Kirche.* Vor ihren Chor schiebt sich das mächtige **Palais Grömling** (Grömlingovský palác, Nr. 28/5), von 1786, in dem heute das Hotel Amour (Tel. 257 53 55 78, www.europe hotels.cz) untergebracht ist.

Zeichen an der Wand

Bei einem Spaziergang durch Prag entdeckt man an vielen Fassaden liebevoll restaurierte Hauszeichen. Sie sind in Stein gemeißelt, in Bronze gegossen oder auf den Putz gemalt und zeigen z. B. drei Geigen, umtanzt von Sternen (Nerudova 12), einen goldenen Hirsch, der mit einem Kruzifix im Geweih den Jäger Hubertus zur Sonntagsruhe mahnt (Tomášská 4) oder einen Bärtigen, der stolz einen Karpfen, ein Glückssymbol, in Händen hält (Karlova 48). Vom Mittelalter bis 1770, als nach französischem Vorbild die Hausnummern eingeführt wurden, dienten die Hauszeichen der Orientierung in der Stadt. Und noch heute erlauben sie Rückschlüsse auf den Beruf, die Frömmigkeit oder den Aberglauben, den Namen oder die Herkunft ihrer einstigen Bewohner.

Nahezu alle Gebäude bewahren hinter Renaissance-, Barock- oder Empirefassaden einen mittelalterlichen Mauerkern. Teilweise haben sich die typischen Laubengänge und Durchhäuser erhalten, vor allem an der Südseite. An der Ostseite dominiert das **Palais Kaiserstein** (Kaiserštejnský palác, Nr. 23, Tel. 257 53 37 59, www.kaiserstejnskypalac.cz), durch Giovanni Alliprandi barockisiert und mit Statuen der Jahreszeiten von Ottavio Mosto geschmückt. Eine *Büste* erinnert an die Opernsängerin Emma Destinn (Destinnová, 1868–1930), eine Partnerin Enrico Carusos. Heute kann man das Palais für Veranstaltungen buchen.

Die Ecke zur Letenská nimmt das ehemalige **Kleinseitener Rathaus** (Malostranská radnice, Nr. 21) ein. An der Nordseite folgen, beide im Stil der Renaissance, das **Palais Sternberg** (Šternberský palác, Nr. 19/7) und das **Palais Smiřický** (Nr. 18), vormals Rosenberg. Hier hatten am 22. Mai 1618 die Führer der böhmischen Stände den zweiten Prager Fenstersturz beschlossen, der den Dreißigjährigen Krieg auslöste.

Der **Obere Ring** hieß früher Welscher (Italienischer) Platz. An seiner Westseite liegt das **Palais Liechtenstein** (Lichtenštejnský palác, Nr. 13), ein Renaissancebau mit klassizistischer Fassade. Hier residierte der königliche Statthalter Karl von Liechtenstein, berüchtigt durch die Hinrichtung der Aufständischen auf dem Altstädter Ring im Jahre 1621. An der Südseite folgen dem barocken **Palais Hartig** (Hartigovský palác, Nr. 12), das heute die

Auf ihrem Weg vom Hradschin in die Neustadt passieren Trams den Kleinseitener Ring

Mit ihrer monumentalen Kuppel beherrscht die Barockkirche St. Niklas die Kleinseite

Musikfakultät der Akademie der Darstellenden Künste (Akademie múzických umění, www.amu.cz) beherbergt, die bemerkenswerten klassizistischen Fassaden Nr. 8, 9 und 6, gestaltet vom Architekten Ignaz Palliardi. Die barocke **Dreifaltigkeits-(Pest-)Säule** (1715) nach Entwürfen von Giovanni Alliprandi setzt einen wichtigen Akzent vor der Fassade der Niklas-Kirche; Ulrich Mayer und Ferdinand Geiger schufen die Statuen der böhmischen Landespatrone.

12 St. Niklas auf der Kleinseite

Chrám svatého Mikuláše

TOP TIPP

Bedeutendste Kirche des Prager Hochbarock. Kuppel und Glockenturm von Dientzenhofer: die Krönung des Stadtpanoramas.

Malostranské náměstí
www.pis.cz
März–Okt. tgl. 9–17,
Nov.–Febr. tgl. 9–16 Uhr
Metro A Malostranská
Straßenbahn 12, 20, 22
Malostranské náměstí

Weithin sichtbar prangt die mächtige, fast 80 m aufragende Kuppel, flankiert vom gleich hohen Glockenturm als steingewordener Triumph der *Gegenreformation*. Bald nach dem Sieg der Katholiken am Weißen Berge ging das Gelände an die Kleinseitener *Jesuiten*, Wallenstein und die Grafen Kolowrat-Liebšteinsky bedachten sie mit großzügigen Stiftungen. Die Grundsteinlegung erfolgte 1673 im Beisein Kaiser Leopolds I.; zur Ausführung kam zunächst nur das Ordenshaus (1773 aufgehoben). Die *Kirche* entstand in zwei Bauabschnitten: 1702–11 errichtete Christoph Dientzenhofer das Langhaus mit der Westfassade, 1737–51 sein Sohn Kilian Ignaz den Chor; 1756 stellte Anselmo Lurago den *Glockenturm* fertig.

Die konkaven Schwünge der **Fassade** und der Höhendrang des Giebels kommen am besten in der Schrägansicht zur Geltung. Das bis ins Gewölbe ›schwingende‹ **Langhaus** besteht aus einer Folge einander durchdringender Querovale zwischen den schräg gestellten Pfeilern, ordenstypisch sind die durchlaufenden Emporen. Den **Chor** gestaltete Kilian Ignaz Dientzenhofer als grandiose Dreikonchenanlage, überragt von der kreisrunden Kuppel auf hohem Tambour.

Die **Ausstattung** entstand zum großen Teil erst nach Dientzenhofers Tod (1751), in der Stilstufe des Spätbarock und Rokoko. Franz Xaver Palko malte das *Kuppelfresko* ›Die Himmlische Glorie‹. In der *Nordkonche* gestaltete er die Weltmission der Jesuiten bis nach Japan. Johann Lukas Kracker, ein Schüler Paul Trogers steuerte die *Seitenaltarblätter* bei: links Heimsuchung, rechts Tod des hl. Joseph.

Blick hoch hinauf zur ›Himmlischen Glorie‹, dem Kuppelfresko Franz Xaver Palkos

Hauptwerk Krackers ist das riesige **Deckenbild** (1760) im Langhaus, mit nahezu 1500 m^2 eines der größten Europas. Dargestellt sind Begebenheiten aus dem Leben des hl. Nikolaus, Bischof von Myra in Kleinasien im 4. Jh., sein Eintreten für Gefangene, Kaufleute und Seefahrer, seine Himmelfahrt sowie Wundertaten. Als Kavalier lässig an die Treppe gelehnt, hat sich der Maler selbst verewigt.

Thematisch interessant sind die *Kolossalstatuen* von Ignaz Platzer: im Chor vier morgenländische Kirchenväter, auf dem Gebälk über den Doppelsäulen die vier Kardinaltugenden Stärke, Klugheit, Gerechtigkeit und Mäßigung. Im Langhaus sind zudem der Perserkönig Kyros mit gesprengter Handfessel zu sehen (eine Anspielung auf die Befreiung der Juden aus der Babylonischen Gefangenschaft), die römischen Kaiser Konstantin der Große und Theodosius sowie ein Jesuitenheiliger. Ein Meisterwerk ist die *Rokokokanzel* mit vergoldeten Holzfiguren von Richard Georg Prachner und dessen Sohn Peter.

Ein Genuss für Augen und Ohren ist ein Besuch der Kirche während einem **Konzert** (Ende März–Ende Okt. Mi–Mo 18 Uhr sowie Advents-, Weihnachts- und Neujahrskonzerte, Ticket-Tel. 257534215, www.psalterium.cz).

Im **Turm** (Věž chrámu sv. Mikuláse, Tel. 251512516, tgl. 10–18 Uhr) mit seiner aussichtsreichen Galerie hat eine kleine Ausstellung über Herstellung und Funktion der Prager Glocken ihren Platz gefunden.

13 Palastgärten
Palácové zahrady

Sechs barocke Terrassengärten unterhalb der Prager Burg.

Valdštejnské náměstí 3
www.palacovezahrady.cz
April, Okt. tgl. 10–18,
Mai, Sept. tgl. 9–19, Juni/Juli
tgl. 9–21, Aug. tgl. 9–20 Uhr
Metro A Malostranská
Straßenbahn 12, 20, 22
Malostranské náměstí

Der Eingang zu den berühmten **Terrassengärten** am Südhang der Prager Burg befindet sich am **Palais Ledebur** (Ledeburský palác, Valdštejnské náměstí 3). Im 18. Jh. verwandelten zumeist italienische Architekten und Bildhauer die einstigen Weinhänge in regelrechte ›Zaubergärten‹, durchsetzt mit Brunnen und Glorietten, Pavillons, Treppen, Balustraden und Plastiken. Santini-Aichel plante die anmutige *Sala terrena* (Gartensaal) hinter dem Palais Ledebur für die damalige Besitzerin Gräfin Trauttmansdorff. Alle sechs Gärten – **Ledebur-, Großer** und **Kleiner Palffy-Garten** sowie **Kolowrat-, Großer-** und **Kleiner Fürstenberg-Garten** – sind zugänglich und können besichtigt werden.

14 Palais Waldstein
Valdštejnský palác

TOP TIPP *Erster profaner Monumentalbau des Prager Barock.*

Valdštejnské náměstí 4
Tel. 257 07 11 11
www.senat.cz
Palast: Sa/So 10–16 Uhr
Garten: April–Okt. tgl. 10–18 Uhr
Metro A Malostranská
Straßenbahn 12, 18, 20, 22
Malostranská

Bis 1945 befand sich das Palais im Besitz der Nachkommen des berühmten kaiserlichen Generalissimus Reichsfürst *Albrecht von Waldstein* oder **Wallenstein** (1583–1634), dessen gloriosen Aufstieg, politischen Fall und Ermordung Friedrich Schiller in seiner Wallenstein-Trilogie schildert. 1623 ließ der zu unglaublichem Reichtum gekommene Feldherr 30 Häuser abreißen und einige Gärten einebnen, um Platz für seinen **Stammsitz** zu schaffen. Der nach Entwürfen von Andrea Spezza 1630 vollendete **Palast** sollte eine geschlossene Domäne bilden, deren Prunk sich im Inneren und im Garten entfaltete, daher die schlichte, nahezu bürgerliche *Fassade*. Italienischer Frühbarock prägt die *Innenräume* (nur z.T. zugänglich, da Sitz des Senats), gestaltet von Baccio del Bianco. Sein *Deckengemälde* im Fest- oder Rittersaal zeigt Wallenstein als Kriegsgott Mars.

Der **Waldstein Garten** (Valdštejnská zahrada) ist von der Letenská aus in den Sommermonaten zugänglich. Er wird geschmückt von mythologischer *Bronzefiguren* des niederländischen Bildhauers Adriaen de Vries. Dabei handelt es sich um spätere Abgüsse, denn die Originale entführte Graf Königsmarck am Ende des Dreißigjährigen Krieges nach Schweden ins Königliche Schloss Drottningholm.

Zu den großartigsten **Stadtansichten** Prags zählt der Blick über die Bronzefiguren zur **Sala terrena** mit dem Hradschin im Hintergrund. Die dreiteilige Gartenloggia von Andrea Spezza und Giovanni Pieroni war einst Kulisse für prunkvolle Feste. Thematisch wurzelt sie in der Renaissance, der Schmuck ist manieristisch, die Monumentalität bis zur vollen Höhe des Palais schon barock empfunden. Kraftvolle *Stuckaturen* und *Deckengemälde* (Zeus, Trojanischer Krieg) zieren das mächtige Tonnengewölbe, ausgeführt von Baccio del Bianco 1629/30.

Gegen den Klárov-Platz hin begrenzt das **Reitschulgebäude** (Valdstejnská Jízdárna) den Garten, in dem Wallenstein bis zu 300 Rösser hielt. Die Halle beherbergt heute in unregelmäßigen Abständen Wechselausstellungen der Nationalgalerie (www.ngprague.cz).

Neben dem Palais Waldstein informiert das **Pädagogische Museum J.A. Komenský** (Pedagogické muzeum J.A. Komenského, Valdstejnská 20, Tel. 257533455, www.pmjak.cz, Di–Sa 10–12.30 und 13–17 Uhr) über das Werk des bekannten Theologen und Pädagogen Johann Amos Comenius (1592–1670).

15 Kirche und Kloster St. Thomas

Kostel a klášter svatého Tomáše

Vorzügliche Barockfassade von Kilian Ignaz Dientzenhofer, qualitätvolle Ausstattung.

Letenská ulice 4
Metro A Malostranská
Straßenbahn 12, 20, 22
Malostranské náměstí

König Wenzel II. gründete 1285 Kirche und Kloster der Augustiner-Eremiten. Nach

Mit Wasserspielen und gepflegten Grünanlagen ist der Waldstein Garten eine Oase der Ruhe

Brand und Wiederaufbau in der Hussitenzeit diente die Kirche im utraquistischen Prag als Hauptsitz der Katholiken. Kaiser Rudolf II. verfügte den Umbau zur Hofkirche, im 17. Jh. wurden die Klostertrakte frühbarock umgestaltet.

Kilian Ignaz Dientzenhofer führte 1725–31 die effektvolle und dennoch einfühlsame Barockisierung der Kirche durch. An zwei Seiten blendete er dynamisch modellierte **Fassaden** in der Tradition des römischen Illusionismus vor. Über den Portalen stehen frühbarocke *Plastiken* (1684) von Hieronymus Kohl: an der Westseite der hl. Augustinus, im Süden der hl. Thomas von Villanova.

Der **Innenraum** bewahrte die Grundstruktur einer frühgotischen, dreischiffigen Basilika mit lang gestrecktem Mönchschor – Dientzenhofer verlieh ihm festliche, schlossartige Züge. Wenzel Lorenz Reiner malte 1728 die *Fresken*: die Lebensgeschichte des Kirchenlehrers Augustinus und Gründung verschiedener Orden nach seiner Regel, im Chor die Legende des hl. Thomas, in den Kuppelzwickeln Allegorien der vier Erdteile. Die beiden *Hochaltarblätter* ›Folter des Apostels Thomas‹ und ›Hl. Augustinus‹ bestellte der Prior des Klosters 1637 bei Rubens in Antwerpen (Originale in der Nationalgalerie im Palais Sternberg, Nr. 4). Johann Anton Quittainer fügte die großen *Heiligenstatuen* hinzu, Ferdinand Maximilian Brokoff die kleinen. Karel Škréta malte 1671 die frühbarocken *Seitenaltarblätter* ›Hl. Dreifaltigkeit‹, ›Mariä Himmelfahrt‹ und ›Thomas von Villanova‹.

Fassadenreigen: Wunderschön restaurierte Barockhäuser säumen die Brückengasse

16 St. Joseph
Svatý Josef

Juwel des flämischen Barock mit überraschendem Innenraum.

Josefská
Straßenbahn 12, 20, 22
Malostranské náměstí

Kaiser Ferdinand III. gründete 1656 das Kloster der Unbeschuhten Karmeliterinnen. Nach dessen Aufhebung 1782 übernahmen Englische Fräulein die Gebäude, 1920 das Finanzministerium.

Die zweigeschossige **Fassade** der ehem. Klosterkirche entstand 1687–92 in der Tradition des flämischen Barock. Die *Plastiken* von Matthäus Wenzel Jäckel zeigen in der Mittelnische den Kirchenpatron, auf den seitlichen Voluten Teresa von Avila und Johannes vom Kreuz. Das **Innere** überrascht als reiner Zentralraum, ein überkuppeltes Längsoval mit Seitennischen. Wieder stammt der *bildhauerische Schmuck* von Jäckel, zum Teil unter Mitwirkung des Kleinseitener Tischlermeisters Marcus Nonnenmacher. Peter Brandl schuf die hochbarocken *Altarbilder* der hl. Familie und der hl. Teresa. Das dritte Altarblatt stellt die hl. Thekla dar.

17 Brückengasse
Mostecká

Lebhafte Geschäftsgasse mit wächsernen Persönlichkeiten.

Straßenbahn 12, 20, 22
Malostranské náměstí

Gut erhaltene Barockhäuser säumen die Brückengasse, durch die der alte Handelsweg von Regensburg, Nürnberg und Leipzig zur Moldau und weiter nach Osten verlief. Heute bieten entlang der Straße zahlreiche Läden Glas, Granate, Kunsthandwerk und andere Souvenirs an. Das kunsthistorisch wertvollste Gebäude ist das **Palais Kaunitz** (Kaunický palác, Mostecká 15), erbaut 1773–75 durch Anton Karl Schmidt im Stil des Rokoko-Klassizismus.

Nebenan befindet sich das **Wax Museum** (Mostecká 18, Tel. 257535735, www.waxmuseumprague.cz, wg. Restaurierung geschl.), das wächserne Nachbildungen historischer Persönlichkeiten zeigt. Abbilder von Prominenten des 19.–21. Jh. sind in der *Zweigstelle* (Melantrichova 5, Tel. 224229852, tgl. 9–20 Uhr) jenseits der Karlsbrücke versammelt.

Vom Wrtba-Garten mit seinen Barockstatuen schweift der Blick bis zur Kuppel St. Niklas'

18 Wrtba-Garten
Vrtbovská zahrada

Schönster Barockgarten Prags mit überwältigender Aussicht.

Eingang: Palais Wrtba,
Karmelitská 25/Tržiště
Tel. 257 53 14 80
www.vrtbovska.cz
April–Okt. tgl. 10–18 Uhr
Straßenbahn 12, 20, 22
Malostranské náměstí

Vom Hof des äußerlich schlichten Renaissancepalais' Wrtba (Vrtba) führt ein *Barockportal* in den italienischen *Terrassengarten*, den Oberstburggraf Johann Josef Vrtba 1720–30 von František Maximilián Kaňka anlegen ließ. Matthias Bernhard Braun wirkte als Bildhauer, Wenzel Lorenz Reiner als Freskenmaler in der Sala terrena, den zum Garten hin offenen Saal, der mit Statuen von Bacchus und Ceres gechmückt ist. Im Zentrum der Gartenanlage steht ein rundes, mit einem Wasser speienden Drachen verziertes Wasserbecken, das mit zarten Wasserschwertlilien bepflanzt ist.

19 Welsche Gasse und Palais Lobkowitz
Vlašská a Lobkovický palác

Seit der 2. Hälfte des 16. Jh. Mittelpunkt einer starken italienischen, ›welschen‹, Kolonie in Prag.

Vlašská
Straßenbahn 12, 20, 22
Malostranské náměstí

Neben Kaufleuten strömten im 16./17. Jh. zahlreiche italienische Wanderkünstler und Handwerker in die Stadt – Baumeister, Steinmetze, Bildhauer, Stuckateure und Maler –, die einen erheblichen Beitrag zum Prager Barock [s. S. 44] leisteten. 1602 gründete die italienische Bruderschaft in der gleichnamigen Gasse das Welsche Hospital (Vlašský špitál), einen frühbarocken Gebäudekomplex mit Krankenhaus und Kirche um einen Arkadenhof. Heute befindet sich hier das italienische Kulturzentrum *Instituto italiano di Cultura* (Šporkova 14/Vlašská 34, Tel. 257 09 06 81, www.iic-praga.cz).

Das ebenfalls barocke **Palais Lobkowitz** (Vlašská 19) ging aus einem von Giovanni Battista Alliprandi 1702 errichteten Kernbau für die Familie Přehořovský hervor. Ignaz Palliardi leitete im Auftrag der Fürsten Lobkowitz ab 1769 den Umbau samt Aufstockung. An der Gartenseite setzt der ovale Mittelrisalit mit dreiteiliger **Sala terrena** einen besonderen Akzent, gestaltet unter dem Einfluss der Wiener Palais' Fischers von Erlach. Das Palais beherbergt heute die *Deutsche Botschaft* (Tel. 257 11 31 11, www.deutsche-botschaft.cz). Schlagzeilen in der Weltpresse lieferte sie im Herbst 1989, als Tausende zur Ausreise entschlossene Bürger der DDR hier Zuflucht fanden.

20 Laurenziberg
Petřín

TOP TIPP

Aussichtsberg mit malerischen Spazierwegen.

Straßenbahn 6, 9, 12, 20, 22 Újezd, dann Standseilbahn

Ob zu Fuß oder mit der historischen Jubiläumsbahn (1891) auf den **Petřín**: Immer wieder bieten sich zauberhafte Ausblicke, besonders wenn im Frühjahr die Palaisgärten im Talkessel im ›Blütenschnee‹ versinken. Den tschechischen Namen Petřín leitete Cosmas von Prag, der erste Chronist Böhmens, vom lateinischen Wort für Fels (Petra) ab. Die deutsche Bezeichnung kommt vom römischen Märtyrer Laurentius (Lorenz), dem Schutzhei-

Das barocke Palais Lobkowitz (hier Rückfassade) ist heute Sitz der Deutschen Botschaft

Mit der Standseilbahn geht es hinauf auf den aussichtsreichen Laurenziberg

ligen der **Gipfelkirche** (Kostel sv. Vavřince), die über einem altslawischen Feueraltar und einer Kapelle des hl. Adalbert aus dem 10. Jh. entstand. Ignaz Palliardi gestaltete 1735–70 die doppeltürmige Kuppelanlage im Stil des Spätbarock.

Seit der Landesausstellung 1891 krönt den Gipfel der 60 m hohe Aussichtsturm **Petrínská rozhledna** (Petrínské sady, Tel. 257320112, www.pis.cz, Jan.–März Sa/So 10–17, April, Nov.–Dez. tgl. 10–19, Mai–Sept. tgl. 10–22, Okt. tgl. 10–20 Uhr) mit 299 Stufen. Er ist dem Pariser Eiffelturm nachempfunden und wie dieser ein Zeichen der industriellen Entwicklung der Gründerzeit. An klaren Tagen sieht man von oben bis an die Grenzen Böhmens. Der benachbarte Holzpavillon enthält ein **Spiegellabyrinth** (Zrcadlové bludiště) und ein **Diorama**, das den Kampf der Prager Studenten gegen die Schweden 1648 darstellt.

An mehreren Stellen des Petřín finden sich noch Teile der gotischen sog. **Hungermauer** (Hladová Zed'). Karl IV. ließ diese Befestigung um Altstadt, Kleinseite sowie Hradschin mit Strahov angeblich während der Hungersnot 1360 anlegen, um der Bevölkerung Arbeit und Brot zu verschaffen.

21 Tschechisches Musikmuseum
České muzeum hudby

Reise durch fünf Jahrhunderte Musikgeschichte.

Karmelitská 2/4
Tel. 257257777
www.nm.cz
Mi–Mo 10–18 Uhr
Straßenbahn 12, 20, 22 Hellichova

Die ehem. Barockkirche St. Maria Magdalena, im 17. Jh. wohl nach einem Entwurf Francesco Carattis erbaut, beherbergt heute das Tschechische Musikmuseum, eine Dependance des Nationalmuseums [Nr. 57]. Unter dem Motto **Mensch – Instrument – Musik** präsentiert die Dauerausstellung wertvolle Instrumente und Musikdokumente vom 16. Jh. bis zur Gegenwart.

Ein Rundgang macht zunächst mit der Musikwelt des 20./21. Jh. vertraut, wobei ein besonderes Augenmerk auf experimenteller mikrotonaler Musik liegt. Sowohl hier als auch im folgenden historischen Bereich mit seiner Vielfalt an Tasten-, Streich-, Blas- und Schlaginstrumenten bereichern Klangbeispiele, Noten und Gemälde die Ausstellung.

Kaum mehr an eine Kirche erinnert der zentrale Saal des Tschechischen Musikmuseums

22 Maria de Victoria
Kostel Panny Marie Vítězné

Prags älteste Barockkirche mit der in aller Welt verehrten Wachsfigur des ›Prager Jesulein‹.

Karmelitská 9
Tel. 257 53 36 46
www.pragjesu.info
Straßenbahn 12, 20, 22 Hellichova

Giovanni M. Filippi erbaute 1611–13 im Auftrag der deutschen Lutheraner die älteste erhaltene Barockkirche der Stadt. Wenige Jahre später, nach der Niederlage der Protestanten am Weißen Berge (1620), wurde sie dem Orden der Unbeschuhten Karmeliter zugesprochen. Einer seiner Mönche hatte den katholischen Truppen im Schlachtfeld ein Gemälde der Anbetung des Jesukindes im Stall von Bethlehem vorangetragen und soll so mit Mariens Hilfe den Sieg herbeigeführt haben. Noch heute ist eine Kopie (1622) des gotischen Bildes im oberen Bereich des Hochaltars zu sehen [s. auch Nr. 85].

Die Karmeliter weihten die Kirche der Siegreichen Muttergottes (Maria de Victoria). Die erste Statue dieses ikonografischen Typus' in Prag findet sich außen über dem *Portal*. 1636–40 wurde die **Kirchenfassade** von einem unbekannten Baumeister nach dem Vorbild zweigeschossiger römischer Giebelfassaden errichtet.

Der tonnengewölbte **Innenraum** entspricht römischen Saalkirchen des Jesuitenordens. In einer silberverzierten Rokokovitrine am zweiten Seitenaltar rechts wird das berühmte **Prager Jesulein** (Pražske Jezulátko) aufbewahrt, eine nur 45 cm große Wachsfigur, die Fürstin Polyxena Lobkowitz 1628 den Karmelitern schenkte. Bald entwickelten sich rege Wallfahrten zum ›Jesulein‹, dem Wunder und Krankenheilungen zugesprochen wurden. 1648 soll es die Schweden mit Silberkugeln aus der Stadt vertrieben haben! Über all die Jahrhunderte wurde es reich beschenkt, mit Goldkronen, Edelsteinen, Hermelin-Mäntelchen und goldbestickten Samtkleidern, darunter eine eigenhändige Arbeit der Herrscherin Maria Theresia. Als ›Bambino di Praga‹ oder ›Niño Jesus de Praga‹ genießt es in der ganzen katholischen Welt hohe Verehrung, besonders in Südeuropa und Lateinamerika.

Berühmtheit aus Wachs: Das ›Prager Jesulein‹ in seiner kostbaren Rokokovitrine

Thematisch wie künstlerisch bemerkenswert ist das Altarbild von Peter Brandl neben der Kanzel: Die Muttergottes erscheint dem hl. Simon Stock, Ordensgeneral der Karmeliter, 1251 in Cambridge. Das erste Altarblatt links, ein Werk des Dresdner Malers Johann Georg Dietrich, zeigt die hl. Teresa von Avila, die große Mystikerin und Reformatorin des Karmeliterordens. An der Decke sind die Wappen des Reiches, von Böhmen und Ungarn sowie das Malteserkreuz zu sehen; 1784 hat der Malteserorden die Kirche übernommen.

23 Malteser-Platz
Máltézské náměstí

Länglicher Platz mit schönen Rokoko- und Barockpalästen.

Straßenbahn 12, 20, 22 Hellichova

Als Mittelfigur einer Statuengruppe (1715) von Ferdinand Maximilian Brokoff bewacht Johannes der Täufer, der Schirmherr der Malteserritter, den Malteser-Platz. Rundum finden sich architektonische Schmuckstücke wie im Süden das **Palais Nostitz** (Nostický palác, Nr. 1). Es ist eines der frühesten Profanbauwerke des Prager Barock, um 1650 nach Plänen von Francesco Caratti errichtet. Im 18. Jh. wurde die *Fassade* schrittweise dem jeweiligen Zeitgeschmack angepasst: Attikafiguren aus der Brokoff-Werkstatt, Rokokoportal von Anton Haffenecker, klassizierender Fensterschmuck, Empirebalkone. Heute ist das Palais Sitz des *Tschechischen Kulturministeriums* (www.mkcr.cz). Die schönsten Gebäude am Platz sind das **Palais Turba** (Turbovský palác, Nr. 6, Japa-

Grafitti-Denkmal für den ermordeten Beatles-Star: die John-Lennon-Mauer

nische Botschaft), vom Tiroler Architekten Joseph Jäger 1767 im Rokokostil umgestaltet, und das benachbarten **Muscon-Haus** (Nr. 5, Dänische Botschaft). Im **Palais Straka** (Nr. 14) steckt noch gotisches Mauerwerk. Es beherbergt heute das **Jan Deyl Konservatorium** (Konzervatoř Jana Deyla, www.kjd.cz), in dem blinde Menschen musikalisch ausgebildet werden.

24 Maria unter der Kette
Kostel Panny Marie pod Řetězem

Mittelalterliche Kirche des Johanniter- oder Malteser-Ordens.

Lázeňská
Straßenbahn 12, 20, 22 Hellichova
oder Malostranské náměstí

König Vladislav I. gründete 1169 die älteste Niederlassung des Malteser-Ordens in Böhmen. Die beiden wuchtigen Turmstümpfe der frühgotischen **Marien-Kirche** veranschaulichen den kämpferischen Charakter des Ritterordens. Gestiftet gegen Ende des 11. Jh. als Spitalbruderschaft des hl. Johannes in Jerusalem, hatten sich die Johanniter schon im Heiligen Land, später auf Rhodos und Malta, zum ›Schild der Christenheit‹ gegen die Muslime entwickelt. Die Hussiten-Stürme unterbrachen die Bauarbeiten – die Kirche blieb ein Torso: Türme und Vorhalle markieren die vorgesehenen gewaltigen Ausmaße, getrennt vom Chor durch den Innenhof (das abgetragene romanische Kirchenschiff). 1640–60 gestaltete Carlo Lurago den alten Chor zu einer frühbarocken Kirche um. Karel Škréta schuf die drei *Altarblätter*: ›Mariä Himmelfahrt‹, ›Die hl. Barbara‹ und ›Die Schlacht von Lepanto 1571‹.

25 Großprior-Palais und -Platz
Palác maltézského velkopřevora a Velkopřevorské náměstí

Für viele der stimmungsvollste Platz der Kleinseite.

Velkopřevorské náměstí 4
Straßenbahn 12, 20, 22 Hellichova
oder Malostranské náměstí

Malteser-Großprior Gundaker Poppo Graf Dietrichstein ließ 1725–27 das **Großprior-Palais**, eines der schönsten des Prager Hochbarock, durch Bartolomeo Scotti errichten. Matthias Bernhard Braun und seine Werkstatt steuerten den plastischen Schmuck im *Treppenhaus* bei. Im *Malteser-Garten* finden im Sommer Konzert- und Theateraufführungen statt.

Gegen die Insel Kampa öffnet sich der verträumte, baumbestandene Großprior-Platz. Das hochbarocke *Palais Buquoy* (Buquoyský palác, Velkopřevorské náměstí 2, Französische Botschaft, Tel. 251171711, www.france.cz) errichtete um 1735 František Maximilian Kaňka. Im Kontrast dazu stehen die bunten Grafitti an der sog. **John-Lennon-Mauer** gegenüber: Jugendliche setzten hier in den 1980er-Jahren ihrem ermordeten Beatles-Idol mit Sprühfarbe ein Denkmal und

Moderne Kunst in einem alten Mühlengebäude an der Moldau bietet das Museum Kampa

verliehen zugleich ihrem Ärger über das Regime und ihrer Sehnsucht nach Freiheit Ausdruck. Auch wiederholte Übersteichungs-Aktionen der Obrigkeit konnten sie nicht daran hindern. Heute kann man hier ganz legal kreativ werden – auch Yoko Ono hat sich schon verewigt.

26 Moldauinsel Kampa
Kampa

Insel südlich der Karlsbrücke mit einem Museum für moderne Kunst.

Zugang: von der Karlsbrücke, am schönsten vom Velkopřevorské náměstí (Großprior-Platz)
Straßenbahn 12, 20, 22 Hellichova oder Malostranské náměstí

Der Moldauarm Čertovka (Teufelsbach), wurde im 12. Jh. als Mühlgraben angelegt und trennt seither die Insel Kampa von der Kleinseite. Namengebend war das lateinische Wort Campus (Feld). Gemüse- und Weingärten bedeckten einst die Insel, erst im 16. Jh. setzte im Nordteil die Bebauung ein. Seit dem Mittelalter boten Töpfer hier ihre Waren an. Herz der Insel ist der Straßenzug **Na Kampě**, gleich einem Dorfanger von Bäumen und Rasen gesäumt. Das schönste Hauszeichen ziert den **Blauen Fuchs** (Na Kampě 1/498, Botschaft von Estland, www.estemb.cz), erbaut 1605 von Libeth Stewardt aus Lüttich, Waffenschmied und Vergolder am Hofe Rudolfs II.

Am Moldauufer liegt das **Palais Liechtenstein** (Lichtenštejnský palác, U Sovových mlýnů 4), vormals Kaiserstein, ein mächtiger Frühbarockbau, im Empirestil verändert und heute von der tschechischen Regierung für Staatsempfänge genutzt.

Eine Bootsfahrt auf dem Mühlgraben präsentiert die Insel Kampa von ihrer schönsten Seite

Die Steintreppe zur Karlsbrücke stammt erst aus dem 19. Jh. Den Brückensporn hinter der *Ferrer-Prokop-Gruppe* krönt ein spätgotischer Pfeiler mit der sog. **Bruncvík-Statue**. Der Geharnischte mit gezücktem Schwert geht auf eine tschechische Sagengestalt zurück, deren Wunderschwert in der Brücke eingemauert sein soll, um dereinst das Land von allem Bösen zu befreien. Als Rechtssymbol entspricht die Statue dem Roland in deutschen Städten.

In einer umgebauten alten Mühle am Fluss zeigt das **Museum Kampa** (U Sovových mlýnů 2, Tel. 257 28 61 47, www.museumkampa.cz, tgl. 10–18 Uhr) europäische moderne Kunst, u. a. abstrakte Gemälde von František Kupka und Werke des kubistischen Bildhauers Otto Gutfreund. Die Kunstwerke stammen aus der Privatsammlung des Ehepaars Jan und Meda Mládek. Ferner finden regelmäßig interessante Wechselausstellungen statt.

27 Franz Kafka Museum

Moderne Ausstellung über die Lebenswelt des berühmten Literaten.

Cihelná 2b
Tel. 257 53 55 07
www.kafkamuseum.cz
März–Dez. tgl. 10–18,
Jan./Febr. tgl. 10–17 Uhr
Metro A Malostranská
Straßenbahn 1, 8, 12, 18, 20, 22
Malostranská

In einer ehem. Ziegelei am Moldauufer präsentiert das Franz Kafka Museum seine Dauerausstellung **Stadt K. Franz Kafka und Prag**. Anhand von historischen Fotografien und Filmaufnahmen, Manuskripten (Faksimile) und Zeitungsausschnitten werden Leben und Werk des Schriftstellers vorgestellt. Dabei wird Kafkas schwieriges Verhältnis zum Vater ebenso thematisiert wie seine Zugehörigkeit zum Prager Literatenkreis im Café

Die Leiden des jungen K.

Prag verehrt und vermarket seinen berühmtesten Schriftsteller: **Franz Kafka**. Ein Platz (Náměstí Franze Kafky) trägt seinen Namen, eine Statue wurde aufgestellt [s. S. 89], ein Museum [Nr. 27] eröffnet. Die Buchläden sind voll mit seinen Werken, und die Souvenirshops verkaufen jede Menge T-Shirts, Tassen oder Regenschirme, auf denen sein Gesicht, zumindest aber seine Unterschrift prangt.

Franz Kafka verbrachte die meiste Zeit seines Lebens in Prag: Am 3. Juli 1883 wurde er als Sohn eines jüdischen Kaufmanns am heutigen Náměstí Franze Kafky 5 in der Prager Altstadt geboren. Im Haus zur Minute [s. S. 75] lebte er ebenso wie im Goldenen Gässchen 22 [s. S. 33]. Im Kinský-Palais [s. S. 78] am Altstädter Ring ging Kafka aufs Gymnasium, von 1901–05 studierte er an der Deutschen Universität Jura, promovierte und wurde 1908 Angestellter der Prager **Arbeiter-Unfallversicherung**. Schon während des Studiums schloss sich Kafka dem **deutschsprachigen Literatenkreis** um Max Brod und Franz Werfel an, verbrachte die Nächte mit Schreiben. Und litt unter der Enge seiner vom autoritären Vater dominierten, bürgerlichen Existenz und der Sehnsucht nach einem selbstbestimmten Künstlerdasein.

Seinem Lebensgefühl verlieh Kafka in realistisch-grotesken Erzählungen wie **›Die Verwandlung‹** oder dem Romanfragment **›Der Prozess‹** Ausdruck. Darin schildert er unheimliche, traumhafte Ereignisse, etwa die Verwandlung eines Menschen zu einem Käfer, so nüchtern und präzise, dass ihre Realität kaum in Frage gestellt werden kann. Seine Werke, **Meilensteine der Modernen Literatur**, wurden z. T. erst nach seinem Tod von Max Brod herausgegeben, obgleich dieser sie laut Kafkas Testament hätte verbrennen sollen. Franz Kafka starb 1924 an Tuberkulose. Er wurde auf dem Neuen Jüdischen Friedhof (Nový židovský hřbitov, Vinohradská 153, Prag-Žižkov) bestattet.

Arco oder seine problematischen Liebesbeziehungen. Im zweiten Teil der Ausstellungen erzeugen audiovisuelle Installationen, etwa ein düsteres Labyrinth aus raumhohen Karteikästen, in dem man über Telefonhörer Textpassagen aus Werken des Schriftstellers anhören kann, eine wahrhaft kafkaeske Atmosphäre.

Amüsant-provokativ ist hingegen die Skulptur **Proudy** (2004) von David Černý direkt vor dem Eingang des Museums: Zwei bewegliche nackte Bronzemänner stehen in einem Bassin mit der Form der Tschechischen Republik und pinkeln Zitate berühmter Prager ins Wasser.

28 Kleinseitener Brückentürme
Malostranské mostečke věže

Städtebauliche Pendants zum Altstädter Brückenturm.

Karlův Most (Karlsbrücke, Kleinseite)
Tel. 257 53 04 87
www.pis.cz
April–Okt. tgl. 10–17.30 Uhr
Straßenbahn 12, 20, 22
Malostranské náměstí

Der niedrigere der beiden Kleinseitener Türme blieb von der romanischen Judith-Brücke (12. Jh.) erhalten, die 1342 von einer Flut fortgespült worden war. Keildach und Renaissancegiebel kamen 1591 hinzu.

Den höheren, spätgotischen Turm ließ König Georg von Podiebrad 1464 als Gegenstück zum Altstädter Brückenturm erbauen. Neben dem Wappen der Kleinseite ist auch das der Altstadt angebracht, der die Karlsbrücke und die Insel Kampa unterstand. Heute beherbergt der Turm eine kleine Ausstellung zur Geschichte der Karlsbrücke.

Das gotische Zinnentor zwischen den beiden Türmen löste vermutlich den Vorläuferbau, ein im romanischen Stil errichtetes Gebäude, ab.

Links der Brücke springt das tiefer gelegene Eckhaus **Zu den drei Straußen** (U Tří Pštrosů, heute Hotel mit Restaurant, s. S. 132) mit seinen frühbarocken Giebeln ins Auge. Die Straußenmotive ließ Jan Fux anbringen, der um 1600 kaiserlicher Lieferant für Federschmuck war und damit ein Vermögen verdiente.

In der benachbarten Gasse U lužického semináře starten **Bootsausflüge** (Tel. 776 77 67 79, www.prague-venice.cz, März–

Juni und Sept./Okt. tgl. 10.30–20, Juli/Aug. tgl. 10.30–23, Nov.–Febr. tgl. 10.30–18 Uhr) durch den Moldauarm Čertovka, der, gesäumt von pittoresken Häuserzeilen auch als **Prager Venedig** (Pražské Benátky) bezeichnet wird.

29 Karlsbrücke
Karlův most

TOP TIPP *Eine der ältesten Steinbrücken Europas und gewiss die schönste! Einzigartige Freilichtgalerie barocker Plastik.*

Straßenbahn 12, 20, 22 Malostranské náměstí (Westufer),
Metro A Staroměstská, Straßenbahn 17, 18 Karlovy lázně (Ostufer)

Prags Aufstieg und Bedeutung als internationale Handelsstadt gründeten sich auf eine Brücke über die Moldau. Anstelle einer Holzbrücke ließ König Vladislav I. 1158–72 die erste Steinbrücke errichten,

Oben: *Ein buntes Menschengetümmel bahnt sich seinen Weg über die Karlsbrücke*
Links: *Barock bewegt: Matthias Bernhard Brauns Statue des hl. Ivo auf der Karlsbrücke*

die er nach seiner Gemahlin Judith von Thüringen benannte. 1342 stürzte die **Judith-Brücke** ein, 1357 legte Karl IV. den Grundstein zur gotischen Brücke. Als Bauleiter berief er den damals 27-jährigen Dombaumeister *Peter Parler* (1330–1399), vollendet war die Brücke erst einige Jahre nach dessen Tod. Bis ins 19. Jh. blieb die einst auch ›Prager Brücke‹ oder ›Steinerne Brücke‹ genannte Karlsbrücke die einzige feste Verbindung zwischen den Prager Städten. Mit 16 Bogen auf einer Länge von 520 m und einer erstaunlichen Breite von 10 m – Platz für vier Wagen – überspannt sie die Moldau.

Bis Ende des 17. Jh. fehlte plastischer Schmuck, ausgenommen ein Kruzifix. Vermutlich im Jahr 1693, anlässlich des 300. Todestages von Johannes Nepomuk,

Abendstimmung am Kleinseitener Moldauufer, den Altstädter Brückenturm im Blick

entdeckte man die Brücke als ›Skulpturen-Bühne‹ vor der grandiosen Kulisse des Hradschin. Anfang des 18. Jh. fanden weitere **Plastiken** Aufstellung, insgesamt 30 Figuren oder Figurengruppen, durchweg aus böhmischem Sandstein geschaffen, gestiftet im Wettstreit von Ratsherrn, Klöstern und Fakultäten. Viele Figuren wurden mittlerweile durch Kopien ersetzt (Originale im Lapidarium, s. S. 107, und auf dem Vyšehrad, Nr. 75).

Die künstlerisch wertvollste Skulptur schuf Bildhauer *Matthias Bernhard Braun* mit der theatralischen **›Vision der hl. Luitgard‹** (1710), eine Zisterzienser-Nonne aus Brabant, der sich der Gekreuzigte zuneigt. Auch sein **hl. Ivo** (1711), direkt beim Altstädter Brückenturm, zeigt dramatisch bewegte Züge.

Den Gegenpol bilden die ruhigeren Werke, erdverbunden und weniger dramatisch, von *Ferdinand Maximilian Brokoff*. Von ihm stammen der **hl. Kajetan von Tiene**, gestiftet vom Theatiner-Orden der Kleinseite, und die **Trinitarier-Gruppe**. Johannes von Matha und Felix von Valois, die Gründer des Trinitarierordens zum Loskauf christlicher Gefangener, richten einen Galeerensklaven auf, während ein Türke ein Kerkerloch bewacht. Auch der hl. Iwan ist anwesend, ein dalmatinischer Fürstensohn, der etwa dreihundert Jahre früher (!) als wundertätiger Einsiedler in einer Höhle bei Karlstein südwestlich von Prag lebte.

Die wohl berühmteste Figur ist jedoch der **hl. Johannes Nepomuk**, der einen Großteil der Touristen in der Brückenmitte zu einem kurzen Halt und der angeblich Glück bringenden Berührung veranlasst. Das Modell für die Skulptur fertigten Johann Brokoff und Matthias Rauchmüller 1683.

Seit 2007 wird die Karlsbrücke umfassend restauriert, die Arbeiten werden mehrere Jahre in Anspruch nehmen. Für die Einschränkungen durch die Bauarbeiten entschädigt das **Muzeum Karlova Mostu** (Křižovnické náměstí 3, Eingang rechts vom Altstädter Brückenturm, Tel. 739 30 95 51, www.muzeumkarlovamostu.cz, tgl. 10–20 Uhr). Es präsentiert die Geschichte der Brücke und ihrer Erbauer. Neben Informationen zur Regierungszeit Karls IV. kann man hier Modelle der Karlsbrücke und ihrer Vorgängerin, der Judithbrücke, sowie historische Bauinstrumente besichtigen. Die geheimnisvollen Zahlen über dem Eingang (135797531) verweisen auf die Zeit, zu der der Grundstein für die Prager Brücke gelegt wurde: im Jahr 1357, am 9. Juli, um 5.31 Uhr.

30 Altstädter Brückenturm
Staroměstská mostecká věž

Einer der schönsten gotischen Türme Mitteleuropas, plastischer Schmuck aus der Bauhütte Peter Parlers.

Křižovnické náměstí
Tel. 224 22 05 69
www.pis.cz
März tgl. 10–18, April/Mai, Okt. tgl. 10–19, Juni–Sept. tgl. 10–22, Nov.–Febr. tgl. 10–17 Uhr
Metro A Staroměstská
Straßenbahn 17, 18 Karlovy lázně

Peter Parlers überragende Meisterschaft spiegelt auch sein letztes gesichertes Werk wieder, der Altstädter Brückenturm, begonnen um 1370, vollendet wohl erst um 1400.

Den Wehrturm zieren **Plastiken** aus der Bauhütte Peter Parlers. Sie zählen zu den Spitzenleistungen der böhmischen Hochgotik, bereits mit einem hohen Maß an Naturnähe. Dargestellt sind in der *oberen Blendarkaden-Galerie* der hl. Adalbert, Bischof von Prag, und der hl. König Sigismund von Burgund, der Schirmherr der Luxemburger. In der *zweiten Reihe* steht unter feinen Maßwerk-Baldachinen der Brückenpatron St. Veit auf zwei Bogen der Karlsbrücke, links thront Kaiser Karl IV. mit Insignien und Wappen (Adler) des Heiligen Römischen Reiches, rechts sein Sohn und Nachfolger Wenzel IV. als Römischer König mit dem Löwenschild Böhmens. Den *mittleren Rundbogen* krönt der Přemysliden-Adler, im *linken Halbbogen* ist das Altstädter Wappen zu sehen, *rechts* der mährische Würfeladler. In der *unteren Reihe* folgen die Wappen der luxemburgischen Erblande.

Mehrfach taucht am Turm der Eisvogel im Schleierkranz auf, das Emblem Wenzels IV., volkstümlich ›Liebesknoten‹ genannt, in Anspielung an die amourösen Abenteuer des Königs. Die Plastiken an der Moldauseite wurden 1648 im Kampf gegen die Schweden zerstört. Die Angreifer waren damals von einer Handvoll Studenten und Bewohner des jüdischen Gettos zurückgeschlagen worden.

Heute beherbergt der Brückenturm eine kleine Ausstellung über die Skulpturen Karls IV. und Wenzels IV., doch die meisten Besucher sind in erster Linie an dem herrlichen **Ausblick** interessiert.

Der Brückensturz des Johannes Nepomuk

Unlösbar mit der Moldau verknüpft sind Tod und Legende des hl. Johannes Nepomuk, seit der Barockzeit **Brückenheiliger** und Patron des Beichtgeheimnisses. Johann Welfflin, geboren 1340 in Pomuk bei Pilsen (daher ›von Pomuk‹ = Nepomuk), Doktor der Theologie und der Rechte, wirkte als wortgewaltiger **Prediger** und Generalvikar des Prager Erzbischofs. Sein Eintreten für die Rechte der Kirche, wohl auch sein Einfluss auf die Königin, erregten den Zorn des Königs. Als **Wenzel IV.** dann noch begann, die Reformer zu begünstigen, brach der Zwist zwischen Krone und Klerus offen aus. 1393 wurde Johannes Nepomuk auf Befehl des Königs gefoltert und von der **Karlsbrücke** in die Moldau gestürzt. Der Legende nach erhob sich der Leichnam aus den Fluten, umringt von leuchtenden Sternen. Das Volk strömte zusammen, um ihn zu bestatten. Während der Gegenreformation gruben die Jesuiten den Leichnam aus und fanden angeblich dessen Zunge unversehrt. Der Orden erreichte 1729 die Heiligsprechung Johannes Nepomuks.

Altstadt –
Perlen großbürgerlicher Pracht

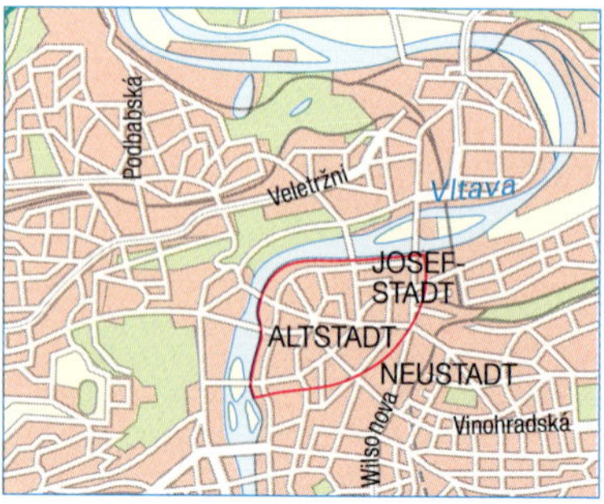

Zwischen dem Hradschin und dem Vyšehrad entwickelten sich bereits im 10. Jh. Marktflecken. Ab dem 11. Jh. errang der Handels- und Stapelplatz im Bereich des **Altstädter Rings** internationale Bedeutung. König Wenzel I. ließ die Stadtmauer errichten und verlieh der ›Alten Stadt Prag‹ (Staré Město) 1235 deutsches Stadtrecht. Unter Karl IV. gedieh sie Mitte des 14. Jh. zu einer der glanzvollen Städte Mitteleuropas. In weiten Teilen blieb die prächtige *mittelalterliche Stadtstruktur* erhalten. Lediglich im Nordteil brachte die Sanierung des Gettos gegen Ende des 19. Jh. tief greifende Veränderungen. *Späthistorismus* und *Jugendstil* bestimmen hier das Straßenbild.

31 Kreuzherren-Platz
Křižovnické náměstí

›Salon Prags‹ – ein prachtvoller kleiner Platz am Altstädter Brückenkopf.

Metro A Staroměstská
Straßenbahn 17, 18 Karlovy lázně

Der Blick über den Kreuzherren-Platz auf die Altstadt vermittelt noch den überwältigenden Eindruck des ›hunderttürmigen Prag‹. Im Konventsgebäude an der Moldau residierten die Großmeister der ›Kreuzherren mit dem Roten Stern‹, dem einzigen in Böhmen gegründeten geistlichen Ritterorden (1237): Sie stellten in den Jahren 1561–1694 den Prager Erzbischofs – die Folge waren Zwistigkeiten mit den Jesuiten, die ebenfalls nach Macht und Einfluss strebten. Ihr Konkurrenzkampf wurde auch in der Architektur ausgefochten, so setzt die Kuppel der **Kreuzherren-Kirche** (Kostel svatého Františka z Assisi, Křižovnické náměstí 3) bewusst ein Pendant zur Salvator-Kirche des Jesuitenkollegiums Clementinum [Nr. 32].

Erbaut wurde die dem hl. Franz von Assisi geweihte Kreuzherren-Kirche 1678–87 nach Plänen des französischen Malers und Architekten Jean Baptiste Mathey, der 20 Jahre in Rom gelebt hatte. Römisch inspiriert ist daher der frühbarocke Zentralbau mit *Ovalkuppel* auf hohem Tambour, der ersten in Prag. Die breit gezogene *Fassade* folgt dagegen dem Geschmack des ›kühl‹ klassizierenden französischen Barock. Auflockerung bringen die später hinzugefügten *Figuren*

Der Kreuzherrenplatz wird von der mächtigen Kuppel der Kreuzherren-Kirche überragt ▷

des Spätbarock und Rokoko: über dem Portal der Kirchenpatron Franz von Assisi, links die hll. Agnes und Ludmila, rechts die hll. Wenzel und Veit, 1723 von Andreas Philipp Quittainer geschaffen. Auf der Attika sieht man Engel aus der Werkstatt Matthäus Wenzel Jäckels, an der Treppe die Immaculata und den hl. Johannes Nepomuk von Richard Prachner.

Böhmischer Marmor, Stuckaturen von Tomaso Soldati und Fresken von Wenzel Lorenz Reiner (Jüngstes Gericht) schmücken den **Innenraum**. Die Wandnischen füllen monumentale *Stuckfiguren* (1690/91) der Dresdner Bildhauer Süßner: Jeremias Süßner schuf die ›ruhigen‹ Statuen der hll. Joachim und Anna, sein Bruder Konrad Max die im Geiste Berninis ›dramatischen‹ Gestalten Martin, Georg und Katharina. Die übrigen *Plastiken* stammen von Matthäus Wenzel Jäckel: am Hochaltar Gottvater sowie die hll. Helena und Augustinus. Johann Christoph Liška malte die Stigmatisierung des hl. Franz *(Chorkuppel)*, sein Stiefvater und Lehrer Michael Lukas Willmann die *Altarblätter* in den Kreuzarmen.

An der Ecke zur Kreuzherren-Gasse (Křižovnická) fand die frühbarocke **Winzersäule** (1676) des hl. Wenzel Aufstellung, ein Werk Johann Georg Bendls. Mitte des 19. Jh. wurde der Platz bis zum Altstädter Brückenturm aufgeschüttet und befestigt. Das neugotische **Denkmal Kaiser Karls IV.**, 1848 nach einem Modell von Ernst Hähnel gegossen, erinnert an die 500-Jahr-Feier der Karls-Universität.

32 Clementinum
Klementinum

Das ehemalige Altstädter Jesuiten-Kollegium ist nach der Burg der ausgedehnteste Gebäudekomplex Prags.

Křižovnická – Platnéřská – Karlova
Eingänge: Křižovnická 190, Karlova 1, Mariánske náměstí 5
Tel. 222 22 08 79
www.klementinum.com
Führungen: tgl. 10–17 Uhr zur vollen Stunde, Treffpunkt Spiegelkapelle (Eingang Mariánske náměstí 5)
Metro A Staroměstská
Straßenbahn 17, 18 Staroměstská

Um die katholische Kirche in Böhmen zu stärken, übergab der Habsburger Ferdinand I. im Jahr 1556 das in den Hussiten-

kriegen verwüstete Dominikaner-Kloster dem Jesuitenorden, der das Kollegium zu einem Bollwerk der Gegenreformation machte. Etwa 30 000 utraquistische Bücher wurden im Hof verbrannt. 1653 begann auf dem Gelände in bester Lage der Bau des Clementinums als Ordenskollegium. Doch 1773–1814 wurde der Jesuiten-Orden verboten; die Ordensgebäude dienten fortan als erzbischöfliches Seminar, Hochschule und Bibliothek. In 140-jähriger Bauzeit erfolgte schließlich der Ausbau zu einer weiträumigen Anlage mit fünf Höfen, drei Kirchen – die böhmische *Salvator-Kirche*, die deutsche *Clemens-Kirche* und die *Welsche Kapelle* –, mit Wohntrakten, Schule, Bibliothek, Sternwarte, Druckerei und Theater.

Ältester Teil ist Carlo Luragos spätmanieristische Hauptfassade (um 1636) zur Křižovnická hin: Bossierte Pilaster mit kraftvollen Kapitellen, Stuckaturen von Bartholomäus Cometa und ›niederländische‹ Giebel bilden Gliederung und Schmuck. František Maximilián Kaňka leitete 1720–27 Umbau und Erweiterung zu einer **hochbarocken Anlage**: Osttrakt, *Astronomischer Turm* (Astronomická věž) mit Sternwarte, bekrönt von Atlas mit der Weltkugel, Spiegelkapelle (Konzerte tgl. 18 Uhr, http://ticket.klementinum.com), *Mathematischer Saal* und *Großer Bibliothekssaal*, einer der wertvollsten Innenräume dieser Zeit. Deckenfresken des Schwaben Johann Hiebl, Schüler und getreuer Nachfolger Andrea Pozzos, eröffnen einen illusionistischen Blick in den ›Tempel der Weisheit‹.

Das Clementinum ist Sitz der **Tschechischen Nationalbibliothek** (Národní knihovna České republiky, Klementinum 190, Tel. 221 66 31 11, www.nkp.cz), mit über 6 Mio. Bänden, darunter wertvolle Handschriften und Inkunabeln. In der *Galerie* (Tel. 221 66 34 89, Di–So 10–19 Uhr) im ersten und zweiten Stock werden Wechselausstellungen gezeigt. Auch die **Technische Staatsbibliothek** (Státní technická knihovna, Mariánské náměstí 5, Tel. 221 66 34 96, www.stk.cz) ist im Clementinum untergebracht.

Salvator-Kirche

Kostel svatého Salvátora
Ostseite des Křišovnické náměstí

Die Salvator-Kirche ist Böhmens erste Jesuitenkirche. Sie wurde 1578 als dreischiffige Basilika im Stil der sog. Renaissance-Gotik gegründet. Der Dreißigjährige Krieg unterbrach die Bauarbeiten. Carlo Lurago und Francesco Caratti leiteten Mitte des 17. Jh. die Barockisierung. Giovanni Battista Cometa schmückte **Portikus** und **Fassade** mit kraftvollen *Stuckaturen*, Johann Georg Bendl schuf 1659 die *Figuren*: Den Dreiecksgiebel krönt sein Christus als Salvator mundi (Erlöser der Welt) zwischen den vier Evangelisten, in der Muschelnische des Giebelfelds steht die Jungfrau Maria, flankiert von den beiden Jesuitenheiligen Ignatius von Loyola und Franz Xaver; auf der Balustrade stehen die vier abendländischen Kirchenväter zwischen den hll. Clemens und Adalbert.

Durch ein frühbarockes *Schmiedeeisengitter* öffnet sich der **Innenraum**.

Der Großen Bibliothekssaal birgt neben seinem Bücherschatz auch wertvolle Globen

Im Sommer herrscht Hochbetrieb in der Karlsgasse, die einst Teil des Krönungswegs war

Bemerkenswert sind dort die *Stuckengel* (1648) im Kuppeltambour sowie die *Apostelfiguren* auf den Beichtstühlen von Bendl. Johann Georg Heintsch malte um 1700 die *Seitenaltarbilder* der Heiligen Ignatius und Franz Xaver.

Welsche Kapelle

Vlašská kaple
Karlova

Der ovale Kuppelbau, um 1590 von italienischen Wanderkünstlern für die Italienische Kongregation errichtet, schmiegt sich an den Chor der Salvator-Kirche. Mit dem rechtwinklig vorgeschobenen Portikus der Clemens-Kirche, 1715 vom Prager Architekten František Maximilián Kaňka entworfen, bildet er ein schönes Bauensemble; bemerkenswert ist auch das schmiedeeiserne *Gittertor*.

Den **Innenraum** gliedern acht Doppelpilaster und Rundbögen, im unteren Teil als Kapellenkranz ausgebildet, im oberen als Emporenzone. *Wandmalereien* schildern Szenen aus dem Marienleben.

St. Clemens

Kostel svatého Klimenta
Zugang: neben der Welschen Kapelle oder vom Hof des Clementinums

Anstelle einer mittelalterlichen Dominikaner-Kirche plante Christoph Dientzenhofer um 1712 eine hochbarocke Saalkirche. Als Bauleiter wirkten wohl Antonio Lurago und František Maximilián Kaňka. Die Deckenfresken des Schwaben Johann Hiebl erzählen die Legende des hl. Papstes Clemens, das Altarbild ›hl. Leonhard‹ schuf Peter Brandl, die Rahmung des Hochaltars Josef Kramolín. Wertvollster Kunstbesitz der Kirche sind die **Sandstein- und Lindenholz-Skulpturen** (1715) von Matthias Bernhard Braun, Meisterwerke hochbarocker Expressivität: in den Wandnischen Evangelisten und Kirchenväter, an den Altären Heilige – besonders bemerkenswert ist hier die ›Verzückung des hl. Aloisius von Gonzaga‹.

33 Karlsgasse
Karlova

TOP TIPP

Eine der schönsten Altstadtgassen, Teil des Königs- und Krönungsweges vom Pulverturm zur Burg.

Metro A Staroměstská
Straßenbahn 17, 18 Karlovy lázně

Einst zogen die Könige auf ihrem Krönungsweg vom Pulverturm hinauf zur Burg durch die Karlsgasse. Heute dient sie vor allem Touristen als schnellste Verbindung von der Karlsbrücke zum Altstädter Ring, wobei es sich durchaus lohnt, den Blick über die Souvenirshops hinaus auf die schönen Häuserfassaden zu richten. Die Ecke zum Smetana-Kai beherrscht das **Palais Colloredo-Mansfeld** (Karlova 2), barockisiert um 1735 im Auftrag des Fürsten Vinzenz Paul Mansfeld-Fondi. Wappen, Putti und den Neptunsbrunnen im Hof schuf Anton Braun mit seiner Werkstatt. Im Renaissancehaus Nr. 4 **Zur Französischen Krone** (U francouzské koruny) arbeitete 1607–12 der deutsche Astronom *Johannes Kepler*. Dem *Palais Pötting-Persing* (Palác unitaria, Karlova 8), seit 1924 im Besitz der protestantischen Unitarier, folgt das gotische Hauszeichen Nr. 14 Zur Steinernen Jungfrau.

Im Renaissancehaus **Zur Goldenen Schlange** (U zlaté panny, Karlova 18) wohnte Anfang des 18. Jh. der Armenier Deodatus Damajan aus Damaskus, der erste Kaffeesieder Prags. Schönstes Gebäude ist das Renaissancehaus **Zum Goldenen Brunnen** (U zlaté studny, Karlova 3) mit prachtvoll stuckierter Barockfassade von Johann Ulrich Mayer.

34 Palais Clam-Gallas
Clam-Gallasův palác

Bedeutendes Denkmal hochbarocker Profanarchitektur – ein Stück kaiserliches Wien in Prag.

Husova 20
bei Ausstellungen Di–So 10–18 Uhr
Metro A Staroměstská
Straßenbahn 17, 18 Staroměstská

Johann Wenzel Graf Gallas, Vizekönig von Neapel, gewann für die Errichtung des Palais Clam-Gallas (1713–25, heute Stadtarchiv) den genialen kaiserlichen Hofarchitekten Johann Bernhard Fischer von Erlach. Die **Fassade** besticht durch das Zusammenspiel von Architektur und Bildhauerei. Matthias Bernhard Braun schuf die prachtvollen Gigantenpaare an den beiden Portalen, an den Sockeln Reliefs der Taten des Herkules. Von den dreizehn Götterstatuen auf der *Attika* haben sich nur Fragmente erhalten (im Lapidarium, s. S. 107); Jupiter, Merkur und Venus wurden in Kopien aufgestellt. Hinter dem Hauptportal öffnet sich der **Hof** mit dem *Triton-Brunnen*. Das großartige Treppenhaus schmücken *Plastiken* von Braun sowie ein *Deckenfresko*, ›Triumph des Apoll‹, von Carlo Carlone. Im 1. Stock finden Wechselausstellungen statt.

Kraftvolle Giganten von M. B. Braun flankieren das Hauptportal des Palais Clam-Gallas

Am Marienplatz (Mariánské náměstí) erhebt sich das **Neue Rathaus** (Nová radnice, 1908–11), ein Jugendstilgebäude, das Plastiken von Stanislav Sucharda, Josef Mařatka und Ladislav Šaloun (der ›Eiserne Ritter‹ sowie ›Rabbi Löw‹ an den Gebäudeecken) schmücken.

35 St. Ägidius
Kostel svatého Jiljí

Gotischer Saalbau mit einer bereits dem Rokoko zugewandten Barockausstattung.

Husova 8
Tel. 224 22 02 35
www.jilji.cz
Metro A Staroměstská
Straßenbahn 17, 18 Karlovy lázně

Das Gotteshaus mit den ungleich hohen Turmstümpfen setzt einen markanten Akzent im Stadtbild. St. Ägidius wurde 1340–70 als Kapitelkirche im Auftrag der Prager Bischöfe errichtet, im 15. Jh. zogen Hussiten (Utraquisten) ein, 1626 Dominikaner.

Diese ließen die dreischiffige Halle ohne Chor (!) durch František Špaček (vermutlich nach Entwürfen von Kilian Ignaz Dientzenhofer) um 1730 zu einem festlichen **Spätbarockraum** umgestalten. Als Stuckateur wirkte Bernardo Spinetti, als Freskenmaler Wenzel Lorenz Reiner. Im *Mittelschiff* ist der ›Triumph der Dominikaner über die Ketzer‹ dargestellt, in den *Seitenschiffen* die Lebensgeschichte des Ordensgründers Dominikus Guzman und des Kirchenlehrers Thomas von Aquin. Das Altarblatt des hl. Wenzel im linken Seitenschiff stammt ebenfalls von Reiner, der hier 1743 seine letzte Ruhestätte fand. Von der frühbarocken Ausstattung be-

Der Reformator Jan Hus wird 1415 in Konstanz auf dem Scheiterhaufen verbrannt

Die Reformation in Böhmen

Viele Stätten in Prag – ob Bethlehems-Kapelle, Teyn-Kirche, St. Martin in der Mauer, Karls-Universität, Neustädter Rathaus, Karlsplatz oder Vitkov-Hügel in Žižkov – erinnern an die für das tschechische **Nationalbewusstsein** so bedeutsame Hussitenbewegung.

Ende des 14. Jh. hatten sich in Böhmen neben den sozialen Gegensätzen auch die Spannungen zwischen Adel und Klerus sowie zwischen Tschechen und Deutschen verschärft. **Reformen** standen dringend an, die König Wenzel (1378–1419) aber weitgehend versagte.

Überragende Persönlichkeit jener Umbruchszeit war **Jan Hus**, geboren 1369 in Husinec im Böhmerwald, Priester und Prediger in der Bethlehems-Kapelle. In leidenschaftlichen Predigten prangerte er die Verweltlichung der Kirche an, kämpfte gegen das Ablasswesen, griff den Papst und die Rangordnung des Klerus an. In diesen Punkten war er als Reformator ein Vorläufer Martin Luthers. Wesentliche Teile der römischen Heilslehre ließ er jedoch unangetastet. 1402 wurde er zum Rektor der Karls-Universität und forderte als solcher die Stärkung des tschechischen Elements. Seine religiösen Ansichten vertrat Hus auf dem Konzil von Konstanz (1414–18). Dort wurden seine Lehren als Häresie verurteilt, er selbst 1415 auf dem **Scheiterhaufen** verbrannt. Sein Tod bewirkte in ganz Böhmen ein Erstarken der Hussitenbewegung, die sich nun auch mit dem böhmischen Nationalismus verband.

Der erste Prager Fenstersturz am 30. Juli 1419 vom Neustädter Rathaus löste die 15 Jahre andauernden **Hussitenkriege** aus. Nunmehr spaltete sich die Hussitenbewegung. Den puritanisch-radikalen Flügel bildeten die **Taboriten**, benannt nach der südböhmischen Stadt Tabor; am 14. Juli 1420 führte sie der Kleinadlige Jan Žižka auf dem Vitkov-Hügel bei Prag zum Sieg über Kaiser Sigismund. Den gemäßigten Flügel bildeten die **Kalixtiner** (Kelchner) und **Utraquisten**, benannt nach ihrer Forderung, das Abendmahl allen Gläubigen ›unter beiderlei Gestalt‹ – also Brot und Wein – zu gewähren (lat. ›sub utraque specie‹). Das erste Abendmahl dieser Art in Prag fand 1414 in der Kirche St. Martin in der Mauer statt. Der **Laienkelch** wurde zum Symbol der hussitischen Bewegung schlechthin. 1434 besiegte das Adelsheer der Utraquisten in der Schlacht von Lipany das Volksheer der Taboriten. Hauptsitz der Utraquisten in Prag blieb bis 1620 die Teyn-Kirche am Altstädter Ring, vollendet vom utraquistischen König Georg von Podiebrad (reg. 1458–71).

ließ man das *Hochaltarblatt* ›Die Einsetzung des Dominikaner-Ordens‹ (1668) von Johann Friedrich Hess.

36 Bethlehems-Platz
Betlémské náměstí

Nationales Kulturdenkmal und ethnologisches Museum.

Metro A, B Můstek oder
Metro B Národní třida

Im Nordosten des lang gestreckten, verkehrsberuhigten Altstadtplatzes erhebt sich die 1391 von Prager Patriziern gestiftete **Bethlehems-Kapelle** (Betlemská kaple, Tel. 224248595, www.studenthostel.cz, in der Regel tgl. 10–17 Uhr, bei Veranstaltungen keine Besichtigung). Historische Bedeutung erlangte sie durch die flammenden Predigten des Magisters **Jan Hus**, der die Missstände der Kirche und den Sittenverfall des Klerus anprangerte. Seine Exkommunikation und vor allem seine Verbrennung 1415 auf dem Konzil von Konstanz wurden als Angriff auf die tschechische Nation verstanden – die Bethlehems-Kapelle erlangte den Rang eines Nationalheiligtums. Andere

Im Sommer lädt ein Freiluft-Café am Smetana-Denkmal zum Verweilen ein ▷

Reformatoren folgten auf der Kanzel; 1521 predigte hier der deutsche Bauernführer *Thomas Müntzer*. Nach dem Dreißigjährigen Krieg trachteten die Jesuiten, alle Erinnerungen an die Hussiten zu tilgen, Kapelle und Predigerhaus fielen 1786 der Spitzhacke zum Opfer. 1919 wurden Mauerreste freigelegt, in den 1950er-Jahren schließlich leitete Jaroslav Fragner die Wiederherstellung.

1987 übernahm die *Tschechische Technische Hochschule Prag* (České vysoké učení technické v Praze) die Kapelle, sie dient als Festsaal der Hochschule.

Unweit des Gotteshauses lädt das ethnologische **Náprstek-Museum** (Náprstkovo Muzeum, Betlemské náměsti 1, Tel. 224497500, www.aconet.cz/npm, Di–So 10–18 Uhr), eine Dependance des Nationalmuseums, in einem ehem. Brauereigebäude zu einem Streifzug durch asiatische, ozeanische, afrikanische und amerikanische Kulturen ein.

37 Heilig-Kreuz-Rotunde
Rotunda svatého Kříže

Romanische Rundkirche, wie sie bereits im 10. Jh. gebaut wurde.

Karolíny světlé/Konviktská
Metro B Národní třida
Straßenbahn 6, 9, 17, 18, 21, 22
Národní divadlo

Von den erhaltenen drei Prager Rotunden scheint die Heilig-Kreuz-Rotunde die zweitälteste zu sein, errichtet um 1150 als Friedhofskapelle oder Pfarrkirche einer kleinen Siedlung. Eine Künstlervereinigung rettete sie im 19. Jh. vor dem Abriss. Bei der anschließenden Restaurierung kamen Fragmente gotischer Wandmalereien aus dem 14. Jh. zum Vorschein.

In einem Raum des Náprstek-Museums werden Exponate aus Tasmanien gezeigt

38 Smetana-Kai
Smetanovo nábřeží

Uferpromenade mit prachtvollem Panorama.

Metro B Národní třida oder
Metro A Staroměstská
Straßenbahn 6, 9, 17, 18, 21, 22
Národní divadlo oder
Straßenbahn 17, 18 Karlovy lázně

Von den Mühlen südlich der Karlsbrücke blieb nur der spätgotische **Wasserturm** (Staroměstská vodárenská věž, 1576/77) mit seinem markanten spitzen Dach erhalten, das von vier Erkern flankiert wird. Unmittelbar am Moldauufer liegt das ehemalige **Altstädter Wasserwerk** (Staroměstská vodárna), geplant von Antonin Wíehl, dem Schöpfer der tschechischen Neore-

naissance. Sgraffiti nach Vorlagen von František Ženíšek und Mikoláš Aleš schildern den Kampf gegen die Schweden 1648 auf der Karlsbrücke. Seit 1936 ist der Bau Sitz des **Friedrich-Smetana-Museums** (Muzeum Bedřicha Smetany, Tel. 222 22 00 82, www.nm.cz, Mi–Mo 10–12 und 12.30–17 Uhr, Studierzimmer nach vorheriger Anmeldung), das zum Nationalmuseum gehört. Bedřich (Friedrich) Smetana (1824–1884), mit Antonín Dvořák der Begründer der tschechischen Nationalmusik, setzte der Moldau in seinem sinfonischen Zyklus ›Mein Vaterland‹ (Má Vlast) ein weltberühmtes musikalisches Denkmal. Das **Smetana-Denkmal** am Novotny-Steg schuf 1984 Joséf Malejovskû.

Den **Smetana-Kai**, die älteste Prager Uferpromenade, gestaltete Bernhard Grueber um 1840. Friedrich Smetana komponierte hier im **Palais Lazansky** (Lažanský palác, Smetanovo nábřeží 2) seine Opern ›Die verkaufte Braut‹ (Prodaná nevěsta, 1866) und ›Dalibor‹ (1868). Im Neorenaissance-Palais befindet sich der traditionsreiche Künstlertreff **Café Slavia** [s. S. 123], von dem sich eine prachtvolle Aussicht auf Hradschin, Karlsbrücke und Kleinseite bietet. Oskar Kokoschka hat sie in einigen Gemälden festgehalten.

Die böhmischen Stände stifteten das neogotische **Franzens-Monument** in der kleinen *Parkanlage*: Josef Max und Kamill Böhm schufen die allegorischen Figuren; das Reiterstandbild Kaiser Franz I. befindet sich seit 1918 im Lapidarium [s. S. 107].

39 St. Martin in der Mauer
Svatého Martin ve zdi

Wichtige Kirche der hussitischen Bewegung.

Martinská 8
Tel. 604 75 90 62
www.martinvezdi.cz
Metro B Národní třida

Die romanische Pfarrkirche des Stadtteils Újezd wurde im 13. Jh. in die Stadtmauer einbezogen, schrittweise gotisiert und nach einer Feuersbrunst teilweise barockisiert. An der *Chorwand* erinnert ein Reliefporträt an *Ferdinand Maximilian Brokoff* (1688–1731), den Hauptvertreter des böhmischen Hochbarock, der auf dem früheren Martinsfriedhof beigesetzt wurde.

Historische Bedeutung erlangte die Kirche im Oktober 1414, als hier zum ersten Mal in Prag das Abendmahl unter beiderlei Gestalt – als Brot und Wein – gespendet wurde. Der *Laienkelch* wurde zum Symbol der hussitischen Revolution. Bis zur Gegenreformation (nach 1620) blieb St. Martin im Besitz der Kelchner (Kalixtiner, Utraquisten), die Messe wurde tschechisch gelesen. Heute wird die Kirche von der Deutschsprachigen Evangelischen Gemeinde Prag genutzt.

40 Galli-Stadt
Havelské mesto

Interessantes Marktviertel mit Pfarrkirche mit baugeschichtlich bedeutender Barockfassade.

Metro A, B Můstek

Zwischen Železná (Eisengasse), Uhelný trh (Kohlenmarkt) und Rytířská (Rittergasse) erstreckt sich die mittelalterliche **Galli-Stadt** (Nova civitas circa S. Gallum), angelegt um 1245 von Eberhard, dem Münzmeister König Wenzels I. Vor den

Bedřich Smetana – Musik fürs Vaterland

Am 2. März 1824 wurde der tschechische Komponist **Bedřich (Friedrich) Smetana**, der sich später mit seinen Werken leidenschaftlich für die nationale Bewegung einsetzen sollte, in dem ostböhmischen Ort Litomyšl geboren. Mit 19 Jahren zog Smetana nach Prag und nahm bei dem blinden Klavierlehrer Josef Proksch Unterricht. Seinen Lebensunterhalt verdiente er zunächst als Pianist, 1848 gründete Smetana eine **Musikschule** und erhielt zusätzlich Förderung von Franz Liszt. Von 1856–61 leitete er das Sinfonieorchester in Göteborg. Nach seiner Rückkehr nach Prag erhielt Smetana 1966 die lang ersehnte Stelle des **Kapellmeisters** am tschechischen Nationaltheater. Dort entstand sein erstes Bühnenwerk ›Die Brandenburger in Böhmen‹, das wie auch alle seine folgenden Kompositionen einem tschechischen Thema gewidmet ist. Im gleichen Jahr schuf Smetana sein erfolgreichstes Werk ›Die verkaufte Braut‹. 1868 vollendete er die tragische Oper ›Dalibor‹, mit deren Aufführung die Grundsteinlegung des Nationaltheaters gefeiert wurde.

Auch die Böhmische Tänze, 1877, zeugen von Smetanas Liebe zum Vaterland

Sein heute wohl bekanntestes Werk, der Zyklus **›Mein Vaterland‹** mit den sinfonischen Gemälden ›Die Moldau‹ und ›Vyšehrad‹ komponierte der Musiker nach 1874. Damals hatte er seine Kapellmeistertätigkeit aufgeben müssen, da er sein Gehör verloren hatte und unter mentalen Störungen litt. Dennoch arbeitete Smetana mit all seiner verbliebenen Kraft verbissen weiter an seinen Kompositionen.

So konnte er schließlich noch die Aufführung seiner Oper **›Libussa‹** zur Einweihung des Nationaltheaters 1881 erleben, die wie ›Dalibor‹ einer zentralen Figur der tschechischen Sagenwelt gewidmet ist. Da sein gesundheitlicher Zustand sich jedoch zunehmend verschlimmerte, wurde er im April 1884 in ein Sanatorium eingeliefert, in dem er am 12. Mai desselben Jahres starb.

Mit seinem Schaffen wollte sich Smetana gänzlich in den Dienst des Vaterlandes stellen, dessen Geschichte und Schönheit zentrale Themen seiner Werke sind. Sein Streben war eine Stärkung des **nationalen Selbstbewusstseins**. Bis heute sind die Sätze aus dem Mund von Smetanas Libussa jedem Tschechen geläufig: ›Mein teures Böhmenvolk wird nicht vergeh'n, aus Grabesnächten herrlich neuersteh'n‹.

Mozart-Aufführungen haben eine lange Tradition im neoklassizistischen Ständetheater

stattlichen Bürgerhäusern der Havelská ulice (Gallus-Gasse) hat sich der gotische Laubengang erhalten. In dem Gässchen **V Kotcích** lebt die Bezeichnung für die kleinen Holzbuden weiter, in denen Tuch- und Wollhändler ihre Waren feilboten. Teile der gemauerten ›Kotzen‹ wurden zum ›Kotzentheater‹ (Divadlo v Kotcích) umgebaut, in dem 1771 mit ›Herzog Michel‹ das erste Schauspiel in tschechischer Sprache aufgeführt wurde. Nach Errichtung des Ständetheaters [Nr. 41] riss man die Volksbühne ab.

Die **St.-Gallus-Kirche** (Kostel svatého Havla, Havelská) zog im Mittelalter durch den Erwerb der Schädelreliquie des hl. Gallus aus dem Schweizer Kloster *St. Gallen* Scharen von Gläubigen an. Wortgewaltige Prediger und Reformatoren ›donnerten‹ von der Kanzel, unter ihnen auch Johannes von Pomuk (der später heilig gesprochene Johannes Nepomuk) und Jan Hus. In den Hussitenkriegen verschwand das hochverehrte Haupt des Kirchenpatrons. Nach der Schlacht am Weißen Berge (1620) ging das Gotteshaus 1627 in die Hand Beschuhter Karmeliter über: Sie brachten eine neue Reliquie mit, Knochenmehl des hl. Amathosius, das den Teufel austreiben sollte.

Ende des 17. Jh. begann die *Barockisierung* der romanisch-gotischen Basilika: In der ersten Bauphase wurde eine gewölbte **Fassade** vorgeblendet, wohl die erste ihrer Art in Böhmen, ab 1723 folgten das wellenförmige Gesims und die statuenbesetzte Balustrade nach Entwürfen von Johann B. Santini-Aichel. Paul Ignaz Bayer oblag die Gesamtbauleitung.

Zur **Ausstattung** der Kirche zählen kostbare Werke wie der *Marienzyklus* an den Mittelschiffarkaden und das *Hochaltarblatt* ›Jungfrau Maria mit dem hl. Gallus im Beisein Kaiser Leopolds I.‹ (1696) von Johann Christoph Liška. Die *Kalvarienberg-Gruppe* im linken Seitenchor und die holzgeschnitzten *Evangelistenstatuen* (1726) stammen von Ferdinand Maximilian Brokoff, die *Stuckaturen* von Giovanni Battista Cometa. Im rechten *Seitenchor* ist Karel Škréta (1610–1674) beigesetzt, Böhmens bedeutendster Maler des Frühbarock.

41 Ständetheater
Stavovské divadlo

TOP TIPP

Ältester fester Theaterbau Prags. Ehrwürdige Stätte europäischer Musik- und Theatertradition.

Ovocný trh 6
Programminformation und Tickets:
Tel. 224 90 14 48
www.narodni-divadlo.cz
Metro A, B Můstek

Reichsgraf Franz Anton Nostitz-Rieneck, Oberstburggraf und Stellvertreter des Königs, finanzierte diesen ersten festen Theaterbau Prags – eine deutschsprachige Bühne in klassizistischem Gewand.

Immer wieder finden moderne Skulpturen, hier von O. Zoubek, Platz vor dem Ständetheater

Er entstand 1781–83 nach Entwürfen des Theatertheoretikers Graf Künigl und unter der Bauleitung von Anton Haffenecker. 1798 erwarben die böhmischen Stände das Gebäude und benannten das **Nostitz-Theater** in ›Ständetheater‹ um. Eine bauliche Veränderung im Stil des Neoklassizismus erfolgte 1881 durch Achill Wolf.

Das Haus war Schauplatz zahlreicher Uraufführungen: gleich zur Eröffnung 1783 Lessings Schauspiel ›Emilia Galotti‹, am 29. Oktober 1787 Mozarts umjubelter ›Don Giovanni‹, 1791 gefolgt von seiner Festoper ›La clemenza di Tito‹ (Titus), ein Auftragswerk der böhmischen Stände für die Krönung Kaiser Leopolds II. zum König von Böhmen. 1834 erklang hier zum erstenmal das Lied *Wo ist mein Heimatland* (Kde domov můj), die spätere tschechische Nationalhymne, gedichtet von *Josef Kajetán Tyl* (1808–1856) für sein Singspiel ›Fidlovačka‹ (Der Fiedler) mit der Musik von František Škroup.

Heute kann man in dem eleganten blau-goldenen Interieur Schauspiel-, Ballett-, und Opernaufführungen des Nationaltheaters beiwohnen.

42 Carolinum
Karolinum

Hauptgebäude der Karls-Universität. Nationales Kulturdenkmal.

Ovocný trh 3/Železná 9
Tel. 224 49 12 50
www.cuni.cz
Metro A, B Můstek

Kaiser Karl IV. gründete 1348 die älteste Universität Mitteleuropas, die erste im Heiligen Römischen Reich. Sein Nachfolger Wenzel IV. stellte 1383 dem ›Collegium Carolinum‹ das Wohnhaus des Münzmeisters Johlin Rotlöw zur Verfügung, das seitdem im Besitz der Universität ist.

Volles Haus mit fünf Emporen: Das Ständetheater zieht Kulturfreunde aus aller Welt an

Unter den Schwibbögen der Melantrichgasse lugt der Altstädter Rathausturm hervor

Aus dem 14. Jh. blieb die gotische **Erkerkapelle** im Ostteil der Aula erhalten. Das übrige Universitätsgebäude wurde in den folgenden Jahrhunderten mehrere Male umgebaut und im 20. Jh. in seiner ursprünglichen Form rekonstruiert. Im Erdgeschoss sind gelegentlich Wechselaustellungen zu sehen.

43 Melantrichgasse
Melantrichova

Malerische Gasse mit schönstem Prager Hausportal der Renaissance.

Metro A Staroměstská oder
Metro A, B Můstek
Straßenbahn 17, 18 Staroměstská

Die von Schwibbögen überspannte Melantrichova gegenüber dem Altstädter Rathaus verdankt ihren Namen dem bedeutenden tschechischen Buchdrucker Jiří Melantrich (1511–1580). Viele Gebäude in der reizvollen Gasse bewahrten ihren mittelalterlichen Mauerkern, meist hinter Renaissance- oder Barockfassaden. Im Restaurant **Zum Goldenen Krug** (U Zlaté Konvice, s. S. 121) wird heute Wein in romanisch-gotischen Kellergewölben kredenzt.

Das Haus **Zu den zwei goldenen Bären** (Dům u dvou zlatých medvědů, Kožná 1) an der Ecke zum Ledergässchen schmückt ein fein gemeißeltes *Spätrenaissanceportal* (um 1590) mit einst vergoldeten Bärenreliefs. Eine Gedenktafel erinnert an *Egon Erwin Kisch* (1885–1948), den ›rasenden Reporter‹, einen der herausragenden Journalisten des 20. Jh., der in diesem Haus geboren wurde. Mit Franz Werfel, Franz Kafka und Max Brod zählte er außerdem zu dem bedeutenden deutschsprachigen Literatenkreis, über den der Kulturkritiker Karl Kraus – selbst ein Prager – treffend bemerkte: »Es werfelt und kafkat, es brodelt und kischt.«

44 Kleiner Ring
Malé náměstí oder Ryneček

Platzanlage mit dem Haus ›Zur Minute‹, dessen Sgraffitoschmuck zu dem schönsten Prags gehört.

Metro A Staroměstská oder
Metro A, B Můstek
Straßenbahn 17, 18 Staroměstská

Rings um den dreieckigen Platz bekunden romanische und gotische Gewölbe sowie manche Fassadendetails den alten Siedlungskern. Im 12. Jh. bestand hier eine Niederlassung französischer Kaufleute, später der Obstmarkt. Den **Brunnen** umgibt ein prachtvolles *Renaissancegitter* (1560). Am nahe gelegenen **Rott-Haus** (Malé náměstí 3) preisen historische Fassadenmalereien nach Vorlagen von Mikoláš Aleš Ackerbau und Gewerbefleiß.

Im Kern gotisch, wurde das Eckhaus **Zur Minute** (U Minuty, Staroměstské náměstí 2), das zum Altstädter Rathaus gehört, Ende des 16. Jh. im Renaissancestil umgebaut. Die Fassade schmücken Kratzputz-Szenen mit antiken, biblischen und allegorischen Themen. An die Apotheke *Zum Weißen Löwen*, die hier von 1712–1850 betrieben wurde, erinnert ein Steinlöwe. Von 1889 bis 1896 hat Franz Kafka mit seinen Eltern in dem Haus gewohnt.

45 Altstädter Rathaus
Staroměstská radnice

TOP TIPP *Berühmt ist die Astronomische Uhr aus dem 15. Jh., prachtvoll die Aussicht vom Rathausturm.*

Staroměstské náměstí 3
Tel. 724 50 85 84
www.pis.cz
April–Okt. Mo 11–18, Di–So 9–18,
Nov.–März Mo 11–17, Di–So 9–17 Uhr
Metro A Staroměstská
Straßenbahn 17, 18 Staroměstská

König Johann von Luxemburg gestattete 1338 den Bürgern der ›alten Stadt Prag‹ die Errichtung eines Rathauses, das diese aus der Weinsteuer finanzierten. 1364 war der fast 70 m hohe Turm fertiggestellt, bis ins 19. Jh. wurde er erweitert und umgebaut. Im Mai 1945 schossen deutsche Panzer den neugotischen Ost- und Nordflügel in Brand – bis heute eine Baulücke vor der Niklas-Kirche.

Der kleine gotische Chor der **Erkerkapelle** (Weihe 1381) im zweiten Geschoss ist ein Meisterwerk der Parler-Bauhütte. Künstlerisch wertvoll ist auch die *Muttergottesstatue* an der Hausecke, ein frühes Beispiel des französisch beeinflussten ›Weichen Stils‹. Die übrigen Figuren sind neugotisch. Eine *Gedenktafel* erinnert an den hussitischen Prediger Jan Želivský, der 1422 vor dem Rathaus hingerichtet wurde.

Die **Astronomische Uhr** (Orloj) fertigte Magister Hanusch, Astronom an der Karls-Universität, um 1490 an. Prachtvoller Ast- und Knorpelwerk-Zierrat der ausklingenden Gotik umklammern den unteren Steinring. Die Tiersymbole sind dem ›Physiologus‹ entlehnt, einem aus antiken und orientalischen Quellen gespeisten Volksbuch. Auf der *Uhrenscheibe* (oben) geben arabische Zahlen die alte böhmische Zeiteinteilung vom einen Sonnenuntergang zum nächsten an, römische Ziffern die zweimal zwölf Stunden des Tages. Der kleinere Ring markiert den Monat, der Zeiger den Mondstand, die zwölf vergoldeten Bogenlinien geben Auskunft über den Planetenstand. Die *Kalenderscheibe* (unten) schmückte Josef Mánes mit Tierkreiszeichen und Monatsbildern.

Der **Apostelzug** (›Männleinlaufen‹) der Uhr beginnt knapp vor jeder vollen Stunde und die stets reichlich auf dem Platz versammelten Zuschauer richten beinahe synchron ihren Blick nach oben, um das nun folgende, nur 35 Sekunden dauernde Schauspiel zu betrachten: Christus und die zwölf Apostel ziehen als ge-

Eine Kutschfahrt führt meist auch am Haus zur Minute mit seinem Kratzputzschmuck vorbei

Sonne, Mond und Sterne – die Astronomische Uhr zählt mehr als nur die Stunden

schnitzte Halbfiguren vorüber. Der Hahn kräht, der steinerne Tod dreht die Sanduhr um und läutet das Totenglöckchen. *Allegorische Gestalten* an der Seite verkörpern Eitelkeit (Spiegel), Geiz (Geldbeutel), Tod und Heidentum (Türke). Erzengel Michael mit Schwert und Schild weist auf das Jüngste Gericht; der Adler gilt als Anspielung auf die Geheime Offenbarung des Apostels Johannes.

Dem spätgotischen Kernbau des Rathauses mit krabbenbesetztem **Kielbogen-Portal** (um 1475) von Matěj Rejsek folgt der Renaissancetrakt, das frühere Haus des Krämers Kříž. Das prachtvolle, dreiteilige Fenster trägt die Inschrift Praga caput regni – Prag, Haupt(stadt) des (König)reiches – aus der Regierungszeit Ferdinands I. (1526–64). Gotische Laubengänge führen ins Rathaus. Im **Vestibül** verherrlichen *Mosaikbilder* (erneuert 1937) nach Vorlagen von Mikoláš Aleš die Frühzeit der Westslawen. Libussa (Libuše), die sagenhafte Ahnfrau der Přemysliden, prophezeit den Ruhm Prags.

Wertvollster Innenraum ist die spätgotische **Ratsstube** mit bemalter Renaissance-Balkendecke, Stadtwappen und mehr als 40 Zunftzeichen. Bemerkenswert ist der spätgotische *Christus im Elend* (1405), Vorbild für die Ecce-homo-Statue im Neustädter Rathaus. Ein rotmarmornes Spätrenaissanceportal führt zum 1879/80 gebauten **Neuen Sitzungssaal** mit *Historiengemälden* von Václav Brožik: Magister Hus vor dem Konzil in Konstanz und die Wahl des ›Hussitenkönigs‹ Georg von Podiebrad, die 1458 im Altstädter Rathaus stattfand. Im zweiten Stockwerk zeigt eine Dependance der **Galerie der Stadt Prag** (Galerie hlavniho města prahy, Tel. 224 48 27 51, www.ghmp.cz, Di–So 9–18 Uhr) Wechselausstellungen zeitgenössischer Kunst.

Unbedingt lohnend ist der kurze Aufstieg in den **Rathausturm**, von dem aus sich die Prager Altstadt in ihrer ganzen Pracht überblicken lässt.

46 Altstädter Ring
Staroměstské náměstí

TOP TIPP *Herz der ›Alten Stadt Prag‹, prachtvolles Architekturensemble.*

Metro A Staroměstská
Straßenbahn 17, 18 Staroměstská

Der weiträumige Platz Staroměstské náměstí entwickelte sich am Kreuzungspunkt internationaler Handels- und Verkehrswege. Seit dem Hochmittelalter war er Schauplatz wichtiger Ereignisse – prunkvoller Krönungszüge, Ritterturniere und bürgerlicher Reiterspiele, politischer und religiöser Versammlungen, aber auch von Hinrichtungen und Massakern.

Stattliche **Bürgerhäuser** und elegante **Adelspalais** bilden bis heute den festlichen Rahmen.

Das **Jan-Hus-Denkmal** (Pomník mistra Jana Husa) wurde 1915 anlässlich des 500. Jahrestages der Verbrennung des Reformators und Rektors der Karls-Universität

Pranger und Blutgericht

Seit dem 12. Jh. befanden sich Pranger und Blutgericht auf dem Altstädter Ring. Im Straßenpflaster vor dem Altstädter Rathaus erinnern 27 Kreuze an die Anführer des **Aufstandes gegen die Habsburger**, die hier am 21. Juni 1621 hingerichtet wurden.

Adlige wie Bürger, Tschechen und Deutsche, Jünglinge und Greise wurden enthauptet, einige gehängt. Dr. Jessenius, dem bedeutenden Gelehrten und Rektor der Karls-Universität, schnitt der Henker zuvor die Zunge ab, »diese schreckliche Waffe der denkenden Nation« (Václav Havel).

Jan Hus (1369–1415) aufgestellt. Bereits 1903 hatte man – in Konfrontation zum Hause Habsburg – den Grundstein zu diesem ›Nationaldenkmal‹ gelegt. Bildhauer *Ladislav Šaloun* (1870–1946), Hauptvertreter des tschechischen Impressionismus, orientierte sich am Werk des französischen Bildhauers Auguste Rodin, besonders an dessen Figurengruppe ›Die Bürger von Calais‹. Eindringlich schildert er Verfolgung, Niedergang und Erneuerung der national-tschechischen Bewegung. Stark idealisiert wurde die Asketengestalt des Jan Hus; im Sockel steht sein Vermächtnis: »Liebt die Wahrheit, verteidigt die Wahrheit und gönnt jedem die Wahrheit.«

Gegenüber dem Altstädter Rathaus verlaufen noch **gotische Lauben**. Romanisch-gotische Kellergewölbe (einst Eingangshallen von Patrizierhäusern) laden heute als stilvolle Gaststätten ein, in einigen der wunderschönen Paläste am Platz haben Galerien geöffnet.

Palais Kinský – Nationalgalerie

Palác Kinských – Národní galerie
Staroměstské náměstí 12
Tel. 224 81 07 58
www.ngprague.cz

Das Haus mit der wohl schönsten Rokokofassade Prags wird ab Ende 2009 eine Ausstellung antiker und orientalischer Kunst der Nationalgalerie beherbergen. Den weit vorspringenden Spätbarockbau errichtete Anselmo Lurago 1755–65 (nach einem älteren Projekt von Kilian Ignaz Dientzenhofer) im Auftrag des Grafen Johann Arnold Goltz. Die graziösen Stuckverzierungen stammen von Giuseppe Bossi, die Götterstatuen auf der Attika von Ignaz Platzer.

1843 wurde in diesem Palais *Berta von Suttner* († 1914) als Gräfin Kinský geboren, die 1905 den Friedensnobelpreis für ihr

Kutscher warten vor der prachtvollen Kulisse des Altstädter Rings auf Kundschaft

Hauptwerk ›Die Waffen nieder‹ bekam. Zur Jugendzeit *Franz Kafkas* (1883–1924) befand sich hier das K. K. Altstädter Deutsche Gymnasium, an dem er 1901 sein Abitur bestand. Sein Vater betrieb eine Zeitlang im Erdgeschoss des Gebäudes einen Tuchladen.

Tanz auf dem Altstädter Ring – eine Folkloregruppe sorgt für Stimmung

Haus Zur Steinernen Glocke

U Kamenného zvonu
Staroměstské náměstí 13
Tel. 224 82 75 26
www.ghmp.cz
bei Ausstellungen Di–So 10–18 Uhr

In den 1980er-Jahren wurde das eindrucksvolle **Turmhaus**, wertvolles Monument der frühen Prager Gotik, von seiner neobarocken Ummantelung befreit und mithilfe vorhandener Originalteile rekonstruiert. Heute beherbergt es eine Dependance der **Galerie der Stadt Prag** (Galerie hlavniho města prahy), die hier regelmäßig Wechselausstellungen zeitgenössischer Kunst veranstaltet.

Das *Hauszeichen*, die Steinglocke an der Ecke zur Teyn-Schule, wird mit Johann von Luxemburg, 1310–1346 König von Böhmen, in Verbindung gebracht. Dessen Gemahlin Elisabeth, die letzte Přemyslidin, scheint die Auftraggeberin des Wohnpalastes mit zwei Kapellen an dieser bevorzugten Stelle der Altstadt gewesen zu sein. Das schlichte Untergeschoss weist noch frühgotische Formen auf, die Obergeschosse (um 1330) zeigen prachtvolles hochgotisches *Maßwerk*.

St. Niklas in der Altstadt

Kostel svatého Mikuláše
Staroměstské náměstí
www.svmikulas.cz

Die theatralische Barockkirche St. Niklas steht an der Stelle eines bereits im 13. Jh. erwähnten Gotteshauses. 1732–37 führte Kilian Ignaz Dientzenhofer den hochbarocken Neubau aus. Ursprünglich stand er eingezwängt am Geflügelmarkt, erst die Abtragung des Krenn-Hauses (1901) setzte die Südfassade gegen den Platz frei. Auffallend reich modelliert sind daher die oberen Bereiche der beiden Türme und der Kuppeltambour. Anton Braun schuf die Figuren: an den Turmecken böhmische Landesheilige, auf den Segmentbögen des Mittelrisalits Bene-

In der Kuppel von St. Niklas erzählen Fresken die Legende des Kirchenpatrons

dikt und Scholastika, am Portal Adalbert und Prokop.

Der **Innenraum**, reich mit barocker Zier versehen, wirkt wesentlich kleiner, als man bei der Betrachtung von außen erwartet. Die achteckige *Kuppel* ruht auf durchbrochenen Tragepfeilern mit logenartigen Emporen. Bernardo Spinetti fügte den graziösen *Stuck* hinzu, Peter Asam d. Ä. die *Fresken*: in der Kuppel die Legende des Kirchenpatrons, im Chor der hl. Benedikt, am Kuppelansatz Evangelisten (1914 stark übermalt). Aus der Zeit 1870–1914, als die Kirche der russisch-orthodoxen Gemeinde unterstand, stammt der *Kronleuchter* aus der Glashütte Harrachov. Seit 1920 ist das Gotteshaus Hauptsitz der Tschechoslowakisch Hussitischen Kirche.

Die **Franz Kafka-Austellung** (Expozice Franze Kafky, Náměstí Franze Kafky 5, Tel. 222321675, Di–Fr 10–18, Sa 10–17 Uhr), nur wenige Schritte westlich der Kirche, besteht aus einem Gedenksaal, in dem Fotos und ein 30-minütiger Film (auch auf deutsch) das Schaffen des berühmten Schriftstellers dokumentieren. Franz Kafka wurde am 3. Juli 1883 in diesem Haus geboren.

Teyn-Kirche

Kostel Panny Marie Před Týnem
Staroměstské náměstí 14
Di–Sa 10–13 und 15–17 Uhr

Nach dem Veitsdom ist die Teyn-Kirche (›Teyn‹ = Zaun) der bedeutendste gotische Sakralbau Prags. Man betritt sie durch die **Teyn-Schule** (Týnská škola), eine der früheren Kirchenschulen der Alt-

Überschaubares Treiben: Aussicht vom Alten Rathausturm über den Altstädter Ring

Wo einst ›Ungelt‹ entrichtet werden musste, haben heute Cafés und Geschäfte geöffnet

stadt, die noch romanische Kellergewölbe und einen gotischen Laubengang besitzt. Ihre zweiteilige Fassade ist von Renaissancegiebeln bekrönt.

Deutsche Kaufleute stifteten um 1365 an der Stelle eines romanisch-frühgotischen Vorläuferbaus ihre Hauptkirche **Maria am Teyn** (Kostel Panny Marie před Týnem), eine dreischiffige Basilika. 1390 übernahm die Dombauhütte Peter Parlers die Bauleitung. An der Nordseite entstand ein prachtvolles **Portal**, wie es einer Kathedrale entsprach; das Tympanonrelief mit Passionsszenen befindet sich jetzt in der Nationalgalerie im Agnes-Kloster [Nr. 50].

Die **Westfront** wurde erst nach den Hussitenkriegen hochgezogen, der Südturm 1511 vollendet. 1419–1620 war die Teyn-Kirche Hauptsitz der Utraquisten. Am Westgiebel prangten eine Statue des ›Hussitenkönigs‹ Georg von Podiebrad und ein vergoldeter Kelch, Symbol des Abendmahls unter beiderlei Gestalt. Nach der Schlacht am Weißen Berge brachten die Jesuiten wieder eine Marienfigur an, aus dem Goldblech des Kelchs fertigte man den Strahlenkranz.

Im **Inneren** besitzt die Teyn-Kirche wertvolle Ausstattungsstücke. Im südlichen Seitenchor (Taufkapelle) befinden sich die *Sitznische mit Porträtbüsten* eines Herrscherpaares aus der Bauhütte Peter Parlers und ein *Zinntaufbecken* (1414) mit Apostelreliefs. Im Südschiff ist die aus Lindenholz gefertigte thronende *›Muttergottes vom Teyn‹* (um 1400) zu sehen, im nördlichen Seitenchor eine *Kreuzigungsgruppe* (um 1410), ein Hauptwerk der böhmischen Gotik. Ein schöner Schnitzaltar im Hauptschiff in der Tradition der Donauschule (Anf. 16. Jh.) zeigt die Taufe Christi. Am ersten Chorpfeiler rechts ist die *Grabplatte* des dänischen Hofastronomen Kaiser Rudolfs II. Tycho Brahe (1546–1601) eingemauert. Karel Škréta schuf am *Hochaltar* die Altarblätter ›Mariä Himmelfahrt‹ und ›Hl. Dreifaltigkeit‹ (1649), an den *Pfeileraltären* ›Mariä Verkündigung‹ sowie die hll. Josef und Adalbert. Am *Wenzelsaltar* beeindrucken ein Gemälde von Anton Stevens und Statuen von Johann Georg Bendl. Unter der *Orgelempore* befindet sich ein hochbarockes Ovalrelief der hl. Familie (1717), das Ferdinand Maximilian Brokoff zugeschrieben wird.

47 Teynhof – Ungelt
Týnsky dvůr – Ungelt

Einstiger Herzoglicher Zollhof mit schönem Renaissancepalais.

Zwischen Týnská, Štupartská und Malá štupartská
Metro B Náměstí Republiky
Straßenbahn 8, 14, 26 Náměstí Republiky

Bereits im 11. Jh. bestand hinter der Teyn-Kirche der Herzogliche Zollhof, benannt auch nach dem ›Ungelt‹, einer Gebühr, die durchreisende Kaufleute für Unterkunft, Zoll und Lagerung aller Waren, die Böhmen durchliefen, entrichten mussten. Rundum siedelten sich Buden von Geldwechslern sowie Werkstätten, vor allem zur Zinn- und Wachsgewinnung, an. 1560 ließ der damalige Zolleinnehmer Jakob Granovský von Granov neben dem westlichen Hoftor in der Týnská den **Palais Granovský** errichten, einen prächtigen Renaissancepalais mit toskanischem Laubengang und Chiaroscuro-Malereien an den Fassaden. Zusätzlich wurden Ende des 17. Jh. zahlreiche Bürgerhäuser erbaut. Heute finden sich in ihnen kleine Geschäfte, Cafés, Galerien und Büros.

48 St. Jakob
Kostel svatého Jakuba

Gotische Architektur in prachtvollem Barockgewand.

Malá štupartská
Metro B Náměstí Republiky
Straßenbahn 8, 14, 26 Náměstí Republiky

Schon 1232 stiftete König Wenzel I. hier ein Minoritenkloster, das 1320–70 durch Förderung König Johanns von Luxemburg und seiner Gemahlin Elisabeth Konventsgebäude und eine Kirche im Stil der Hochgotik erhielt. Nach dem Brand von 1689 veränderte Jan Šimon Pánek die lang gezogene dreischiffige Basilika barock. Die **Fassade** schmücken drei dramatisch bewegte *Stuckreliefs* (um 1695) von Ottaviano Mosto aus Padua: In der Mitte erscheint der Apostel Jakobus im Kreise von Pilgern an seinem Grabmal im spanischen Santiago de Compostela, links der hl. Franziskus von Assisi (der Ordensgründer der Minoriten), rechts die Glorie des Franziskanerheiligen Antonius von Padua.

Auch das festliche, schlossartige Gepräge des **Innern** entstand 1736–39 im Stil des Hochbarock. Als Stuckateur wirkte Abbondio Bolla, als Freskenmaler Franz Guido Voget (Marienleben, Dreifaltigkeit). Matthias Schönherr schnitzte den Rahmen für das *Hochaltarblatt* ›Martyrium des Apostels Jakobus‹ (1739) von Wenzel Lorenz Reiner, Peter Brandl malte einige der *Seitenaltarblätter*.

Ein Meisterwerk böhmischer Barockplastik ist das *Grabmal des Grafen Johann Wenzel Wratislaw von Mitrowitz* (1669–1712), oberster Kanzler des Königreichs Böhmen, im nördlichen Seitenschiff. Johann Bernhard Fischer von Erlach lieferte den Entwurf nach römischen Vorbildern Berninis. Die Ausführung in Marmor und Stucksandstein oblag Ferdinand Maximi-

Lustige Straßenmusikanten verwandeln die Zeltnergasse zu einer Freilichtbühne

lian Brokoff. In barocker Realistik ist der Augenblick des Todes festgehalten. Als Herr der Zeit hält Chronos (1716) die Sanduhr empor – die Aufwärtsbewegung setzt sich fort in Kranz und Posaune des Sieges- und Ruhmesengels. Ausgenommen ist lediglich die um ihren Mäzen trauernde Allegorie der Künste.

Ein Glanzstück ist auch die barocke **Orgel** (1702), auf der regelmäßig Konzerte (Tel. 604 208 490, www.auditeorganum.cz) gegeben werden.

49 Zeltnergasse
Celetná

Eine der schönsten Altstadtgassen: Beginn des Königs- oder Krönungsweges vom Pulverturm zur Prager Burg.

Metro B Náměstí Republiky
Straßenbahn 8, 14, 26 Náměstí Republiky

Wertvoller Althausbestand, meist romanisch-gotischen Ursprungs, säumt die malerisch gewundene Gasse. Im heute barockisierten ›**Sixt-Haus**‹ (Dům U Sixtů, Celetná 2) weilte u. a. Francesco Petrarca, der große Dichter und Humanist, als Gast Kaiser Karls IV. Mitte des 16. Jh. gehörte das Haus dem protestantischen Kanzler

Johann Sixt von Ottersdorf. Weitere bemerkenswerte Häuser mit Rokokostuck, barockem Statuen-Schmuck und schönen Portalen reihen sich entlang der Gasse. Die ehemalige **Münze** (Palác mincovny, Celetná 36) war im Spätmittelalter zeitweilig Residenz der böhmischen Königin. Die frühklassizistische Fassade stammt von Philipp Heger, die Atlanten schuf Ignaz Platzer.

Das Eckhaus Nr. 34 **Zur Schwarzen Muttergottes** (Dům U Černé Matky Boží, 1911–12) von Architekt Josef Gočár verdankt seinen Namen der *Madonnenfigur* an der nordöstlichen Hausecke, die bereits den barocken Vorgängerbau schmückte. Das einstige Kaufhaus ist ein Paradebeispiel kubistischer Architektur, die sich durch das innovative Spiel mit geometrischen Formen auszeichnet und allein in Tschechien zu finden ist. Hier etwa sind die rechteckigen Fenster abgewinkelt, der schmale Balkon im ersten Stock weist ebenso wie die Fassade einen ›Knick‹ auf. Vor- und Rücksprünge, z. B. das weit vorkragende Dachgesims, erzeugen ein lebhaftes Licht- und Schattenspiel. Passend zur Architektur beherbergt das Haus das **Museum des Tschechischen Kubismus** (Tel. 224211746, www.ngprague.cz, Di–So 10–18 Uhr) mit Malerei, Skulptur, Mobiliar und Architekturmodellen der Jahre 1910–19. Im ersten Stock besticht das **Grand Café Orient** [s. S. 123] durch seine kubistische Einrichtung. Gočár selbst entwarf Bar und Lampen.

Das Museum des Tschechischen Kubismus besitzt auch seltenes Mobiliar in diesem Stil

50 Agnes-Kloster – Nationalgalerie

Klášter svaté Anežky České – Národní galerie

TOP TIPP

Bedeutendster Komplex der böhmischen Frühgotik. Hervorragendes Museum der Nationalgalerie Prag für mittelalterliche Kunst aus Böhmen.

U Milosrdných 17
Tel. 224810628
www.ngprague.cz
Di–So 10–18 Uhr
Metro A Staroměstská oder
Metro B Náměstí Republiky
Straßenbahn 17, 18 Staroměstská oder
8, 14, 26 Náměstí Republiky

1231 gründete *Agnes* (1211–1282), Tochter König Ottokars I. und Schwester Wenzels I., nahe der Moldau einen Klarissinnen-Konvent sowie ein Minoriten-Kloster für Männer.

Agnes hatte alle Heiratsanträge ausgeschlagen, sogar den Kaiser Friedrichs II., und die ›Krone der Jungfernschaft‹ gewählt. Überliefert ist ihr Briefwechsel mit der hl. Klara, der Jugendfreundin des Ordensgründers Franz von Assisi und ›Mutter der Klarissinnen‹. Bereits zu Lebzeiten galt Agnes als Vorbild für demütige und asketische Lebensführung. Nach ihrem Tod drängte das Königshaus auf Kanonisierung. Sie wurde selig und 1989 schließlich heilig gesprochen.

Während der Hussitenstürme verwaiste das Männerkloster, im Frauenkonvent wohnten zeitweise Dominikanerinnen. Nach der Aufhebung des Klosters (1782)

Im ehrwürdigen Agnes-Kloster zeigt die Nationalgalerie exquisite mittelalterliche Kunstwerke

setzte rasch der Verfall ein. Erst nach dem Zweiten Weltkrieg erfolgte die Instandsetzung der Gebäude und ihre Umgestaltung für kulturelle Zwecke.

Erhalten blieben u. a. mehrere Säle aus der Zeit der Klostergründerin sowie der edle, hochgotische **ehem. Kreuzgang der Klarissinnen**. Hervorzuheben ist ferner die **Salvator-Kirche** (Kostel sv. Salvátora, 1275–80) als reifste Schöpfung der französisch inspirierten Frühgotik in Böhmen. Bei der Restaurierung entdeckte man hier die Gräber der hl. Agnes, der Königin Kunigunde, Gemahlin Ottokars II., und weiterer Přemysliden. Die gekrönten Porträtköpfe am Triumphbogen stellen wohl Angehörige dieses Königsgeschlechts dar. Im Chor der südlich gelegenen **Franziskus-Kirche** (Kostel sv. Františka, 1240) ist König Wenzel I. bestattet.

Im Obergeschoss zeigt die Ausstellung **Mittelalterliche Kunst in Böhmen und Zentraleuropa** der Nationalgalerie ein Modell des Agnes-Klosters und einige Steinfragmente. Ältestes Ausstellungsstück ist eine romanische Muttergottes-Figur (um 1180–1200) aus Mähren, gefolgt von frühgotischen Plastiken und dem Schädelreliquiar der hl. Ludmila (1360) aus dem Dom St. Veit. Erster Höhepunkt der Sammlung sind die neun **Tafeln des Meisters von Hohenfurt** (um 1347). Dieser auf Goldgrund gemalte Altarzyklus zeigt Szenen aus der Heilsgeschichte von der Verkündigung bis zum Pfingstwunder.

Im 3. Raum folgen weitere Spitzenwerke gotischer Malerei: sechs **Tafeln des kaiserlichen Hofmalers Theodoricus** (vor 1367), gen. Zelo, der Eifrige, aus Burg Karlstein, die vor allem durch Monumentalität und Lichtspiel beeindrucken. Die Tafeln zeigen die Evangelisten Lukas und Matthäus, Kaiser Karl d. Gr., die hl. Katharina, Papst Gregor d. Gr. und den Kirchenlehrer Ambrosius.

Zu den Hauptwerken der Nationalgalerie zählen des Weiteren die sechs **Altartafeln** des Meisters von Wittingau, um 1380 für das Augustiner-Chorherrenstift Wittingau (Třeboň) in Südböhmen gemalt. Dargestellt sind drei Passionsszenen auf rotem Hintergrund als Feiertagsseite sowie Heilige auf der Werktagsseite.

Es folgen vorzügliche Vesperbilder, Muttergottes- und Heiligenstatuen, Schnitzaltäre, wie z. B. der Marienaltar aus Velhartice (um 1500), sowie Schnitztafeln im Stile der Donauschule, die durch Gemälde von Lucas Cranach d. Ä. und Albrecht Altdorfer vertreten ist.

51 Rudolfinum

Rudolfinum

Zahlreiche Kunst- und Konzerthallen versammeln sich unter dem Dach des bedeutenden Neorenaissancebaus.

Náměstí Jana Palacha 1
Metro A Staroměstská
Straßenbahn 17, 18 Staroměstská

Josef Zítek und Josef Schulz, die Architekten des Nationaltheaters [Nr. 66] und des Nationalmuseums [Nr. 57], erbauten um 1880 dieses Haus der Künste, das nach Kronprinz Rudolf benannt wurde. Zwischen den beiden Weltkriegen tagte hier das tschechische Parlament und während des Zweiten Weltkriegs diente das Gebäude als Hauptquartier der deutschen Besatzer. Heute ist es Sitz der **Tschechischen Philharmoniker** [s. S. 125]. Einen Teil des Hauses nimmt die **Galerie Rudolfinum** (Alšovo nábřeží 12, Tel. 227 05 93 09, www.galerierudolfinum.cz, bei Ausstellungen Di–So 10–18 Uhr) für zeitgenössische Kunst ein.

Allegorische Figuren der Musik und Kunst von Anton Wagner flankieren die Treppe. Vom selben Bildhauer stammen auch die Statuen der Musiker und anderer Künstler auf der Attika.

An der **Mánes-Brücke** (Mánesův most) aus dem Jahr 1911 erinnert ein *Denkmal* von Bohumil Kafka an den Namensgeber Josef Mánes (1820–1871), den führenden tschechischen Maler seiner Zeit.

Antonín Dvořák blickt als Bronzefigur auf das Rudolfinum, in dem auch seine Musik ertönt

52 Kunstgewerbemuseum
Uměleckoprůmyslové muzeum

TOP TIPP *Kunsthandwerk, darunter eine herausragende Glassammlung, Grafikdesign und Fotografie.*

Ulice 17, Listopadu 2
Tel. 251 09 31 11
www.upm.cz
Di 10–19, Mi–So 10–18 Uhr
Metro A Staroměstská
Straßenbahn 17, 18 Staroměstská

Architekt Josef Schulz entwarf das Museumsgebäude im Stil der Neorenaissance. An der Fassade veranschaulichen allegorische Reliefs verschiedene Zweige des Kunsthandwerks. Ausgestellt ist europäisches Kunsthandwerk und Kunstgewerbe seit der Antike: Glas, Keramik, Textil, Metall, Buchbindekunst, Möbel. Auch Grafik- und Architekturdesign sowie Fotografie aus den Jahren 1839–1950 sind zu sehen. Zudem unterhält das Museum eine bedeutende Fachbibliothek und veranstaltet Wechselaustellungen.

Das Prager Kunstgewerbemuseum präsentiert u. a. eine umfassende Grafikdesign-Sammlung

Josefstadt – Faszination jüdischer Kultur

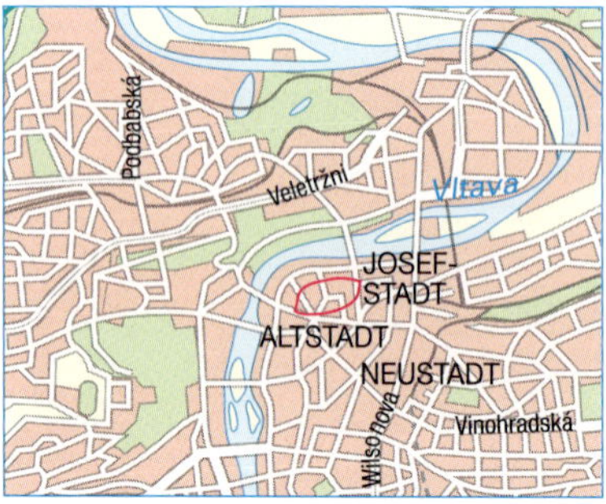

Jüdische Kaufleute kamen bereits im 9./10. Jh. auf Handelswegen nach Prag. Spätestens seit dem 12. Jh. bildete sich eine jüdische Gemeinde in der Nähe des internationalen Marktplatzes an der Breiten Gasse (Široká ulice) um die ›Altschul‹ oder Spanische Synagoge. Seit Mitte des 13. Jh. entwickelte sich um die **Altneu-Synagoge** eine der ältesten und berühmtesten jüdischen Städte, zeitweise die größte Europas. Das ummauerte **Getto** blieb bis ins 19. Jh. bestehen. Räumliche Enge und mittelalterliche Besitzrechte führten zu unhaltbaren hygienischen Verhältnissen. 1893–1912 wurde schließlich der Großteil des Gettos niedergerissen; nur Kulturdenkmäler blieben verschont. Heute präsentiert sich das ehemalige jüdische Viertel Josefstadt (Josefov) mit reich verzierten Prachtbauten, Boulevards und belebten Straßen. Hauptanziehungspunkte für Besucher sind das **Jüdische Museum** mit der Pinkas-Synagoge, dem Alten Jüdischen Friedhof, der Klausen- und der Maisel-Synagoge sowie die Altneu-Synagoge. Sie sind beeindruckende Zeugnisse jüdischen Alltags- und Festtagslebens und zugleich Mahnmal einer leidvollen Geschichte.

53 Jüdisches Museum
Židovské muzeum

TOP TIPP *Hohe Kunst, Alltagsrituale und Mahnmal des Leids.*

U Staré školy 1
Tel. 221 71 15 11
www.jewishmuseum.cz
April–Okt. So–Fr 9–18,
Nov.–März So–Fr 9–16.30 Uhr
Karten beim Reservierungszentrum, U Starého hřbitova 3a, Tel. 222 31 71 91, oder an der Museumskasse
Metro A Staroměstská
Straßenbahn 17 Právnická fakulta

Die Ausstellungen des Jüdischen Museums befinden sich an sechs historischen Orten: Pinkas-, Klausen-, Maisel- und Spanische Synagoge [Nr. 55], auf dem Alten Jüdischen Friedhof und im Zeremoniensaal. Dieser Rundgang auf den Spuren jüdischer Geschichte lässt keinen Besucher unberührt.

Pinkas-Synagoge

Pinkasova synagóga
Zugang: Široká 3

Die nach der Altneu-Synagoge [Nr. 54] künstlerisch wertvollste Prager Synagoge ist heute eine Gedenkstätte für die jüdischen Opfer des Nationalsozialismus. Eine Talmud-Schule lässt sich an dieser Stelle bis ins 11. Jh. zurückverfolgen. 1535 stiftete die Familie Horowitz ein neues Bethaus. Sehr eindrucksvoll mischen sich spätgotische Rippengewölbe mit Renaissance-Elementen: kannelierte Wandvorlagen, Eierstab-Ornamente und Rosetten. Im frühen 17. Jh. kamen Frauenempore, Vorhalle und Versammlungssaal hinzu. Ein feines Rokokogitter umgrenzt die Bima (Tora-Bühne). 1950 wurde eine Gedenkstätte eingerichtet. Neben der Tora-Nische sind die Vernichtungslager aufgelistet, an den Seitenwänden in alphabetischer Reihenfolge die 77 297 bekannt gewordenen Namen der ermordeten Juden aus Böhmen und Mähren. Im ersten Stock sind Zeichnungen jüdischer Kinder aus dem Konzentrationslager Theresienstadt zu sehen.

Alter Jüdischer Friedhof

Starý židovský hřbitov
neben der Pinkas-Synagoge, Široká 3

Vom 15. Jh. bis zum Verbot innerstädtischer Beisetzungen durch Kaiser Joseph II. 1787 beerdigten die Bewohner des Gettos ihre Toten auf dem Alten Jüdischen

Friedhof – aus Platzmangel in bis zu zwölf Schichten übereinander. Daher entsprechen die etwa 12 000 **Grabstelen** keineswegs der Anzahl der tatsächlich Bestatteten. Der älteste Grabstein (1439) erinnert an Rabbi Avigdor Kara, Autor des Klageliedes auf das Osterpogrom (1389).

Weithin berühmt ist das **Grabmal des Rabbi Löw** (Jehuda Liwa ben Bezalel, 1513–1609). Der Löwe auf der rosafarbenen Spätrenaissancetumba verweist auf seine Herkunft aus dem Stamm Levi. Als Gelehrter, Richter, Prediger und Religionsphilosoph, der Kaiser Rudolf II. in die Geheimnisse der jüdischen Mystik (Kabbala) einweihte, genoss Rabbi Löw hohes Ansehen. Mit der ihm zugeschriebenen Erschaffung des sagenumwobenen **Golem**, einer durch magische Silben zum Leben erweckten Lehmfigur zum Schutze des Gettos, hat er allerdings nichts zu tun. Erst im 18. Jh. kam diese Legende auf. Mehrere Schriftsteller haben seither den Golem-Stoff verarbeitet: Gustav Meyrink in seinem Roman ›Golem‹ (1915), Egon Erwin Kisch in der Reportage ›Dem Golem auf der Spur‹. Der deutsche Regisseur Paul Wegener drehte 1920 den berühmten Film ›Der Golem, wie er in die Welt kam‹.

Klausen-Synagoge

Klausová synagóga
U starého hřbitova 4, neben dem Alten Jüdischen Friedhof

Mordechai Maisel finanzierte Ende des 16. Jh. ein Bethaus mit Schule und Ritualbad (Mikwe). Von diesen drei kleinen Gebäuden, sog. Klausen, leitet sich der Name ab. Nach dem Gettobrand 1689 wurde nur die Synagoge wieder aufgebaut. Heute beherbergt sie die Ausstellung **Jüdische Traditionen und Bräuche** (Židovské tradice a zvyky). Anhand teils sehr wertvoller Exponate wie Tora-Rollen mit Zubehör sowie rituellen Gegenständen wird die Bedeutung der Synagoge und der einzelnen jüdischen Festtage erläutert.

Auf dem Weg von der Klausen-Synagoge zur Maisel-Synagoge passiert man in der Maiselgasse 18 (Maiselova) das **Jüdische Rathaus** (Židovská radnice) mit dem hebräischen Zifferblatt auf dem *Uhrturm*. Im Erdgeschoss ist ein kleiner *Souvenirladen* eingerichtet, ansonsten ist das Gebäude nicht zu besichtigen. Auch die **Hohe Synagoge** (Vysokdá synagóga) daneben ist nicht öffentlich zugänglich.

Maisel-Synagoge

Maiselova synagóga
Maiselova 10

1592 stiftete Mordechai Maisel auch eine Familiensynagoge im Renaissancestil mit kostbarer Ausstattung, bis zum Brand von 1689 das prächtigste Gebäude des Viertels. Das neugotische Erscheinungs-

Auf dem Alten Jüdischen Friedhof erinnern etwa 12 000 Grabstelen an die Verstorbenen

Zwischen Blüte und Verfolgung

Das Schicksal der Prager Juden wechselte – wie im ganzen Abendland – zwischen Blüte und Verfolgung. König Ottokar II. (um 1232–1278) unterstellte sie dem Schutz der Königlichen Kammer (Servi camerae). Seit der **Prager Synode** (1349) unter Karl IV. waren die Juden vom Handel ausgeschlossen und wurden in die damals verpönten Geldgeschäfte gedrängt, sie mussten im **Getto** leben, gelbe Kleidung und Spitzhüte tragen. Pest und Großbrände suchten das Getto wiederholt heim, Pogrome versetzten seine Bewohner in Angst und Schrecken. Zweimal wurden die Juden vertrieben – 1541 unter Ferdinand I. und 1744 unter Maria Theresia –, aber beide Male wieder zurückgeholt. Vom 15. Jh. an fanden auch deutsche und ukrainische Juden Zuflucht in Prag.

Höchste wirtschaftliche und kulturelle Blüte erlebte die Prager Judenstadt in der 2. Hälfte des 16. Jh. Oberhaupt der Gemeinde war zu dieser Zeit **Mordechai Maisel**, der Hofbankier Rudolfs II. Zum Dank für seine Hilfe im Türkenkrieg erhielt er 1598 das Privileg, frei über sein Eigentum verfügen zu dürfen. Er ließ Talmud-Schulen, Synagogen und das Rathaus errichten. Vor dem Brand von 1689 zählte das Getto 300 Häuser und 13 Synagogen, Anfang des 18. Jh. lebten dort etwa 12000 Einwohner. Mit dem **Toleranzpatent** Josephs II. von 1781 lockerten sich die strengen Getto-Vorschriften: Juden zogen auch in andere Stadtteile und Christen in das Getto.

Die Mauer fiel jedoch erst im Revolutionsjahr 1848, gleichzeitig mit der Anerkennung jüdischer Bürgerrechte. Um 1900 folgte die Sanierung der ›Josefstadt‹ – so hieß das Getto jetzt in Erinnerung an Joseph II. Vom Altstädter Ring bis zur Moldau verläuft seither die Pariser Straße (Pařížská), gesäumt von prunkvollen Bürgerhäusern im Stil des späten Historismus und der Sezession.

Zur Zeit des wachsenden tschechischen Nationalismus in den 1920er-Jahren fühlten sich die meisten Prager Juden dem deutschen Kulturkreis zugehörig, blieben aber dennoch heimatlos, von Deutschen und Tschechen getrennt.

Ab 1940 betrieben die **Nationalsozialisten** die systematische Ausrottung der Juden – von 35000 Prager Juden überlebte nur ein Sechstel. Für ihr geplantes ›Museum einer ausgestorbenen Rasse‹ in Prag sammelten die Nazis Kultgegenstände und Dokumente aus ganz Europa. Sie bilden heute das Gros der Exponate des heutigen **Jüdischen Museums** in den ehemaligen Synagogen.

bild stammt vom Umbau Ende des 19. Jh. Eine Ausstellung dokumentiert anhand von Handschriften und Dokumenten eindrucksvoll die wechselvolle **Geschichte der Juden in Böhmen und Mähren** (Dějiny Židů v Čechách a na Moravě) vom 10. bis 18. Jh.

Zeremoniensaal

Obřadní síň
U Starého hřbitova

Das Gebäude des einstigen Zeremoniensaals und der Leichenhalle wurde 1911–12 nach einem Entwurf des Architekten J. Gerstl in pseudoromanischem Stil erbaut. Heute ist hier der zweite Teil der Ausstellung **Jüdische Traditionen und Bräuche** (Židovské tradice a zvyky, s. S. 87) zu sehen, der anhand zahlreicher Exponate über die Themen Krankheiten und Medizin im Getto, Tod sowie jüdische Friedhöfe in Böhmen informiert.

54 Altneu-Synagoge

Staronová synagóga

TOP TIPP

Älteste noch für Gottesdienste genutzte Synagoge Europas.

Červená
April–Okt. So–Fr 9–18,
Nov.–März So–Fr 9–16.30 Uhr
Metro A Staroměstská
Straßenbahn 17 Právnická fakulta

Die zweite Synagoge der Judenstadt (nach der ›Altschul‹, Nr. 55) hieß ursprünglich Neue oder Große Schule. Ihren heutigen Namen verdankt sie der hebräischen Wendung ›al tnaj‹, zu deutsch ›unter der Bedingung, dass‹. Der Legende nach sollen Engel zum Bau der Synagoge Steine des Salomonischen Tempels aus Jerusalem gebracht haben, unter der Bedingung, dass sie am Jüngsten Tag zurückgebracht werden.

Errichtet wurde das Gebetshaus wohl wegen des Zuzugs deutscher Juden aus Worms, Speyer und Regensburg um 1270 von der Königlichen Bauhütte, die damals am Agnes-Kloster arbeitete. Stilistisch weist es Beziehungen zur frühen Zisterziensergotik auf. Das hohe Satteldach mit spätgotischem Giebel wurde im 15. Jh. hinzugefügt. Die niederen Anbauten dienten als Vorhalle und Frauensaal.

Das **Südportal** trägt ein frühgotisches Weinstock-Relief als Zeichen ewigen Lebens. Zwei achteckige Pfeiler teilen den **Innenraum**. Auffallend ist die fünfgliedrige Gewölbeform; vermutlich vermied man vierstrahlige Rippen, um nicht die Assoziation des christlichen Kreuzes hervorzurufen.

Vom *Almemor* oder *Bima*, der ›Tora-Bühne‹ in der Raummitte, wird die Tora vorgetragen. Aufbewahrt werden die Tora-Rollen in der Aron ha-Kodesch genannten *Wandnische* an der Ostseite. Die Fahne der Prager Juden, das ›Hohe Banner‹, verlieh Karl IV. 1357; die heutige *Fahne* stammt aus der Zeit Karls VI. (1716). Beim Judenmord zu Ostern 1389 färbten sich die Synagogenwände mit Blutspritzern. Rabbi Avigdor Kara verfasste auf dieses Ereignis eine Elegie (Selicha), die bis heute am Versöhnungstag gesungen wird.

Auf dem Rasen neben der Synagoge fand die *Moses-Statue* des bedeutenden symbolistischen Bildhauers František Bílek (1872–1941) Aufstellung.

55 Spanische Synagoge
Španělská synagóga

Vor dem Neubau des 19. Jh. befand sich hier die älteste Prager Synagoge.

Dušní 12
Tel. 221 71 15 11
www.jewishmuseum.cz
April–Okt. So–Fr 9–18,
Nov.–März So–Fr 9–16.30 Uhr
Karten beim Reservierungszentrum,
U Starého hřbitova 3a, Tel. 222 31 71 91,
oder an der Museumskasse
Metro A Staroměstská
Straßenbahn 17 Právnická fakulta

Seit dem 12. Jh. ist die älteste Prager **Synagoge** als ›Altschul‹ bezeugt. Sie diente als Gebetshaus der Juden, die nach östlichem Ritus zelebrierten. An ihrer Stelle erhebt sich heute der 1882–93 geschaffene **Neubau** von Ignaz Ullmann und Josef Niklas. Seine prunkvolle Ausstattung trug ihm die Bezeichnung ›Tempel- oder Spanische Synagoge‹ ein, in Anlehnung an die einst blühende jüdische Kultur Spaniens. Heute ist hier Teil 2 der Ausstellung **Geschichte der Juden in Böhmen und Mähren** [s. S. 88] vom 18. bis 20. Jh. untergebracht.
Auf dem kleinen Platz zwischen Synagoge und Heilig Geist Kirche erinnert das **Franz-Kafka-Denkmal** (2003) von Jaroslav Róna an den Schriftsteller. Kafkas Erzählung ›Beschreibung eines Kampfes‹ diente als Inspiration für die knapp 4 m hohe Bronzeplastik: Ein Unsichtbarer – nur sein Anzug ist zu sehen – trägt auf den Schultern einen kleinen Mann, der ihm den Weg zu weisen scheint.

Goldschimmerndes Prunkstück: der Innenraum der Spanischen Synagoge

Neustadt – moderner Alltag in historischem Gewand

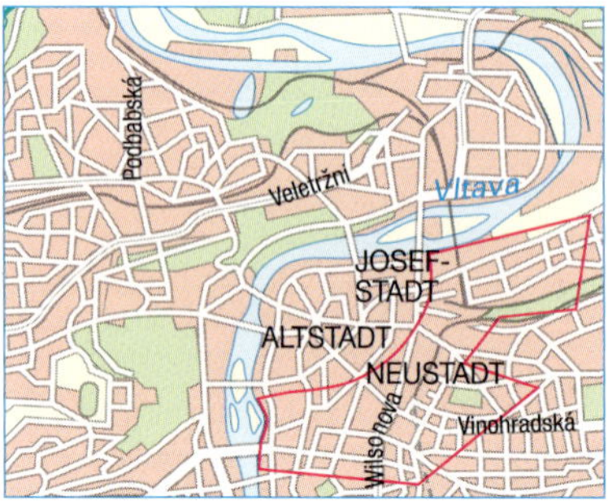

Der Name täuscht: Bereits 1348 gründete Karl IV. die Neustadt (Nové Město), ein kühnes städtebauliches Unterfangen im mittelalterlichen Europa. Flächenmäßig war sie die größte der Prager Städte, gleichzeitig die dichtest besiedelte – Zentrum der Handwerker und der ärmeren Bevölkerung – und daher Anfang des 15. Jh. Keimzelle des radikalen Flügels der Hussiten. Seit der Gründerzeit in der 2. Hälfte des 19. Jh. beherrschen monumentale Gebäude im Stil des **Historismus** und der **Sezession** (Jugendstil) das Straßenbild. Modernes Alltagsleben bestimmt die Atmosphäre, große Geschäfte, Cafés, Klubs und Diskotheken sind Anziehungspunkte für Jung und Alt.

56 Wenzelsplatz

Václavské náměstí

Zentrale Achse und Hauptgeschäftsstraße Prags, Herzstück der tschechischen Nation.

Metro A, B Můstek
Metro A, C Muzeum
Straßenbahn 3, 9, 14, 24
Václavské náměstí

Mit seinen gewaltigen Ausmaßen von 750 x 60 m ist der lang gestreckte frühere Rossmarkt, eigentlich mehr breite Flanierstraße als Platz, seit dem 14. Jh. das Zentrum der Neustadt, ja der Gesamtstadt Prag. Oft war der ›**Václavák**‹, wie er kurz genannt wird, Schauplatz bedeutender politischer Ereignisse: 1968 setzten Panzer auch hier dem ›Prager Frühling‹ ein Ende, woraufhin sich 1969 die Studenten Jan Palach und Jan Zajíc aus Protest auf dem Platz selbst verbrannten. Eine Gedenkstätte am hiesigen Reiterdenkmal erinnert daran. Zwanzig Jahre später bewirkten die friedlichen Demonstrationen auf dem Václavák den Sturz des kommunistischen Regimes.

Alte Stiche zeigen noch die ursprüngliche Bebauung: zwei- bis dreigeschossige Bürgerhäuser vor der hohen, schlanken Maria-Schnee-Kirche. In der zweiten Hälfte des 19. Jh. wandelte sich der Wenzelsplatz (so heißt er seit 1848) zu einem modernen Großstadtboulevard. Von der älteren Bausubstanz überdauerte das spätbarocke **Hotel Adria** (Nr. 26; Tel. 221081111, www.adria.cz). Schönstes Gebäude aus der Zeit des Historismus ist das **Wiehl-Haus** (Nr. 34), benannt nach Antonín Wiehl, dem führenden Architekten der tschechischen Neorenaissance. Mikoláš Aleš, und Josef Fanta lieferten die Vorlagen für den Wandschmuck.

Aufgehängt: Parodie des Reiterdenkmals des hl. Wenzel in der Lucerna-Passage

Im Südosten des lang gestreckten Wenzelsplatzes erhebt sich das Nationalmuseum

Auch mehrere reizvolle **Jugendstilbauten** [s. S. 95] sind glänzende Blickpunkte. Vergoldete Pflanzenmotive auf den glatten Fassaden verraten den Einfluss des französischen Art Nouveau.

Den oberen Teil des Platzes beherrscht das **Reiterdenkmal des hl. Wenzel** (1912) ein Meisterwerk des Prager Bildhauers Josef Václav Myslbek, der 30 Jahre lang daran gearbeitet hatte. Den Sockel flankieren Statuen der böhmischen Landespatrone: Bischof Adalbert von Prag, Abt Prokop von Sázava, Fürstin Ludmila sowie Agnes, Gründerin des Agnes-Klosters.

Eine *Parodie des Denkmals* (1999) von Skandalkünstler David Černý befindet sich in der nahen **Lucerna-Passage** (1907–20, Wenzelsplatz, zwischen Vodičkova und Stepánská): Unter einer Glaskuppel baumelt, an allen Vieren aufgehängt, ein totes Pferd, auf dessen Bauch der fähnchenschwingende hl. Wenzel reitet. Was aussieht wie eine schwere Bronzeplastik ist übrigens Kunststoff.

57 Nationalmuseum

Národní muzeum

TOP TIPP

Tempel der Geschichte und der Naturwissenschaften im Stil der Neorenaissance.

Václavské náměstí 68
Tel. 224 49 71 11
www.nm.cz
Mai–Sept. tgl. 10–18, Okt.–April tgl. 9–17 Uhr, erster Di im Monat geschl.
Metro A, C Muzeum
Straßenbahn 3, 9, 14, 24
Václavské náměstí

Bedeutendes Werk der tschechischen Neorenaissance und Dominante des Wenzelsplatzes ist das Nationalmuseum, errichtet 1885–90 von Architekt Josef Schulz. Die **Fassade** des 70 m hohen Kuppelbaus ziert reicher Figurenschmuck mit Personifikationen tschechischer Landschaften: die thronende Bohemia (Čechie) an der Rampe, flankiert von Moldau (Mädchen) und Elbe (Greis), Mähren und Schlesien. Im Tympanon: Čechie als Patronin der Wissenschaften und Künste.

Durch prachtvolles **Vestibül** und **Treppenhaus** erreicht man das **Pantheon**

Im großzügigen Treppenhaus des Nationalmuseums wandeln Besucher auf rotem Teppich

(über der Eingangshalle), das Wandgemälde zur böhmisch-tschechischen Geschichte schmücken: Libussas Boten berufen den Bauern Přemysl zum Stammesherzog, der hl. Method vollendet seine Bibelübersetzung ins Altslawische, Karl IV. gründet 1348 die Prager Universität, Comenius legt dem Stadtrat von Amsterdam seine pädagogischen Werke vor.

Zu beiden Seiten eröffnen sich die großzügigen, hellen Ausstellungsräume. Im 1. Stock findet sich die **mineralogische Sammlung**, die Mineralien, Edelsteine, Meteoriten u. v. m. teilweise in den originalen Vitrinen aus dem 19. Jh. präsentiert. In fünf Räume sind **archäologische Funde** aus Böhmen, Mähren und der Slowakei von der Steinzeit bis zum frühen Mittelalter zu sehen, darunter Werkzeug, Waffen und Kultgegenstände. Im 2. Stock erklärt die **paläontologische Sammlung** anhand von Fossilien die Entwicklung von Pflanzen und Tieren. Der Bereich **Zoologie** wartet u. a. mit einem 20 m lange Skelett eines Finnwales auf. Und in der **anthropologischen Abteilung** erfährt man, wie anhand von Knochen Alter, Geschlecht oder Krankheiten eines Menschen bestimmt werden können. Allerdings gibt es nur tschechische Beschriftungen.

Das Nationalmuseum unterhält weitere Dependancen zu unterschiedlichen Themen, etwa das Antonín-Dvořác-Museum [Nr. 72] oder das Apotheken-Museum [s. S. 47] in der Nerudagasse.

58 Am Graben
Na Příkopě

Belebte Einkaufsstraße mit Kommunismusmuseum.

Metro A, B Můstek

Der mittelalterliche Wassergraben zwischen Alt- und Neustadt wurde 1781 aufgeschüttet und bepflanzt. Die meisten Gebäude entlang der heutigen Einkaufsstraße sind daher jüngeren Datums. Eine Ausnahme bildet das **Palais Sylva-Taroucca** (Sylva-Taroucca palác, Na Příkopě 10), 1749 nach einem Entwurf von Kilian Ignaz Dientzenhofer im Stil des Spätbarock umgebaut. Heute beherbergt das prachtvolle Palais neben einem **Kasino**

Alte Kameraden vereint: Marx & Co in der Ausstellung des Kommunismusmuseums

auch das **Kommunismusmuseum** (Muzeum komunismu, Tel. 224212966, www.museumofcommunism.com, tgl. 9–21 Uhr). Die populärwissenschaftliche Privatsammlung zeichnet anhand historischer Dokumente und Exponate, darunter Propagandamaterial und die Nachbildung eines kümmerlich bestückten Einkaufsladens, Traum und Realität eines überkommenen Systems nach.

59 Mucha-Museum
Muchově muzeum

Leben und Werk des berühmten Jugendstil-Künstlers.

Panská 7
Tel. 224216415
www.mucha.cz
tgl. 10–18 Uhr
Metro A, B Můstek
Straßenbahn 3, 9, 14, 24 Jindřišská

Ob im Dom St. Veit, im Gemeindehaus oder auf zahlreichen Postkartenständern – überall in Prag finden sich Werke des beliebten Jugendstil-Künstlers Alfons Maria Mucha (1860–1939). Wer mehr über dessen Leben und Werk erfahren möchte, sollte das monografischen Museum im barocken **Palais Kaunitz** (Kaunický palác) besuchen. Hier werden u. a. dekorative Drucke mit allegorischen Frauengestalten, Plakate für die Pariser Schauspielerin Sarah Bernhardt (1890er-Jahre) und Poster für das tschechische Sokol Festival (ab 1910) gezeigt. Ferner sind Ölgemälde, Zeichnungen, Industriedesigns sowie eine Reihe persönlicher Gegenstände ausgestellt. Ein halbstündiger Film (englisch) mit interessanten historischen Aufnahmen gibt Einblick in das bewegte Leben Muchas.

60 Pulverturm
Prasná brána

Monumentaler Zugang zur Altstadt.

Na Příkopě
Tel. 724063723
www.pis.cz
April–Okt. tgl. 10–18 Uhr
Metro B Náměstí Republiky
Straßenbahn 8, 14, 26 Náměstí Republiky

1475 legte König Wladislaw II. Jagiello den Grundstein zum ›Neuen Turm‹ als Auftakt des Krönungsweges durch die Innenstadt. Eine noch heute erhaltene Brücke verband den Torturm mit dem benachbarten Königshof, der seit 1383 als Residenz der böhmischen Herrscher diente. 1483 wurde er allerdings aus Sicherheitsgründen aufgegeben, die Könige zogen zurück auf den Burgberg und das Gebäude in der Neustadt beherbergte in der Folge u.a. Priesterseminar und Kaserne, verfiel aber letztendlich. An seiner Stelle befindet sich heute das Gemeindehaus [Nr. 61].

Der Turm diente zeitweilig als Lager für Schießpulver, daher sein heutiger Name. Bei der Belagerung Prags durch die Preußen 1757 wurde er schwer beschädigt. 1875 leitete Josef Mocker die Wiederherstellung mit neugotischen Figuren und Ornamenten. Im Inneren ist die Ausstellung **Königshof** zur Geschichte Prags und des Pulverturms zu sehen.

61 Gemeindehaus
Obecní dům

Jugendstil-Juwel mit schönem Café und Konzertsaal.

Náměstí Republiky 5
Tel. 222002101
www.obecni-dum.cz
Führungen mehrmals wöchentlich, Zeiten auf Anfrage
Metro B Náměstí Republiky
Straßenbahn 8, 14, 26 Náměstí Republiky

An der Stelle des mittelalterlichen Königshofes [s. Nr. 60] erbaute die Gemeinde Prag 1906–12 ein pompöses Gemeindehaus nach Plänen von Osvald Polívka und Antonín Balšánek. Gusseisen und Glas fanden reichlich Verwendung; Reliefmedaillons böhmischer Trachten vermitteln eine volkstümliche Note. Das Mosaik ›Huldigung an Prag‹ von Karel Špillar flankieren die Figurengruppen ›Erniedrigung und Auferstehung des Volkes‹ von Ladislav Šaloun. Vom selben Künstler stammen auch die allegorischen Statuen im **Smetana-Saal**, einem der wichtigsten Konzertsäle Prags. Namhafte Bildhauer und Maler – Josef Václav Myslbek, Mikoláš Aleš, Alfons Mucha – wirkten an der Innenausstattung mit. Dezenter, aber nichtsdestoweniger beeindruckend ist die Ausschmückung des berühmten Jugendstilcafés **Kavárna Obecní Dům** (Tel. 222002763, www.vysehrad2000.cz/obecnidum) im Erdgeschoss, wo nicht

TOP TIPP

nur ein Brunnen plätschert sondern auch – schön altmodisch – die Tortenauswahl in der Rollvitrine von Tisch zu Tisch gefahren wird.

62 Platz der Republik
Náměstí Republiky

Kultur und Konsum in unmittelbarer Nachbarschaft.

Metro B Náměstí Republiky
Straßenbahn 8, 14, 26 Náměstí Republiky

Neben Pulverturm [Nr. 60] und Gemeindehaus [Nr. 61] finden sich am belebten Platz der Republik weitere Attraktionen für Kultur- und Konsumfreunde: Gegenüber dem Gemeindehaus bildet die elegante Empirefassade des Gebäudes **Zu den Hibernern** (Palác U Hybernů, Náměstí Republiky 4) den Abschluss zum *Graben* [Nr. 58]. Seit 1355 bestand an seiner Stelle ein Benediktinerkloster. Im 16. Jh. fanden irische Franziskaner Zuflucht, die man Hiberner (lat. Hibernia = Irland) nannte. 1790 wurde das Kloster säkularisiert und als Zollamt eingerichtet. Heute beherbergt es das **Hybernia Theater** (Divadlo Hybernia, s. S. 125), eine Café-Bar sowie Säle für Wechselausstellungen.

Im Nordosten des Platzes verbirgt sich hinter der rosa Fassade einer ehem. Kaserne – von 1780–1996 waren hier Soldaten stationiert – das gigantische Einkaufs- und Freizeitzentrum **Palladium** [s. S. 119] mit Geschäften, Restaurants, Bars, Kasino und Disko.

Top Tipp

Geht man nun weiter Richtung Moldau, erreicht man bald das Vávra-Haus, in dem sich das **Postmuseum** (Poštovní muzeum, Nové mlýny 2, Tel. 222 31 20 06, www.cpost.cz, Di–So 9–17 Uhr) befindet. Neben bedeutenden Briefmarkensammlungen, darunter auch sehr schöne Stücke von Alfons Mucha, kann man im Inneren auch romantische Wandmalereien (1847) von J. Navrátil bewundern.

63 St. Heinrich
Svatý Jindřich

Weithin sichtbar grüßt der frei stehende Glockenturm.

Jindřišská
www.jindrisskavez.cz
Turm: April–Mitte Okt. Mo–Fr 9–19, Sa/So 10–19, Mitte Okt.–März Mo–Fr 9–18, Sa/So 10–18 Uhr
Metro B Náměstí Republicky oder Metro C Hlavní nádraží
Straßenbahn 3, 9, 14, 24 Jindřišská

Karl IV. stiftete um 1350 die schlichte gotische Pfarrkirche für den nördlichen Teil der Neustadt. Die Ausstattung der Kirche ist größtenteils barock: die *Sandsteinfiguren* der Heiligen Johannes Nepomuk und Judas Thaddäus werden Michael Josef Brokoff zugeschrieben, das *Hochaltarblatt*

Pulverturm und Gemeindehaus dominieren den belebten Platz der Republik

Jugendstil-Schönheit: Glasmosaik am Eingang des Gemeindehauses

Neu, filigran und alles umfassend

Neue Formen, scheinbare Leichtigkeit und die Idee des **Gesamtkunstwerks** lösten Ende des 19. Jh. eine lange Phase historisierenden Bauens ab, das stets auf bereits bekannte Baustile und -elemente zurückgriff. Beeinflusst von den in England entwickelten Ideen des Arts and Crafts und der Wiener Sezession hielt um 1898 in Prag der **Jugendstil** Einzug. Der Wunsch nach einem völlig neuen Stil, einer eigenständigen Ästhetik erfüllte sich nicht nur in der Verwendung floraler Ornamente, schlanker, leichter Formen und anthropomorpher Gestalten, sondern in der Einbeziehung aller Kunstgattungen: Architektur, Malerei und Plastik, Interieur, Möbel, Kunsthandwerk und Schrift wuchsen nun zu einem einheitlichen Werk zusammen.

In Prag entstanden in diesem neuen Geist zahlreiche Gebäude, geschaffen von Architekten wie Jan Kotěra, Osvald Polívka und Antonín Balšánek. Einige der schönsten Jugendstilbauten stehen rund um den Wenzelsplatz und bilden dort noch immer einen Blickpunkt: das **Hotel Evropa** (Nr. 25/27, Tel. 224215387, www.evropahotel.cz) von Alois Dryak und Bedřich Bendelmayer, das auch im Innern in weiten Teilen eine originale Ausstattung bewahrt hat, oder das **Hotel Ambassador** (Nr. 5, s. S. 131). Ein weiteres Highlight Prager Jugendstils ist das **Gemeindehaus** [Nr. 61] am Platz der Republik, das zudem mit dem schönsten Caféambiente der ganzen Stadt aufwarten kann. Doch sind es nicht nur die Höhepunkte künstlerischer Entfaltung, die den Besucher in Prag begeistern. Es sind auch die überall entlang der Straßen zu entdeckenden fantasievollen Jugendstilfassaden mit filigranem Figurenschmuck und zart kraftvollen Reliefs oder Malereien. Einer Prager Redeweise folgend, lohnt es sich, die Stadt mit erhobenem Blick zu erkunden.

(Kirchenpatron Kaiser Heinrich II. und die Feuerprobe seiner Gemahlin, der hl. Kunigunde) malte J. G. Heintsch um 1700.

Frei vor der Kirche steht der 1472–76 in spätgotischem Stil errichtete **Glockenturm** (Jindřišská věž). Die Turmuhr mit zwei Zimbeln stammt aus dem Jahre 1577. Nach einem Brand 1745 wurde der Turm barock umgestaltet, 1870 erfolgte die Regotisierung nach Plänen des Architekten Josef Mocker. Im 66 m hohen Turm mit herrlicher Aussicht bietet das *Restaurant Zvonice* (Tel. 224220009, www.restaurantzvonice.cz) feine böhmische und internationale Küche zu gehobenen Preisen.

Im Haus Jindřišská 19 wurde am 4. Dezember 1875 der Dichter *Rainer Maria Rilke* († 1926) geboren. In der benachbarten Jeruzalémská (Jerusalem-Gasse) verdient die maurisch inspirierte **Jubiläums-Synagoge** (Jubilejní synagoga) Beachtung, 1905 nach Plänen von W. Stiassny erbaut.

64 Maria im Schnee

Kostel Panny Marie Sněžné

Höchster Kirchenbau Prags, überwältigender gotischer Innenraum.

Jungmannovo náměstí
Metro A, B Můstek

Vom **Franziskaner-Garten** (Františkanská zahraha) bietet sich ein herrlicher Blick auf das schlanke Gotteshaus, genau genommen nur der Chor einer gewaltigen Krönungskathedrale, die Karl IV. 1347 zu erbauen plante. Größer als der Veitsdom sollte die **Kirche** gemäß dem Wunsch des Stifters sein, sie blieb jedoch ein Torso; 1397 wurden die Bauarbeiten wegen Geldmangels und der aufkeimenden Hussiten-Bewegung eingestellt. Am 30. Juli 1419 führte der hussitische Prediger Jan Želivský seine Anhänger von hier aus zum Neustädter Rathaus [s. S. 99].

Anfang des 17. Jh. stürzte das gotische *Gewölbe* ein, wurde aber nahezu in der ursprünglichen Raumhöhe von 35 m wiederhergestellt. Die Franziskaner gaben den mächtigen *Hochaltar* in Auftrag, eine frühbarocke Portalkulisse, an der zwei Generationen arbeiteten. 1641 kamen die Heiligenfiguren hinzu, 1724 das *Verkündigungsbild* von Wenzel Lorenz Reiner.

Interessant ist das **Friedhofsportal** an der Nordseite (Durchgang vom Wenzelsplatz), wenngleich nur eine Kopie. Unter dem Gnadenstuhl und der Marienkrönung knien die Stifterfigur Wenzels, des nachmaligen Kaisers Karl IV., als Markgraf von Mähren (Adlerwappen) sowie dessen Vater König Johann von Luxemburg.

65 Nationalstraße
Národní

Großzügiger Boulevard, Fortsetzung des mittelalterlichen Stadtgrabens.

Metro B Národní třída
Straßenbahn 6, 9, 18, 21, 22
Národní třída

Zahlreiche **Geschäfte** mit einem breiten Angebot an Glas- und Schmuckwaren, Souvenirs und Mode ziehen das Augenmerk der Shopping-Fans auf sich, doch lohnt auch ein Blick über die Schaufenster hinaus. So erinnert etwa an der Einmündung der Nationalstraße auf den Jungmannovo náměstí ein **Denkmal** (1878) von Ludvík Šimek an den Dichter und Sprachforscher Josef Jungmann (1773–1847), Autor des ersten tschechisch-deutschen Wörterbuchs (1834–39). Wenige Meter weiter wurde 1922–25 das *Palais der Adria-Versicherung* (Palác Adria, Národní 40) mit einer Bronzeplastik der Adria (1924) von Jan Štursa errichtet.

Bemerkenswerte **Jugendstilhäuser** findet man gegenüber dem Ursulinen-Kloster: *Nr. 9*, ehem. Verlagshaus Topič, und *Nr. 7*, beide um 1910 von Osvald Polívka entworfen. Es folgen die **Tschechische Akademie der Wissenschaften** (Akademie věd České republiky, Národní 3, Tel. 221 40 31 11, www.avcr.cz), um 1860 von Ignaz Ullmann im Stil der venezianischen Renaissance begonnen, und die Böhmische Sparkasse (1896).

66 Nationaltheater
Národní divadlo

Bedeutendste Schöpfung der ›Generation des Nationaltheaters‹, Symbol der nationalen Wiedergeburt.

Narodní 2
Tel. 224 90 14 48
www.narodni-divadlo.cz
Metro B Národni třída
Straßenbahn 6, 9, 18, 21, 22
Národní divadlo

Gulden um Gulden, Kreuzer um Kreuzer wurden gesammelt: Jeder Tscheche sollte seinen Beitrag zur ›Goldenen Kapelle über der Moldau‹, dem Symbol der nationalen Wiedergeburt, leisten. Am 16. Mai 1868 legte man im Beisein Friedrich Sme-

Im Nationaltheater faszinieren nicht nur die Bühnenstücke, sondern auch die Architektur

Treten, Rudern oder Tuckern: Die Slawische Insel ist ein beliebtes Ziel für Bootsausflüge

tanas und des Historikers František Palacký, dem ›Vater der Nation‹ den Grundstein, gebrochen am Berg Říp. Von dessen Gipfel aus soll der legendäre Stammvater Čech zum ersten Mal die neue Heimat, das nach ihm benannte Tschechien, erblickt haben. Josef Zítek entwarf den prunkvollen Neorenaissancebau, dessen zurückversetztes, geschwungenes Dach dem Belvedere nachgebildet ist. Am 15. Juni 1881 fand die Eröffnung mit Smetanas Oper ›Libussa‹ (›Libuše‹) statt. Nur zwei Monate später brannte das Gebäude aus. Josef Schulz, ein Schüler Zíteks, leitete den Wiederaufbau und bereits am 18. November 1883 erklang erneut Smetanas ›Libussa‹.

An der Ausstattung beteiligten sich die führenden tschechischen Künstler der Zeit. Die Plastiken an der **Nordfassade** – Apollo, Musen, ›Epos‹ und ›Lyrik‹, Dreiergespanne der Siegesgöttin – schuf überwiegend Bohuslav Schnirch, die an der Moldauseite Josef Václav Myslbek. In der Loggia malte Josef Tulka die Lünettenbilder, Allegorien der ›Fünf Lieder‹. Das **Foyer** schmücken Wand- und Deckenfresken von František Ženíšek und Mikoláš Aleš sowie Plastiken von Myslbek. Im **Zuschauerraum** malte Ženíšek die Allegorie der Künste, Vojtěch Hynais das Vorhanggemälde ›Gründung des Nationaltheaters‹ (Opona Národního divadla, 1883).

Ein weiteres auffälliges Gebäude ist die **Neue Szene** (Nová scéna, Národní 4), 1977–83 nach einem Entwurf von Karel Prager erbaut. Kubanische Marmorplatten hinter Glas bilden die Fassadenverkleidung. Im Inneren zeigt die

TOP TIPP

Laterna Magika [s. S. 124] ihre fantasievollen Bühnenstücke.

67 Slawische Insel
Slovanský ostrov

Im 19. Jh. ein Zentrum des kulturellen und politischen Lebens in Prag.

Metro B Národní třída oder Karlovo náměstí
Straßenbahn 17, 21 Jiráskovo náměstí oder Straßenbahn 6, 9, 18, 21, 22 Národní divadlo

Im 18. Jh. wurde die durch Anschwemmung entstandene Moldauinsel befestigt und bepflanzt. Im frühen 19. Jh. errichtete man auf dem kleinen Eiland das **Sophienpalais** (Palác Žofín, www.zofin.cz), im Stil der Neorenaissance. Franz Liszt, Hector Berlioz, Richard Wagner und der Geigenvirtuose Jan Kubelík musizierten hier. Im Revolutionsjahr 1848 fand der Slawische Kongress unter Leitung des Historikers František Palacký im Palais statt.

Weithin sichtbar ragt der **Wasserturm** (Novoměstská vodárenská věž, Masarykovo nábřeží 1) aus dem 15. Jh. mit barocker Haube auf, einst Teil der Šitkovský-Mühlen. Das **Mánes-Haus** (Masarykovo nábřeží 250, Tel. 224 93 07 54, www.galerie manes.cz, Di–So 10–18 Uhr) ist Sitz und Galerie der Kunststiftung *Nadace Český fond umění*. Im **Park** erinnert ein Bronzedenkmal an die Dichterin Božena Němcová (1820–1862), die mit dem Roman ›Babička‹ (1855; ›Die Großmutter‹) einen Bestseller des 19. Jh. schrieb.

68 St. Kyrill und Method

Svatého Cyrila a Metoděje

Sitz der Orthodoxen Gemeinde Prags und Mahnmal des tschechischen Widerstands.

Resslova 9
Metro B Karlovo náměstí
Straßenbahn 3, 4, 10, 14, 16, 17, 18, 22, 24 Karlovo náměstí

Bemerkenswert ist die originelle Ecklösung der hochbarocken **Süd- und Westfassade**, die vermutlich Kilian Ignaz Dientzenhofer 1733 der schlichten Saalkirche vorblendete.

Im Juni 1942 war St. Kyrill und Method Schauplatz eines blutigen Dramas: Drei Wochen zuvor war Fallschirmjägern des tschechischen Widerstands das Attentat auf den deutschen Reichsprotektor Reinhard Heydrich gelungen. Die Gruppe versteckte sich in der **Krypta** der Kirche, wurde jedoch verraten. Beim anschließenden Angriff der deutschen Truppen starben alle sieben Widerstandskämpfer im Kugelhagel oder von eigener Hand. Danach löschten die Deutschen das Dorf *Lidice*, 18 km nordwestlich von Prag vollständig aus und ermordeten oder verschleppten all seine Bewohner. Diese schrecklichen Ereignisse sind heute in der **Nationalen Gedenkstätte für die Helden des Heydrich-Terrors** (Národní památník hrdinů heydrichiády, Tel. 224 91 61 00, www.pravoslavnacirkev.cz, April–Sept. Di–So 10–17, Okt.–März Di–So 10–16 Uhr) in der Krypta von St. Kyrill und Method dokumentiert.

69 Karlsplatz

Karlovo náměstí

Kaiser Karl IV. ließ den größten Marktplatz Prags anlegen.

Metro B Karlovo náměstí
Straßenbahn 3, 4, 10, 14, 16, 17, 18, 22, 24 Karlovo náměstí

Mit einer Ausdehnung von 550 x 150 m ist der einstige Viehmarkt im Südwesten der Neustadt Prags größter Platz. Besondere Bedeutung erlangte der Karlsplatz 1354, als hier alljährlich zum **Fronleichnamsfest** die aus Nürnberg nach Karlstein überführten Reichskleinodien ausgestellt wurden. Von den dazugehörenden Reliquien versprach sich das Volk Wunder-

Hinter der Grünanlage auf dem Karlsplatz erhebt sich das Neustädter Rathaus

heilungen und Sündenablass. Ansehen und Ruhm der Kaiserstadt Prag stiegen, Wallfahrten und Jahrmärkte brachten wirtschaftlichen Aufschwung.

Rund um den seit dem 19. Jh. begrünten Platz gibt es zahlreiche interessante Bauwerke zu entdecken.

Neustädter Rathaus

Novoměstská radnice
Karlovo náměstí 23
Tel. 224 94 82 29
www.novomestskaradnice.cz
bei Ausstellungen Di–So 10–17.30 Uhr
Turm: Mai–Sept. Di–So 10–18 Uhr

Im Nordosten des Karlsplatz erhebt sich das ehem. Rathaus der 1377–1784 unabhängigen Neustadt. Sein heutiges Erscheinungsbild mit mächtigem Eckturm (1452–56) und Dreigiebelfassade (1526) im Stil der Renaissance verdankt es umfassenden Restaurierungsarbeiten zu Beginn des 20. Jh. Vor dem Gebäude erinnert ein Bronzedenkmal an den hussitischen Prediger *Jan Želivský*, der am 30. Juli 1419 mit seinen Anhängern die Freilassung der gefangenen Glaubensbrüder einforderte. Als sie nur Spott ernteten, stürmten sie das Rathaus und stürzten sieben katholische Ratsherren aus dem Fenster. Dieser erste *Prager Fenstersturz* löste die 15 Jahre andauernden Hussitenkriege aus. Heute finden im Neustädter Rathaus kulturelle Veranstaltungen und Wechselausstellungen statt.

St. Ignatius

Kostel sv. Ignáce
Karlovo náměstí /Ječná

Giovanni Domenico Orsi entwarf und begann das zweite Prager Jesuiten-Kollegium an der Ostseite des Karlsplatzes, das 1671 durch Carlo Lurago vollendet wurde. Tomaso Soldati fügte Ende des 17. Jh. die Stuckaturen hinzu, Paul Ignaz Bayer den dreiteiligen Portikus und den Ostturm.

Der Innenraum ist ein tonnengewölbter Saal mit Emporen. Figürlich durchsetzte Stuckaturen und Rokokoornamente überwuchern geradezu Wände und Decken. Dem Zeitgeschmack des Spätbarock und Rokoko entsprechen Stuckmarmor und Vergoldung. Älter ist dagegen das Hochaltarblatt (1688) von J. G.. Heintsch, die Apotheose des Ordensgründers Ignatius von Loyola.

Ein Abstecher führt von der Kirche aus in nordöstliche Richtung in die Straße Na rybníčku, wo sich der älteste erhaltene Bau der Neustadt befindet: die **Longinus-**

Markanter Orientierungspunkt: die modernen Türme des Emmaus-Klosters

Rotunde (Rotunda svatého Longina), ein romanisches Pfarr- und Friedhofskirchlein aus dem späten 12. Jh.

Faust-Haus

Faustův dům
Karlovo náměstí 40

Geheimnisumwittert ist das **Faust-Haus** an der Ecke zur Vyšehradská, das barockisierte Renaissancepalais der Freiherren Mladota von Solopysk. Bereits im 14. Jh. soll der Herzog von Troppau im Vorläuferbau Zauberversuche durchgeführt haben. Um 1600 wohnte hier Edward Kelley, der englische Alchemist Rudolfs II., doch erst im 19. Jh. brachte man das Haus mit Dr. Faustus in Verbindung, der hier seine Seele an den Teufel verkauft haben soll.

70 Emmaus-Kloster
Klášter Emauzy

Bedeutender gotischer Freskenzyklus im Kreuzgang.

Vyšehradská 49
Tel. 221 97 92 11
www.emauzy.cz
Mo–Fr 9–16 Uhr
Metro B Karlovo náměstí
Straßenbahn 3, 4, 10, 14, 16, 18, 24
Moráň

Weithin sichtbar ragen die zwei einander durchdringenden Betonflügel der eigen-

Wange an Wange gleiten Ginger und Fred übers Prager Pakett: das Tanzende Haus

willigen **Westfassade** des Emmaus-Klosters auf. Sie sind das Werk des Architekten František M. Černý, der die Restaurierung der Anlagen nach der fast vollständigen Zerstörung im Zweiten Weltkrieg 1967 leitete.

Gegründet wurde das **Kloster Bei den Slawen** (Na Slovanech) 1347 von Karl IV. als Pflegestätte der slawischen Liturgie. Slawische Benediktiner sollten seine politischen Ziele in Süd- und Osteuropa unterstützen. Die Einweihung erfolgte 1372, am Ostermontag, an dem das Evangelium vom Gang der Jünger nach Emmaus verlesen wird. Danach kam die Bezeichnung ›In Emmaus‹ auf. In der Hussitenzeit verfiel das einst für seine *Handschriften* berühmte Kloster; eine neue Blüte begann 1636 mit dem Einzug spanischer Benediktiner. 1880 fanden Mönche aus der Benediktinerabtei Beuron in Oberschwaben hier eine neue Heimat.

Sehenswert ist der **Kreuzgang**, der einen außerordentlich wertvollen gotischen *Freskenzyklus* (um 1360/70) mit Darstellungen der ›Armenbibel‹ (Biblia pauperum) birgt. Zweischichtig angeordnete Wandfelder schildern Begebenheiten aus dem Leben Jesu, denen Szenen aus dem Alten Testament gegenübergestellt werden.

Auf der anderen Straßenseite lohnt die barocke Fassade der Kirche **St. Johannes Nepomuk am Felsen** (1731–38) mit schräg gestelltem Turmpaar und doppelläufiger Freitreppe einen Blick.

71 Tanzendes Haus

Tančicí dům

TOP TIPP

Bewegtes Kleinod der Moderne in Prag.

Rašínovo nábřeží
Metro B Karlovo náměstí
Straßenbahn 17, 21 Jiráskovo náměstí

Eine Tänzerin im gläsernen Faltenkleid schmiegt sich grazil an den Herrn mit Hut: Architektur, die das gewohnte Formempfinden natürlich überrascht! Das 1996 direkt am Ufer der Moldau verwirklichte Bürogebäude der Architekten *Vladimír Milunič* und *Frank O. Gehry* bietet mit seiner Architektur, die in Bewegung begriffen scheint, einen erstaunlichen Anblick. Ein Spitzname war schnell gefunden: *›Ginger und Fred‹*, nach dem berühmten amerikanischen Tanzpaar Ginger Rogers und Fred Astaire.

Als würde sich Dvořák gleich an die Arbeit begeben ... Flügel in der Villa Amerika

Ein feines Sternrippengewölbe überspannt den Innenraum der Kirche beim Karlshof

72 Antonín-Dvořák-Museum
Muzeum Antonína Dvořáka

Gedenken an den großen tschechischen Komponisten Antonín Dvořák im Gartenschlösschen Villa Amerika.

Ke Karlovu 20
Tel. 224 91 80 13
www.nm.cz
April–Sept. Di–So 10–13.30 und 14–17.30, Okt.–März Di–So 9.30–13.30 und 14–17 Uhr
Metro C I. P. Pavlova
Straßenbahn 4, 6, 10, 16, 22 I. P. Pavlova

Das Museum zu Ehren des tschechischen Komponisten Antonín Dvořák (1841–1904), eine Zweigstelle des Nationalmuseums, ist im zauberhaften Gartenschlösschen Villa Amerika (Letohrádek Amerika) untergebracht. Dessen Bezeichnung ›Amerika‹ leitet sich übrigens vom Namen eines einstigen Wirtshauses in der näheren Umgebung ab. Das Gebäude wurde 1717–20 von Kilian Ignaz Dientzenhofer für Johann Wenzel Graf Michna von Waitzenau errichtet, die Plastiken stammen aus der Werkstatt Anton Brauns. Im Inneren finden sich wertvolle Autografen, Fotos, große Teile der Bibliothek sowie das rekonstruierte Arbeitszimmer Dvořáks. Im Festsaal lohnt außerdem ein Blick auf die Fresken von Johann Ferdinand Schor.

73 Kirche beim Karlshof
Kostel Nanebevzetí Panny Marie a Karla Velikého

Hochgotischer Zentralbau, später zu einer barocken Wallfahrtsstätte umgestaltet.

Ke Karlovu, Karlov 1
Metro C Vyšehrad
Straßenbahn 7, 18, 24 Ostrčilovo náměstí oder Straßenbahn 6, 11 Pod Karlovem

1351 gründete Karl IV. Kirche und Kloster der Augustiner Chorherren. Das ›Unserer Lieben Frau‹ sowie Karl dem Großen geweihte Gotteshaus wurde nach dem Vorbild der Aachener Pfalzkapelle, in der Karl IV. zum Römischen König gekrönt worden war, erbaut. Die oktogonale Kirche mit kurzem polygonalem Chor erlitt in den Hussitenkriegen schwere Zerstörung, erst 1575 wurde das **Sternrippengewölbe** ohne die ursprüngliche Mittelstütze wiederhergestellt. Anfang des 18. Jh. begann der Ausbau zu einer volkstümlichen Pilgerstätte im Stil des Barock. Eine Besonderheit ist die **Heilige Treppe**, einer Nachbildung der Scala Santa beim Lateran in Rom. Gläubige dürfen die Stiege, die Jesus im Palast des Pilatus angeblich beschritt, nur kniend überwinden.

Rund um die Prager Innenstadt – Schlösser, Villen und stimmungsvolle Stätten

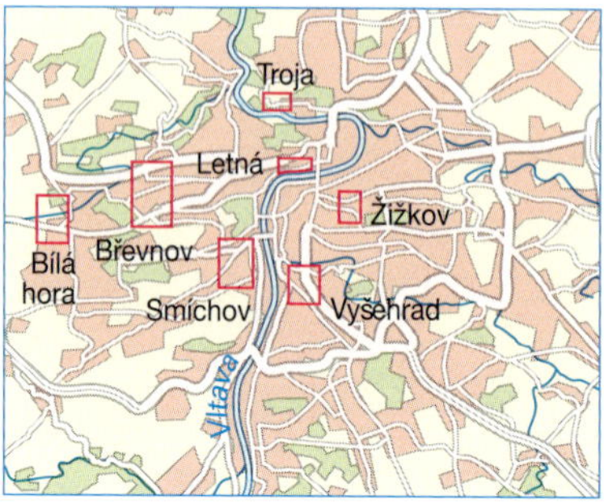

Am Rande des Zentrums und doch von dort aus leicht erreichbar liegen einige lohnende Ausflugsziele. Dazu zählen das stimmungsvolle Stadtviertel auf Prags zweitem Burghügel **Vyšehrad** südlich des Zentrums ebenso wie der **Letná-Hügel** und das **ehem. Messegelände** in seinem Norden, die allesamt zu erholsamen Spaziergängen einladen. Auch der Park von **Schloss Stern** oder das **Kloster Břevnov** mit dem benachbarten kleinen See bieten nach den zahlreichen kunst- und architekturgeschichtlichen Höhepunkten im Prager Innenstadtbereich willkommene ›grüne‹ Abwechslungen. Ebenfalls nicht versäumen sollte man einen Besuch der ›Gralsburg‹ **Karlstein**.

74 Nationale Gedenkstätte Vitkov-Hügel

Národní památník na Vítkově

Grabmal des Unbekannten Soldaten und Präsidentengruft.

U Památníku 1900, Žižkov
http://pamatnik.nm.cz
bis Herbst 2009 wg. Restaurierung geschl.
Metro B Křižikova
Straßenbahn 5, 9, 26 Lipanská

Den kleinen Hügel im Stadtteil **Žižkov** im Nordosten Prags krönt der gewaltige Monumentalbau der Nationalen Gedenkstätte Vitkov-Hügel, einer Dependance des Nationalmuseums. Der granitverkleidete Kubus wurde in den Jahren 1928–32 nach Plänen von Jan Zázvorka errichtet. Im Innern befinden sich das Grabmal des Unbekannten Soldaten und die Präsidentengruft. Die 9 m hoch aufragende *Reiterstatue* des Hussitenführers Jan Žižka von Trocnov – ein Werk Bohumil Kafkas – ist die größte Reiterstatue im Osteuropa und erinnert an Žižkas Sieg über Kaiser Sigismund am 14. Juli 1420. Wer sich für Militärgeschichte interessiert, kann nun noch das **Armeemuseum** (Armádní Muzeum, U Památníku 2, Tel. 973 20 49 24, www.militarymuseum.cz, Di–So 9.30–18 Uhr) mit einer Sammlung zu den tschechischen Streitkräften und dem tschechischen Widerstand im Ersten und Zweiten Weltkrieg besichtigen.

75 Nationales Kulturdenkmal Vyšehrad

Národní kulturní Vyšehrad

Die sagenumwobene ›Geburtsstätte‹ Prags.

V Pevnosti 159/5b (gegenüber der Jedlička-Anstalt), Prag 2
Tel. 241 41 03 48
www.praha-vysehrad.cz
April–Okt. tgl. 9.30–18,
Nov.–März tgl. 9.30–17 Uhr
Metro C Vyšehrad
Straßenbahn 3, 7, 16, 17, 24 Výtoň
Straßenbahn 7, 18, 24 Albertov

Der schroff vom rechten Moldauufer aufragende **Felssporn** genießt im tschechischen Volk höchste Verehrung. Vermutlich stand hier bereits im 8. Jh. eine altslawische Holzburg, die ›Hohe Burg‹ (Vyšehrad). Von dieser Stelle soll **Libussa** die Gründung der Prager Burg prophezeit haben [s. S. 110].

Die erste romanische Steinburg und mehrerer Kirchen ließ Fürst Vratislav II., ab 1085 erster König von Böhmen, errichten. Bereits Ende des 12. Jh., als die Přemysliden-Fürsten vom Hradschin aus regierten, büßte der Vyšehrad seine politische Bedeutung ein. Im 14. Jh. bestimmte Kaiser Karl IV., dass jeder König vor seiner Krönung barfuß zum Vyšehrad pilgern musste, um ›Bastpantoffel und Brotbeutel‹ anzulegen als Zeichen der Herkunft von Přemysl dem Pflüger. Der Krönungsweg nahm daraufhin hier seinen Ausgang. Im 17. Jh. wurde die Anlage, die im Lauf der Geschichte immer wieder unter Feuersbrünsten zu leiden hatte, zur barocken Festung ausgebaut.

Heute ist der Vyšehrad mit seinen historischen Gebäuden, Ausstellungsräumen, seinen skulpturengeschmückten Grünanlagen und einer Freiluftbühne ein beliebtes Ausflugsziel. Sein Wahrzeichen ist die neugotische **St.-Peter- und Paulskirche** (Kostel sv. Petra a Pavla, 1903) mit der *›Vyšehrader Madonna‹*. An das gotische Gnadenbild (14. Jh.) auch ›Regenmadonna‹ genannt, wandte sich das Volk bei Dürre. Besonders sehenswert ist der nördlich der Kirche gelegene **Ehrenfriedhof** (Vyšehradský hřbitov) aus dem 19. Jh., auf dem bedeutende Tschechen, darunter die Komponisten Friedrich Smetana und Antonín Dvořák ruhen. In der Ehrengruft *›Slavin‹* (1889–93) wurden u. a. der Künstler Alfons Mucha und der Wissenschaftler František Křižík bestattet.

Letzte Ruhestätte bedeutender Persöhnlichkeiten: der Ehrenfriedhof auf dem Vyšehrad

Hervorzuheben sind ferner die romanische **St.-Martins-Rotunde** (Rotunda sv. Martina, Ende 11. Jh., östlich von St. Peter und Paul), die älteste erhaltene Rundkir-

Die Nationale Gedenkstätte mit der Reiterstatue Jan Žižkas bekrönt den Vitkov-Hügel

che Prags, sowie zwei Dauerausstellungen: Im **Gotischen Keller** (Gotický skelp, südlich von St. Peter und Paul) werden ›*Historische Gestalten des Vyšehrad*‹ anhand archäologischer Funde, historischer Dokumente und Gebrauchsgegenstände vorgestellt. Im **Ziegeltor** (Cihelná brána, 1741, an der nördlichen Befestigungsmauer) erklären Schautafeln die Entwicklung der Prager Befestigungsanlagen. Außerdem hat man von hier aus Zugang zu den *Kasematten* des Vyšehrad und in den unterirdischen *Saal Gorlice*, in dem mehrere originale Barockplastiken von der Karlsbrücke zu sehen sind.

Mozart in Prag

Vieles in Prag erinnert an Mozart: Das Ständetheater, die Villa Bertramka und das Palais Thun, in dem Mozart mit seiner Gemahlin Konstanze logierte, die Orgel in der Klosterkirche von Strahov und nicht zuletzt die **›Prager Sinfonie‹** sowie Eduard Mörikes Novelle ›Mozart auf der Reise nach Prag‹ (1856).

Insgesamt fünfmal weilte der Komponist für einige Zeit in Prag. Nach der umjubelten Prager Erstaufführung seiner Oper **›Le nozze di Figaro‹** (Figaros Hochzeit) 1786 bekräftigte er immer wieder: »Meine Prager verstehen mich« – im Gegensatz zum damaligen Wiener Publikum!

Im Frühjahr 1787 begann er in Wien mit der Arbeit an **›Don Giovanni‹**, einem Auftragswerk für das Gräflich Nostitz'sche Nationaltheater (Ständetheater). Im Oktober 1787 vollendete er die Partitur in der Villa Bertramka, dem Sommersitz des Musikerehepaares Dušek. Seiner Gastgeberin, der Sängerin Josefina Dušek, widmete Mozart die Konzertarie **›Bella mia fiamma, addio‹** (KV. 528). Gemeinsam mit ihrem Gemahl, dem Komponisten, Pianisten und Pädagogen Franz Xaver Dušek, hatte sie Mozart für Prag entdeckt, eine Einladung des Grafen Thun folgte.

Die Prager hielten ›ihrem‹ Mozart auch über den Tod hinaus die Treue: Wiederum im Gegensatz zu Wien beging man hier wenige Tage nach seinem Hinscheiden am 5. Dezember 1791 in St. Niklas auf der Kleinseite eine würdige Totenfeier.

76 Villa Bertramka

Bertramka muzeum

TOP TIPP

Stimmungsvolle Mozart-Gedenkstätte.

Mozartova 169, Smíchov
Tel. 257 31 74 65
www.bertramka.com
April–Okt. tgl. 9–18,
Nov.–März tgl. 9.30–16 Uhr
Metro B Anděl
Straßenbahn 4, 7, 9, 10 Bertramka

Dreimal weilte Mozart im Sommerhaus des Musikerehepaares Dušek zu Gast (1786, 1787, 1791). *Franz Xaver Dušek* war selbst Komponist und Pianist, seine Gemahlin *Josefina* eine gefeierte Konzertsängerin. Im Herbst 1787 vollendete Mozart in der Bertramka den ›Don Giovanni‹; am 29. Oktober fand die umjubelte Uraufführung im Ständetheater statt. 1791 leitete Mozart dort seine letzte Oper ›La clemenza di Tito‹ (Titus), ein Auftragswerk der böhmischen Stände zur Krönung Leopolds II.

Noch immer verströmt der gemütliche Landsitz angenehme Atmosphäre – ein zauberhafter Rahmen für Konzerte! Wertvollster Besitz sind ein Klavier und ein Cembalo, auf denen Mozart spielte, sowie die bemalte Holzdecke im Ecksalon.

77 Villa Portheim und St. Wenzel in Smíchov

Portheimka a Kostel svatého Václava

Im Schlösschen finden heute Kunstausstellungen statt.

Náměstí 14. října, Smíchov
Tel. 257 09 99 71
bei Ausstellungen Di–So 11–17 Uhr
Metro B Anděl
Straßenbahn 4, 6, 9, 10, 12, 14, 20
Anděl

Angeregt vom Werk Fischers von Erlach, erbaute Kilian Ignaz Dientzenhofer 1725 das reizvolle Barockschlösschen **Villa Portheim** für seine Familie. Wenzel Lorenz Reiner malte im ovalen Hauptsaal das *Bacchus-Fresko*. Spätere Besitzer waren die Grafen Buquoy und der Fabrikant Portheim. Heute sind in den Räumen Kunstausstellungen zu sehen, ein Café hat seine Pforten für Besucher geöffnet. Der Südflügel fiel um 1880 dem Bau der **Wenzels-Kirche** zum Opfer. Antonín Bar-

Fast wie zu Mozarts Zeiten: Kavierzimmer mit Rokoko-Mobiliar in der Villa Bertramka

vitius entwarf die eindrucksvolle Neurenaissance-Kirche nach dem Vorbild von Sangallos Kirche San Biagio in Montepulciano. Ludvík Šimek steuerte den plastischen Schmuck bei. In der Hauptapsis ist ein *Mosaik* von Josef Trenkwald zu sehen. In unmittelbarer Nähe der Kirche steht der **Bärenbrunnen**, geschaffen 1689 von Hieronymus Kohl für das einstige Lustschloss der Grafen Slavata am Moldauufer.

78 Kinský-Villa – Nationalmuseum

Letohrádek Kinských – Národní muzeum

Ethnografisches Museum in attraktivem Villenambiente.

Kinského zahrada 98, Smíchov
Tel. 257 32 78 93
Mai–Sept. Di–So 10–18,
Okt.–April Di–So 9–17 Uhr
www.nm.cz
Metro B Anděl
Straßenbahn 6, 9, 12, 20
Švandovo divadlo

Die elegante **Empirevilla** der Fürsten Kinský, 1827 durch den Wiener Architekten Heinrich Koch erbaut, beherbergt das **Musaion**, die ethnografische Sammlung des tschechischen Nationalmuseums. Böhmische und mährische Volkskultur, das Leben der Landbevölkerung mit der Natur, ihre Feste und Feiern werden lebendig dargestellt. Ein Hochzeitsumzug wurde originalgetreu nachgebildet und lebensgroße Puppen in den landesüblichen Trachten sind zu sehen.

79 Letná-Plateau

Letenské sady

Metronom, Massenveranstaltungen und Moldau-Blick.

Holešovice
Metro A Malostranská
Straßenbahn 1, 8, 12, 17 Čechův most

Schon von Ferne erblickt man das überdimensionale **Metronom** (1991) auf dem aussichtsreichen Letná-Plateau, das den Pragern den Takt vorzugeben scheint. David Černý errichtete die modere Skulptur auf jenem Sockel, von dem 1955–62 eine pompöse Stalin-Statue über die Stadt wachte. Rundum tummeln sich Skateboarder, Radfahrer und Spaziergänger im Grünen, finden Massenevents wie Zirkus- und Sportveranstaltungen, 1.-Mai-Feiern oder Papstmessen statt.

Ein architektonisches Schmuckstück ist der **Hanauische Pavillon**. Er wurde nach einem Modell von Zdeněk Emanuel Fiala in den Eisenwerken des Fürsten Wilhelm von Hanau zur Jubiläums-Lan-

Jugendstil-Juwel in einzigartiger Lage: der Hanausche Pavillon auf dem Letná-Plateau

desausstellung 1891 gegossen. Nach Beendigung der Ausstellung ließ die Stadt Prag den Jugendstilbau an die heutige Stelle übertragen und als **Restaurant** (Tel. 233 32 36 41, www.hanavskypavilon.cz) einrichten.

Ebenfalls sehenswert ist der funktionalistische **Pavillon ›Praha-Expo 58‹**, der Mitte des 20. Jh. nach Entwürfen der renommierten Architekten Josef Hrubý, František Cubr und Zdeněk Pokorný entstanden ist und bei der Brüsseler Weltausstellung 1958 mit einer Goldmedaille ausgezeichnet wurde.

›Die Mädchen‹ von Gustav Klimt sind in der Nationalgalerie im Messepalast zu sehen

80 Nationalgalerie im Messepalast

Národní galerie u Veletržní palác

TOP TIPP

Kunst des 19. und 20. Jh. in einem architektonischen Pionierwerk der tschechischen Moderne.

Dukelských hrdinů 47, Holešovice
Tel. 224 30 10 24
www.ngprague.cz
Di–So 10–18 Uhr
Metro C Vltavská
Straßenbahn 12, 14, 17 Veletržní

In einem Teil des 1924–28 aus Beton, Glas und Eisen entstandenen, damals größten *Messegebäudes* der Welt sind Bilder und Plastiken der europäischen Moderne, französische Kunst des 19. und 20. Jh. sowie tschechische Kunst des 19. Jh. bis zur Gegenwart zu sehen. Darunter befinden sich international bekannte Werke von Paul Gauguin, Pablo Picasso, Paul Cézanne, Marc Chagall, Gustav Klimt, Oskar Kokoschka, Edvard Munch, Joan Miró und Henry Moore – um nur einige der Höhepunkte zu nennen.

Doch nicht nur der Inhalt des Museums, sondern auch das **Gebäude** selbst, ein Paradebeispiel für den Konstruktivismus, ist unbedingt sehenswert. In vierjähriger Bauzeit errichteten die Architekten *Oldřich Tyl* und *Josef Fuchs* das monumentale Bauwerk nach den Prinzipien des Funktionalismus in klaren kubischen Formen. Um eine zentrale, bis zur Glasdecke über dem 6. Stockwerk hin offene *Halle* sind jeweils frei umlaufende Gänge angelegt, von welchen man die *Schauräume* betritt. Die Transparenz des fast völlig von tragenden Wänden befreiten Baues beeindruckte selbst so namhafte Architekten wie Le Corbusier. Dem heutigen Besucher bietet sich auf einer **Ausstellungsfläche** von rund 20 000 m² ein Kunstgenuss, der seinesgleichen sucht.

Heute vereint der Messepalast Kunst und konstruktivistische Architektur aufs Feinste

Im Norden des Messepalastes erstreckt sich der **Kultur- und Erholungspark Výstaviště** (Tel. 220 10 31 11, www.incheba.cz). Die Anlage mit vielerlei Hallen und Pavillons plante Antonín Wiehl anlässlich der Jubiläumsausstellung 1891; später diente sie als Messegelände.

Den Pavillon 422 im Südosten des Geländes nimmt das **Lapidárium** (Tel. 233 37 56 36, www.nm.cz, Di–Fr 12–18, Sa/So 10–18 Uhr) des Nationalmuseums ein. Die interessante Sammlung bewahrt neben Steindenkmälern des 11.–19. Jh. aus Böhmen auch einige Originalskulpturen der Karlsbrücke auf.

Ein beliebter Treffpunkt für Jung und Alt auf dem ehem. Messegelände sind die mehrstrahligen Wasserspiele der **Křížikova Fontana** (www.krizikovafontana.cz). Vor allem abends bietet die ›singende Fontäne‹ einen stimmungsvollen Rahmen für Konzerte.

Technikfreunde kommen im **Nationalen Technischen Museum** (Národní technické muzeum, Kostelní 42, Tel. 220 39 91 11, www.ntm.cz, wegen Restaurierung bis 2010 geschl.) auf ihre Kosten, das unweit des Messepalastes Interessantes aus Technik, Kommunikation, Ingenieurwesen, Fotografie, Film, Chemie, Biotechnologie u. v. m. vorstellt.

81 Schloss Troja
Trojský zámek

Hauptwerk des böhmischen Barock und Galerie der Hauptstadt Prag.

U Trojského zámku 1, Troja
Tel. 283 85 16 26
www.ghmp.cz
April–Okt. Di–So 10–17,
Nov.–März Sa/So 10–17 Uhr
Metro C Holešovice nádraži, dann Bus 112 Zoologická zahrada

Wenzel Adalbert Graf Sternberg – aus reichstem böhmisch-mährischem Adel – ließ auf seinem Weingut am Nordrand des Prager Kessels eine ›Villa suburbana‹ erbauen, eine Vorstadtvilla zum vorübergehenden Aufenthalt, wie er sie in Italien kennengelernt hatte. Die Pläne erstellte *Jean Baptiste Mathey*.

Schloss Troja erhebt sich auf einer künstlichen Terrasse, in der Achse zum Hradschin, das Herrscherhaus im Blickfeld: eine Huldigung an den Kaiser und König, dessen Besuch man erwartete. Vom *französischen Garten* – dem ersten seiner Art in Böhmen – führt die prachtvolle **Freitreppe** unmittelbar in den Großen Saal. Entwurf und Skulpturen der Treppenanlage (1685–1703) stammen vom Dresdner Bildhauer Johann Georg Heermann unter Mitwirkung seines Neffen Paul. Dramatisch bewegte *Figuren* schildern den Kampf der Olympischen

Muntere Wasserspiele beleben die schöne Parkanlage von Schloss Troja im Norden Prags

Götter gegen die Riesen, die Söhne der Erdmutter Gaia. Auf die Entstehungszeit übertragen ist das Thema als Triumph der Christen über die Türken zu verstehen. Die *Büsten* der vier Erdteile sowie der Elemente und Tageszeiten auf der äußeren Balustrade ergänzten die Brüder Brokoff, die reich verzierten *Terrakottavasen* der Italiener Bombelli.

Die *Fresken* (1693) im **Großen Saal** schuf der flämische Maler Abraham Godyn unter Mitwirkung seines Bruders Isaak. Sie verherrlichen das Haus Österreich und dessen Sieg über die Türken.

Wandgewimmel: Die Fresken im Großen Saal verherrlichen das österreichische Herrscherhaus

Im Zentrum des *Deckengemäldes* erstrahlt das Auge Gottes; die allegorische Gestalt des Glaubens hält Kelch und päpstliche Insignien. Am linken Bildrand knien die Apostelfürsten Petrus und Paulus, rechts Graf Sternberg (im Hermelinmantel) mit seiner Gemahlin. Markgraf Leopold III. von Babenberg (der Heilige) trägt das Modell der Stiftskirche Klosterneuburg und die Fahne Niederösterreichs, darunter ist König Jan III. Sobieski von Polen zu sehen, rechts der Vertreter Ungarns und der Markuslöwe als Anspielung auf die Heilige Liga des Reiches mit Polen und Venedig. Über den Kaminen thronen die Allegorien der Gerechtigkeit (Justitia) und des Sieges (Victoria).

In den prächtigen Schlossräumen ist eine Dependance der **Galerie der Stadt Prag** (Galerie hlavního města prahy) untergebracht. Sie zeigt die Ausstellung *Ewiger Sommer in einer römischen Villa* (Věčné léto v římské vile) mit Werken namhafter tschechischer Künstler des 19. Jh. wie z. B. František Tkadlík, František Ženíšek, Josef Navrátil, Adolf Kosárek und Julius Mařák. Tierfreunde werden sich an einer Sammlung barocker Tiermalerei erfreuen. Zusätzlich öffnet die Galerie in den Sommermonaten die Pforten zum Weinmuseum mit angeschlossener Vinothek im Keller des Schlosses.

82 Zoologischer Garten
Zoologická zahrada

Artenvielfalt am Ufer der Moldau.

U Trojského zámku 3
Tel. 296 11 21 11
www.zoopraha.cz
März tgl. 9–17, April/Mai, Sept./Okt. tgl. 9–18, Juni–Aug. tgl. 9–19, Nov.–Febr. tgl. 9–16 Uhr
Metro C Holešovice nádraží, dann Bus 112 Zoologická zahrada

Im von Bächen durchzogenen Talbecken von Troja sowie auf der darüber liegenden Anhöhe erstreckt sich der 1931 eröffnete **Zoologische Garten**. Auf seinem 57 ha großen Gelände leben ca. 5000 Tiere aus der ganzen Welt, darunter seltene Urwaldhunde, pussierliche Erdmännchen und erhabene Greifvögel. Zu den Highlights zählen der **Raubkatzen-Pavillon** und das **Indonesische Dschungelhaus** mit Orang-Utans und Komodovaranen. Eine Besonderheit ist die erfolgreiche Zucht von Przewalski-Pferden.

83 Kloster Břevnov
Břevnovský klášter

Ältestes Männerkloster Böhmens, bedeutende Barockkirche von Christoph Dientzenhofer.

Markétská 28, Prag 6 (Břevnov)
Tel. 220 40 62 70
www.brevnov.cz
Führung: sommers Sa/So 10, 14 und 16, winters Sa/So 10 und 14 Uhr
Straßenbahn 22, 36 Břevnovský klášter

Adalbert (Vojtěch), der zweite Bischof von Prag und einer der böhmischen Landespatrone, gründete 993 das Benediktinerkloster Breunau, Ausgangspunkt für zahlreiche Tochtergründungen in Böhmen und Ungarn. Die ersten Mönche brachten aus Italien Reliquien der Heiligen Alexius und Bonifatius; seit dem 13. Jh. wird Margaretha von Antiochien als Titelheilige verehrt. Ein spätbarocker

Wunderschöne Fresken zieren die Klostertrakte der Benediktinerabtei Břevnov

Säulenportikus von Kilian Ignaz Dientzenhofer (1710), bekrönt von einer Statue des hl. Benedikt von Josef Hiernle aus Landshut, führt in den Klosterbezirk.

Von der frühromanischen Klosterkirche blieb die **Krypta** erhalten. Christoph Dientzenhofer plante den barocken Neubau (1709–16). Geschwungene Giebel bestimmen die West- und Südfassade. Der einschiffige **Innenraum** entwickelt sich aus dem Grundriss vier verschlungener Ovale, deren Gewölbelast auf schräg gestellten Pfeilern ruht. Die *Gewölbefresken* malte Johann Jakob Stevens von Steinfels. Dargestellt sind die Erhebung des hl. Adalbert, die Kirchenpatrone Alexius, Bonifatius und Margaretha, böhmische Benediktiner und Landespatrone, Fürsten, Könige, Päpste. Künstlerisch bemerkenswert sind auch die *Plastiken* von Matthäus Wenzel Jäckel und die *Altarblätter* von Peter Brandl, u. a. ›Tod des hl. Benedikt‹ und ›Tod des seligen Günther‹, der als Einsiedler bei Břevnov lebte und an der Südseite der Kirche beigesetzt ist. Kilian Ignaz Dientzenhofer vollendete den Chor und baute die Klostertrakte. Im **Prälatensaal** (Theresianischer Saal) malte Cosmas Damian Asam 1727 das *Deckenfresko* ›Tod des seligen Günther‹.

Sagenumwobene Libussa

Ob im Vestibül des Altstädter Rathauses als Mosaikbild, im Nationaltheater bei einer Aufführung von Smetanas Oper ›Libuše‹ oder auf dem Vyšehrad [Nr. 75], immer wieder begegnet der Besucher Prags den Spuren der sagenumwobenen Ahnherrin des **Přemysliden-Geschlechts**, das mehr als 400 Jahre lang – vom späten 9. Jh. bis 1306 – über Böhmen und Mähren gebot. Auch der Luxemburger Kaiser Karl IV. entspross mütterlicherseits diesem Herzogs- und Königshaus.

Vom Vyšehrad-Felsen soll Libussa, die jüngste der drei Töchter des weisen Fürsten Krok, die Gründung der Prager Burg prophezeit haben: »dort, wo neben dem Strahover Wald ein Mann die Schwelle seines Hauses zimmert«. Vom tschechischen Wort ›Prah‹ – Schwelle oder Stromschnelle – leitet sich angeblich der Stadtname Praha (Prag) ab, dessen Ruhm, so Libussas **Weissagung**, »die Sterne berühren wird«. Nach dem Willen des Volkes erwählte sie den Bauern **Přemysl** (›den Pflüger‹) zum Gatten und Stammesherzog. – In der Libussa-Saga verbirgt sich der Übergang vom altslawischen Matriarchat zur Vorherrschaft der Männerwelt.

Friedrich Smetana verherrlichte den Vyšehrad in seinem sinfonischen Zyklus ›Mein Vaterland‹ (›Má vlast‹), die Stammmutter der Přemysliden in der Oper ›Libuše‹. Auch deutsche Musiker und Dichter griffen dieses Thema auf – als bekanntestes Werk ist Franz Grillparzers Drama ›Libussa‹ (1872) zu nennen.

Das sternförmige Renaissanceschloss im Grünen besitzt im Inneren zauberhafte Stuckaturen aus dem 16. Jh.

84 Schloss Stern
Letohrádek Hvězda

Sternförmiges Renaissanceschloss mit grandiosen Deckenstuckaturen.

Liboc 25 c, Liboc
Tel. 235 35 79 38
Mai–Sept. Di–So 10–18,
April, Okt. Di–So 10–17 Uhr
Straßenbahn 22 Malý Břevnov

Kaiser Ferdinand I. ließ 1530 hier am Weißen Berg einen **Wildpark** anlegen und durch eine Mauer schützen. Sein Sohn, Erzherzog Ferdinand von Tirol, erbaute 1555–58 inmitten dieses Parks das originelle zweistöckige Hochrenaissance-Schloss auf dem *Grundriss* eines sechszackigen Sterns. Hans von Tirol und Bonifaz Wolmut erstellten die Pläne; als Baumeister und Stuckateure wurden Giovanni Campione und Avostalis del Pambio gerufen. Sie schmückten 1556–60 den Saal im Erdgeschoss mit außerordentlich eleganten **Stuckaturen**, die zu den frühesten und besten ihrer Art in Mitteleuropa zählen. Aufgefächert in 334 Felder zeigen sie mythologische und altrömische Themen: Äneas und Anchises als Ahnherrn des Kaiserhauses, Venus als Urmutter der Römer, Gestalten aus der republikanischen Geschichte, Diana, Fortuna und andere Götter, Helden, Fabelwesen, Planeten, Kleopatra und Genreszenen, die an Fresken aus Pompeji erinnern.

Das Schloss beherbergt eine Ausstellung zur Geschichte des Gebäudes, in der auch ein Modell der Schlacht auf dem Weißen Berg (1620) zu sehen ist.

85 Wallfahrtskirche am Weißen Berge

Poutní kostel na bíle hore

Typisch böhmisches Marienheiligtum mit vierteiligem Prozessions-Umgang.

Bílá hora
Tel. 235 30 14 11
Do 15–16, So 10–12.30 Uhr
Straßenbahn 22 Bílá hora

Zwei Jahre nach der Schicksalsschlacht am Weißen Berg vom 8. November 1620 wurde hier eine Kapelle errichtet, 1628 ein Servitenkloster gegründet. Den ›**Heiligen Bezirk**‹ erbauten Italiener nach Vorbildern in ihrer Heimat. Die 1714 vollendete Kreuzkuppelkirche enthält Fresken von Wenzel Lorenz Reiner, Cosmas Damian Asam (Mariä Himmelfahrt in der Kuppel) und dessen Schüler Johann Adam Schöpf. Ziel der Pilger ist der Hochaltar mit einem wundertätigen Gnadenbild (Kopie). Es zeigt die Anbetung des Jesukindes, wird aber auch ›Maria vom Siege‹ (Maria de Victoria) genannt, denn der hoch betagte Karmeliterpater Dominicus a Jesus Maria trug es den Truppen in der Schlacht voran und soll so mit Hilfe der Muttergottes den Sieg herbeigeführt haben [s. auch Nr. 22]. Die Wandmalereien im Ambit von Johann Anton Schöpf zeigen 39 marianische Wallfahrtsstätten.

86 Schloss Zbraslav – Nationalgalerie

Zámek Zbraslav – Národní galerie

Die ehemalige Zisterzienserabtei beherbergt heute asiatische Kunst.

Bartoňova 2, Prag 5
Tel. 257 92 16 38
www.ngprague.cz
Di–So 10–18 Uhr (ab Juni 2009 geschl.)
Metro B oder Straßenbahn 12, 13, 14, 20 Smichovské nádraži, dann
Bus 129, 241, 243, 255, 360
Zbraslavske náměstí

Sagen erzählen vom Ritter Zbraslav, dem Gatten der Kascha, einer zauberkundigen Nichte der sagenhaften Ahnherrin Libussa, der an der Mündung der Berounka in die Moldau eine Burg besaß. Belegt ist an dieser Stelle allerdings erst ein Jagdschloss König Ottokars II. Sein Nachfolger Wenzel II. verwandelte es 1292 in die Zisterzienserabtei Aula Regia (Königssaal). In der Stiftskirche, heute **Pfarrkirche St. Jakob** (kostel sv. Jakuba), wurden die letzten Přemysliden beigesetzt. Mitte des 17. Jh. erfolgte der Umbau im Frühbarockstil. Die *Altarblätter* malten Giovanni Battista Piazetta (Mariä Himmelfahrt am Hochaltar), Karel Škréta und Peter Brandl. Die **Klostergebäude** brannten in den Hussitenkriegen ab und wurden durch

Scheinbar abgeschlossen von der Welt thront auf hohem Felsen die Burg Karlstein ▷

einen eleganten barocken Neubau (1724) ersetzt. Nach der Aufhebung der Abtei unter Joseph II. wurde sie zum Schloss der Fürsten Öttingen-Wallerstein umgebaut, zu Beginn des 20. Jh. ging das Anwesen in den Besitz des Industriellen Cyril Baron von Dobenín über.

Bis Sommer 2009 zeigt die Nationalgalerie in den Räumlichkeiten ihre **Sammlung Asiatischer Kunst** (Asijské umění) mit chinesischer und koreanischer Keramik, japanischen Lackarbeiten oder indischen und tibetanischen Sakralbilder. Darüber hinaus ist eine kleine Sammlung Islamischer Kunst aus Persien, der Türkei und Zentralasien zu sehen. Ein japanisches *Teehaus* (Tel. 257 92 24 68, Mi–So 10–17 Uhr) bietet Erfrischungen an.

87 Burg Karlstein
Hrad Karlštejn

Einzigartige ›Sakralburg‹ mit edelsteinvertäfelten Wänden.

Karlštejn (38 km südwestl. von Prag)
Tel. 311 68 16 17
www.hradkarlstejn.cz
Juli/Aug. Di–So 9–18, Mai/Juni, Sept. Di–So 9–17, Jan., April, Okt. Di–So 9–16, März Di–So 9–16 Uhr, Nov./Dez./Jan. Termine auf Anfrage
Besichtigung nur im Rahmen von Führungen. Tour I (Kaiserl. Palast, Teile des Marienturms), 50 Min., ohne Reservierung. Tour II (u. a. Marienkirche, Katharina- und Heilig-Kreuz-Kapelle), 90 Min., nur Juni–Okt. Reservierung unter Tel. 274 00 81 54 oder
E-Mail: rezervace@stc.npu.cz
Aufstieg zur Burg: 20 Min.

In einem Seitental der Berounka (Beraun) thront auf 320 m hohem Kalksteinfels eine der schönsten Burgen Mitteleuropas. Nach dem Willen Karls IV. sollten an diesem abgeschiedenen Ort, gehütet von Priestern und Mönchen, die Reichskleinodien aufbewahrt werden. In Verbindung mit kostbaren Christusreliquien galten sie als Zeichen der göttlichen Berufung des Herrschers. 1348 legte Ernst von Pardubitz, der erste Prager Erzbischof, den Grundstein zur Burg, Dombaumeister Matthias von Arras vollendete den Bau bereits 1355.

Burg Karlstein gliedert sich in drei selbstständige Komplexe: der kaiserliche *Palast* mit dem tiefer liegenden Burggrafenhaus, der mittlere *Kirch-* oder *Marienturm* für die Geistlichkeit und der fünfstöckige *Große Turm* mit der Heilig-Kreuz-Kapelle in etwa halber Höhe.

Im **Kaiserpalast** überdauerten nur Reste der gotischen Ausstattung: im Mannensaal ein *Triptychon* (Schmerzensmann) und eine *Statue* des hl. Nikolaus (1380), im

Böhmische Halbedelsteine von beachtlicher Größe schmücken die Katharina-Kapelle

Raum des Dechants *Messgewänder*, im einstigen Schlafgemach des Kaisers eine schöne *Holzstatue* der hl. Katharina (um 1400) und ein *Diptychon* von Tomaso da Modena.

In der **Marienkirche** wurden Teile der wertvollen *Wandmalereien* freigelegt, Darstellungen aus der Johannes-Apokalypse und die ›Reliquienszenen‹: Karl IV. erhält vom französischen Dauphin und vom ungarischen König Ludwig I. Teile der Leidenswerkzeuge Christi, die er in das Reliquienkreuz einfügt. Das **Kaiserliche Oratorium**, die kleine Katharina-Kapelle, durfte nur der Kaiser betreten. Tagelang verharrte er in Gebet und Meditation. Böhmische Halbedelsteine funkeln an den Wänden, den *Schlussstein* des Gewölbes bildet eine gallo-romanische Gemme aus dem 3. Jh. *Wandmalereien* zeigen die Kreuzigung, die Belehnung Karls IV. und seiner dritten Gemahlin Anna von Schweidnitz mit der Weltherrschaft durch den Jesusknaben und die Muttergottes sowie im Türsturz ›Karl und Anna heben das Kreuz empor‹.

Unvergleichlicher Höhepunkt von Karlstein ist die **Heilig-Kreuz-Kapelle** im Großen Turm: 2451 Edelsteine, Goldstuck und Sterne aus venezianischem Glasfluss vermittelten im Kerzenschimmer den Eindruck des ›Himmlischen Jerusalem‹ aus der Offenbarung des Johannes (Apokalypse). Ursprünglich waren auch Sitzbänke, Bilderrahmen und Fußboden mit Goldstuck verkleidet.

Die 129 **Tafelbilder** von Meister Theoderich unter den Bögen zeigen ausdrucksstark Propheten, Apostel, Märtyrer, Kirchenväter, heiligen Jungfrauen, Päpste, Bischöfe, Äbte, Mönche, Ritter und Herrscher. Bedeutendstes Gemälde ist die **Kreuzigung** mit Maria und Johannes. Hinter diesen Bildern wurden die Reichskleinodien und wichtige Dokumente in Kästchen gefasst verwahrt.

Nur der Kaiser, der Erzbischof und wenige privilegierte Personen durften den Altarbereich betreten. Adel und höhere Geistlichkeit verharrten während der Messe vor dem Gitter. Insgesamt regelten strenge Gebote Leben und Tagesablauf am Karlstein. Die Heiligkeit der Burg untersagte sogar Festmahle oder Feiern und in der Hauptburg durften Frauen nicht übernachten.

Prag aktuell A bis Z

Vor Reiseantritt

ADAC Info-Service:
Tel. 018 05/10 11 12,
Fax 018 05/30 29 28
(0,14 €/Min.)

Umfassendes **Informations- und Kartenmaterial** können ADAC Mitglieder kostenlos bei den ADAC Geschäftsstellen oder unter Tel. 018 05/10 11 12 (0,14 €/Min.) anfordern.

ADAC im Internet:
www.adac.de
www.adac.de/reisefuehrer

Prag im Internet:
www.prague-info.cz
www.prag-cityguide.de
www.tschechien-online.org

Tschechisches Fremdenverkehrsamt (Czechtourism) im Internet:
www.czechtourism.com

Deutschland

Friedrichstr. 206, 10969 Berlin,
Tel./Fax 030/204 47 70,
info1-de@czechtourism.com

Österreich

Herrengasse 17, 1010 Wien,
Tel. 01/53 32 19 33, Fax 01/53 32 19 34,
info-at@czechtourism.com

Zimmervermittlung

Prague Information Service (Pražská Informaćní Služba) PIS, Arbesovo náměstí 4, Prag 5, Tel. 221 71 41 30, Fax 221 71 41 27, www.pis.cz

Allgemeine Informationen

Reisedokumente

Zur Einreise und einem Aufenthalt bis zu 90 Tagen genügen für Deutsche und Österreicher der gültige Reisepass oder Personalausweis. Schweizer benötigen einen noch mindestens drei Monate gültigen Reisepass. Kinder unter 16 Jahren brauchen einen Kinderausweis mit Lichtbild. Es gibt stichprobenartige Personenkontrollen an der deutsch-tschechischen Grenze. Wer länger als 30 Tage bleiben möchte, ist verpflichtet, sich bei der örtlich zuständigen Fremdenpolizei zu melden.

Kfz-Papiere

Führerschein und Zulassungsbescheinigung Teil I (ehem. Fahrzeugschein). Die Mitnahme der Internationalen Grünen Versicherungskarte wird empfohlen.

Krankenversicherung und Impfungen

Die **Europäische Krankenversicherungskarte** ist in die übliche Versicherungskarte integriert. Sie wird in ganz EU-Europa anerkannt und garantiert die medizinische Versorgung. Zusätzlich empfiehlt sich der Abschluss einer *Reisekranken-* und *Rückholversicherung*.

Hund und Katze

Im gültigen EU-Heimtierausweis, erhältlich beim Tierarzt, müssen die Kennzeichnung des Tieres (durch Mikrochip oder Tätowierung) und eine gültige Tollwutimpfung (Erstimpfung mindestens 21 Tage vor Grenzübertritt) eingetragen sein. Bis zum Jahr 2011 gelten Übergangsregelungen.

Zollbestimmungen

Waren für den persönlichen Bedarf sind zollfrei. Für **Deutsche** gelten folgende *Richtmengen*: 800 Zigaretten, 400 Zigarillos, 200 Zigarren, 1 kg Tabak, 10 l Spirituosen, 20 l Zwischenerzeugnisse (z. B. Likörwein, Wermutwein), 90 l Wein (davon max. 60 l Schaumwein) und 110 l Bier. Für **Nicht-EU-Mitglieder** gelten geringere Mengen. **Österreich** hat Sonderregelungen in Bezug auf importierte Tabakwaren.

Waren des persönlichen Bedarfs und Geschenke dürfen in der Regel problemlos ausgeführt werden. Eine Exportgenehmigung für Antiquitäten, Münzen, Gemälde und Kunst ist unter Umständen notwendig.

Zoll-Information:
Deutschland: www.zoll.de
Österreich: www.bmf.gv.at/Zoll
Schweiz: www.ezv.admin.ch

Geld

Währungseinheit ist die tschechische *Krone* (Koruna, Kč/CZK) zu 100 Heller (Haléř, hal.). Derzeit sind folgende Münzen im Umlauf: 1, 2, 5, 10, 20 und 50 Kč sowie 50 hal. Banknoten gibt es im Wert von 20, 50, 100, 200, 500, 1000, 2000 und 5000 Kč.

EC-/Maestro-Geldautomaten finden sich in der gesamten Stadt, vor allem im Zentrum.

Die meisten Geschäfte, Restaurants und Hotels sowie Autovermietungen akzeptieren die gängigen **Kreditkarten**.

Tourismusämter

Informationsdienst der Prager Burg, im Dritten Burghof, Hradschin, Tel. 224 37 33 68, www.hrad.cz. Eintrittskarten für Alten Königspalast, St. Georgs-Basilika und -Konvent, Goldenes Gässchen, Gemäldegalerie und Pulverturm.

Prager Informationsservice PIS, im Altstädter Rathaus, Staroměstské náměstí 1, Altstadt, Tel. 221 71 44 44 oder Tel. 124 44, www.pis.cz. Weitere Filialen befinden sich am Hauptbahnhof, im Kleinseitener Brückenturm (April–Sept.) und in der Rytírská 31, Altstadt. Auskünfte zu Hotelzimmern, Geschäften, Restaurants, Öffnungszeiten der Sehenswürdigkeiten, Veranstaltungen etc.

Czechtourism, Tschechische Zentrale für Tourismus, Vinohradská 46, Prag 2, Tel. 221 58 01 11, www.czechtourism.com. Informationen über Prag und die Tschechische Republik.

Notrufnummern

Notruf: Tel. 112 (EU-weit, auch mobil: Polizei, Unfallrettung, Feuerwehr)

Pannenhilfe des UAMK (Partnerklub des ADAC): Tel. 1230 (rund um die Uhr, Hilfe kostenpflichtig), www.uamk.cz

ADAC-Notrufstation Prag:
Tel. 261 10 43 51 (tgl. 9–19 Uhr)

ADAC-Notrufzentrale München:
Tel. 00 49/89/22 22 22 (rund um die Uhr)

ADAC-Ambulanzdienst München:
Tel. 00 49/89/76 76 76 (rund um die Uhr)

Österreichischer Automobil Motorrad und Touring Club
ÖAMTC Schutzbrief-Nothilfe:
Tel. 00 43/(0)1/251 20 00, www.oeamtc.at

Touring Club Schweiz
TCS Zentrale Hilfsstelle:
Tel. 00 41/(0)2 24 17 22 20, www.tcs.ch

Ärztliche Versorgung

Ärztlicher Notdienst, Palackého 5, Neustadt, Tel. 224 94 91 81

Zahnärztlicher Notdienst, Palackého 5, Neustadt, Tel. 224 94 69 81

Apotheken mit Notfalldienst, Palackého 5, Neustadt, Tel. 224 94 69 82

Fundbüro

Zentralfundamt, Karolíny Světlé 5, Altstadt, Tel. 224 23 50 85

Diplomatische Vertretungen

Deutsche Botschaft, Vlašská 19, Kleinseite, Tel. 257 11 31 11, www.deutsche-botschaft.cz

Botschaft der Republik Österreich, Viktora Huga 10, Prag 5, Smíchov, Tel. 257 09 05 11, www.austria.cz

Schweizer Botschaft, Pevnostní 7, Eingang Delostrelecka uliza, Prag 6, Tel. 220 40 06 11, www.eda.admin.ch/prag

Besondere Verkehrsbestimmungen

Tempolimits (in km/h): Für Fahrzeuge bis 3,5 t innerorts 50, außerhalb geschlossener Ortschaften 90, auf Autobahnen 130. Für Fahrzeuge über 3,5 t und Gespanne außerorts und auf der Autobahn 80. Ab 50 m vor Bahnübergängen für alle Fahrzeuge 30.

Tagsüber sind während der Fahrt die Scheinwerfer einzuschalten. Eine Ersatzglühbirne muss mitgeführt werden.

Personen unter 150 cm Größe und unter 12 Jahren brauchen einen **Sicherheitssitz**.

Beim **Parken** muss ein 3 m breiter Fahrstreifen für jede Fahrtrichtung frei bleiben. Zwischen parkendem Kfz und Straßenbahn muss zwischen 5 und 19 Uhr ein Abstand von 3,5 m eingehalten werden.

Ein **Park- und Haltverbot** besteht auf Brücken sowie bis zu 15 m vor und nach Bahnübergängen, Tunnels und Unterführungen. Gelbe durchgehende oder unterbrochene Linien am Fahrbahnrand bedeuten Parkverbot.

Die Altstadt von Prag ist als **Parklizenzbereich** ausgewiesen. Innerhalb dieses Bereichs dürfen Sie Ihr Fahrzeug nur auf den mit einem blauen ›P‹-Schild gekennzeichneten Parkplätzen abstellen. Andere Parkmöglichkeiten, z. B. entlang von Gehsteigen, sind nur für Anwohner mit entsprechender Parklizenz gestattet.

Abbiegende **Straßenbahnen** haben generell Vorfahrt.

Unfälle sind immer sofort der Polizei zu melden, am Unfallort darf nichts verändert werden.

In der Tschechischen Republik gilt absolutes **Alkoholverbot** am Steuer.

Einige der Autobahnen und vierspurigen Schnellstraßen sind gebührenpflichtig. Die **Gebührenvignette** ist an den Grenzübergängen sowie im Land bei Postämtern, den Zweigstellen des tschechischen Automobilclubs UAMK und einigen Tankstellen erhältlich. ADAC Mitglieder können sie vorab unter Tel. 018 05/10 11 12 (0,14 €/Min.) anfordern.

Anreise

Auto

Von Nord- und Ostdeutschland aus fährt man über die A17/D8 Dresden–Prag. Von Süd- und Westdeutschland aus wählt man die Autobahn A6/D5 Nürnberg–Pilsen–Prag. In Prag wird das **Parken** auf bewachten Parkplätzen empfohlen.

Bahn

Die Bahn bietet regelmäßige Verbindungen in die tschechische Hauptstadt, darunter auch Nachtzüge.

Fahrplanauskunft:

Deutschland
Deutsche Bahn, Tel. 018 05/99 66 33 (0,14 €/Min.), Kostenlose Fahrplanauskunft: Tel. 08 00/150 70 90, www.bahn.de

Österreich
Österreichische Bundesbahn, Tel. 05 17 17, www.oebb.at

Schweiz
Schweizerische Bundesbahnen, Tel. 09 00 30 03 00, www.sbb.ch

Ankunft ist in der Regel am **Hauptbahnhof** (Hlavní nádraží, Wilsonova 8, Metro A und C, Straßenbahn 5, 9, 26), dessen ältester Teil ein schöner Jugendstilbau (1901–09) des Architekten Josef Fanta ist.

Bus

Busse der Deutschen Touring fahren von zahlreichen deutschen Städten nach Prag. Mit Eurolines gelangt man aus Wien sowie mehreren Schweizer Städten in die tschechische Hauptstadt.

Deutsche Touring, Am Römerhof 17, 60486 Frankfurt/Main, Tel. 068/790 35 01, www.touring.de

Eurolines Österreich, Erdbergstraße 200a, 1030 Wien, Tel. 01/798 29 00, www.eurolines.at

Eurolines Schweiz, Alsa und Eggmann, Rue du Mont-Blanc 14, 1201 Genf, Tel. 09 00 57 37 47, www.eurolines.ch

Flugzeug

Aus ganz Europa gibt es Linienflüge nach Prag. *Flughafeninformation:*

Letiště Ruzyně Praha (PRG), Tel. 220 11 33 21, www.csl.cz

Der Flughafen liegt 10 km nordwestlich der Innenstadt. Pendelbusse verbinden ihn mit der Metro:

Bus 100 – Metro B Zličín
Bus 119 – Metro A Dejvická
Airport Express (AE) – Metro A Dejvická, Metro C Nádraží Holešovice

Bank, Post, Telefon

Bank

Schalterstunden der Banken sind in der Regel Mo–Fr 9–17 Uhr, einige Filialen öffnen jedoch nur vormittags.

Zahlreiche **Wechselstuben** bieten an Grenzübergängen und in der Prager Innenstadt ihre Dienste an. Auch Čedok- und anderen Reisebüros sowie Hotels und Banken tauschen Devisen. Wechselkurse und Komissionsraten variieren mitunter erheblich, darum sollte man vorab den offiziellen Wechselkurs der Tschechischen Nationalbank, z.B. unter www.cnb.cz, als seriösen Richtwert in Erfahrung bringen. Vor dem Umtausch sollte man sich am Schalter erkundigen, wie viele Kronen man de facto für den umzutauschenden Betrag erhält. Ratsam ist der Vergleich mehrerer Wechselstuben, gelegentlich ist Verhandeln möglich. Vor Geldwechsel auf der Straße wird gewarnt.

Post

Filialen der Tschechischen Post (Česká Pošta, www.cpost.cz) haben meist Mo–Fr 8–19 und Sa 8–12 Uhr geöffnet.

Hauptpostamt, Hlavní pošta, Jindřišská 14, Neustadt, Tel. 221 13 11 11, tgl. 2–24 Uhr

Briefmarken (známky) sind auch in Tabakläden und Kiosken erhältlich.

Telefon

Internationale Vorwahlen:
Deutschland 00 49
Österreich 00 43
Schweiz 00 41
Tschechische Republik 00 420

Die Benutzung handelsüblicher **Mobiltelefone** (*Mobilní telefon*) ist in der gesamten Tschechischen Republik problemlos möglich. Man sollte sich jedoch vor Reiseantritt über das günstigste Netz vor Ort informieren und das eigene Mobiltelefon entsprechend programmieren.

Die meisten **Telefonzellen** (*Telefonní budka*) im Zentrum Prags funktionieren mit **Telefonkarten** (*Telefonní karta*), die in Postämtern, Tabakläden oder Kiosken verkauft werden.

Einkaufen

Die besonders für ausländische Besucher interessanten Geschäfte liegen am Wenzelsplatz (Václavské náměstí), am Graben (Na Příkopě) und an der Nationalstraße (Národní) sowie an der Brückengasse (Mostecká), Nerudagasse (Nerudova), Karlsgasse (Karlova) und Zeltnergasse (Celetná). Dort sind zahlreiche Geschäfte mit böhmischem Glas, böhmischen Granaten (Edelsteine), Schmuckwaren, Marionetten und Schnitzfiguren, CDs, Lederwaren und anderen Souvenirs zu finden.

Prags teuerste Meile mit Boutiquen internationaler Modeschöpfer ist die Pariser Straße (Pařížská) zwischen Josefstadt und Altstadt.

In Tschechien gibt es kein Ladenschlussgesetz. Kleinere Geschäfte sind in der Regel Mo–Fr 9–18 Uhr, Sa 9–12 Uhr und zuweilen auch So vormittags geöffnet. Kaufhäuser schließen oft erst um 22 Uhr, Supermärkte mitunter erst um 24 Uhr.

Antiquariate

Antikvariát (Martin Krajiček), Široká 7, Josefstadt, Tel. 222 31 88 76. Vornehmlich Grafik sowie alte jüdische Bücher und deutsche Ausgaben von Kafka. Auch Reise und Naturwissenschaften.

Galerie Můstek, Národní 40, Neustadt, Tel. 224 94 95 87. Grafik und Karten.

Galerie Ztichlá klika, Betlémská 10–14, Altstadt, Tel. 222 22 20 79, www.ztichlaklika.cz. Tschechische Bücher des 15.–20. Jh. und fremdsprachige Literatur.

Globe Bookstore, Pštrossova 6, Neustadt, Tel. 224 93 42 03, www.globebookstore.cz. 10 000 alte und neue Bücher, internationale Zeitschriften. Mit Café.

Karel Křenek, Národní 20, Neustadt, Tel. 222 31 47 34, www.karelkrenek.com. Landkarten, Grafik und Bücher, vieles in deutscher Sprache.

Antiquitäten

Alma, Valentinská 7, Altstadt, Tel. 224 81 39 91, www.almamahler.cz. Trödel, Kitsch, Gemälde und altes Glas.

Antique Marie Andrlová, Karlova 8, Altstadt, Tel. 222 22 00 74, www.antique-andrlova.cz. Uhren, Schmuck, Gemälde, Glas, Keramik, Porzellan, und Ikonen.

Bric & Brac, Týnská 7, Altstadt, Tel. 224 81 57 63. Mutet an wie ein Trödelladen, innen verstecken sich jedoch teils kostbare und teure Stücke.

Starožitnosti Jan Huněk, V Celnici 10, Neustadt, Tel. 221 03 34 90, www.antik-hunek.com. Ein Antiquitätenladen des hohen Stils mit wertvollen Stücken.

Auktionen

Dorotheum, Ovocný trh 580/2, Altstadt, Tel. 224 22 20 01, www.dorotheum.cz. Dependance des berühmten Wiener Auktionshauses.

CDs

Bontonland Megastore, Václavské náměstí 1, Neustadt, Tel. 224 22 52 77, www.bontonland.cz. Einer der größten Musikläden Europas.

Music Land, 28. Rijna 8, Altstadt, Tel. 224 21 89 11. Internationales Sortiment.

Siroky dvůr, Loretanske náměstí 4, Hradschin, Tel. 220 515 403, www.cdmusic.cz. Tschechische Klassik, Jazz und Pop.

Trio Music Shop, Jiřské náměstí 33 (St.-Georgs-Kloster), Hradschin, Tel. 222 32 25 83. Klassische Musik.

Glas, Kristall, Porzellan

Blue, Pařížská 3, Altstadt, Tel. 222 32 58 06, www.bluepraha.cz. Farbenprächtige Glasblumen und Glaswaren in fantasievollen Formen. Mit weiteren Filialen in der Altstadt.

Dana Bohemia, Národní 43, Neustadt, Tel. 224 21 46 55, www.danabohemia.cz. Sehr große Auswahl an böhmischem Glas und Gebrauchsporzellan.

TOP TIPP **Erpet**, Staroměstské náměstí 27, Altstadt, Tel. 224 22 97 55, www.erpet.cz. Riesiges Geschäft, das den Beinamen ›The Glass Empire‹ wirklich verdient.

Moser, Staroměstské náměstí 603, Altstadt, Tel. 221 89 08 91 und Na Příkopě 12, Neustadt, Tel. 224 21 12 93, www.moser-glass.com. Altes Traditionsgeschäft, das neben den bekannten Glaswaren aus Karlsbad auch andere Hersteller führt.

Porcela plus, Náměstí Republiky 8, Neustadt, Tel. 224 21 15 23, www.porcela.cz. Gebrauchsporzellan und edle Service.

Kaufhäuser

Černá růže, Na Příkopě 12, Neustadt, Tel. 221 01 41 11, www.cernaruze.cz. Mode, Schuhe, Schmuck und Möbel in einem Gebäude aus den 1840er-Jahren.

Debenhams, Václavské náměstí 21, Neustadt, Tel. 221 01 50 47, www.debenhams.cz. Mode, Schuhe und Accessoires.

Kotva, Náměstí Republiky 8, Altstadt, Tel. 224 80 11 11, www.od-kotva.cz. Großes Kaufhaus mit kleinem Supermarkt im Untergeschoss. Bei schönem Wetter lohnt der Blick von der Dachterrasse des Restaurants über die Dächerlandschaft der Stadt.

Myslbek, Na Příkopě 19–21, Neustadt, Tel. 224 83 50 00, www.myslbek.com. Dieses Einkaufszentrum bietet eine breite Palette von Geschäften für alle Einkaufsbedürfnisse.

Nový Smíchov, Plzenská 8, Prag 5, Tel. 251 51 11 51, www.novysmichovoc.cz. Modernes Einkaufszentrum mit über 150 Geschäften sowie Kino und Bowlingbahn.

Palác Flóra, Vinohradská 151, Prag 3, Tel. 255 74 17 12, www.palac-flora.cz. Vierstöckiges Einkaufszentrum mit Multiplexkino.

TOP TIPP **Palladium**, Náměstí Republiky 1, Neustadt, Tel. 225 77 02 50, www.palladiumpraha.cz. Hinter der Fassade einer ehem. Kaserne verbergen sich über 200 Geschäfte, Restaurants, eine Disko und ein Kasino.

Slovanský Dům, Na Příkopě 22, Neustadt, Tel. 221 45 14 00, www.slovanskydum.cz. Mode, Schuhe und Parfüm.

Tesco, Národní 26, Neustadt, www.tesco-shop.cz/en. Kleidung, Haushaltswaren, Elektroartikeln und Spielwaren.

Vinohradský Pavilon, Vinohradská 50, Prag 2, Tel. 222 09 71 00, www.pavilon.cz. Hübsches Einkaufszentrum in einem historischen Gebäude von 1902.

Kunsthandwerk

Botanicus, Týn 3, Altstadt, Tel. 234 76 74 46, www.botanicus.cz. Holzprodukte, Gewürze, parfürmierte Blumen, nach alten Rezepten hergestellte Seifen und Pflanzenöle.

Manufaktura, Mostecká 13, Kleinseite, Melantrichova 17, Altstadt sowie weitere Dependancen, Tel. 221 63 24 80, www.manufaktura.biz. Holzspielzeug, Trockenblumen, Keramik, Kosmetik, bemalte Ostereier, uvm.

Marionetten

TOP TIPP **Truhlář Marionety**, Týn 1, Altstadt, Tel. 224 89 54 37, sowie U Lužického semináře 5, Kleinseite, Tel. 602 68 99 18, www.marionety.com. Einmalige Charaktere aus Holz und Stoff. Auch Workshops zum Selberbasteln.

Märkte

Bleši trhy (Flohmarkt), Park auf dem ehem. Messegelände, Kolbenova, Prag 9, www.blesitrhy.cz. Sa/So 6–13 Uhr, Eintritt 20 Kronen.

Havelské Tržiste (Havelmarkt), Havelská 13, Altstadt, Tel. 224 23 93 31, tgl. 8–18 Uhr. Werktags gibt es auf dem größten Markt Prags Obst und Gemüse, am Wochenende auch Souvenirs, Lederwaren und Kunsthandwerk.

Pražská Tržnice (River Town Prague), Bubenské nábřeží 306, Prag 7, Tel. 220 80 09 45, www.rivertownprague.cz, tgl. 9–14 Uhr. Markt mit mehr als 110 Ständen auf über 110 000 m². Obst, Gemüse, Kleidung.

Schmuck

Art Décoratif, Melantrichova 5, Altstadt, Tel. 224 22 22 83. Art nouveau und Art déco.

Ceský Granát, Celetná 4, Altstadt, Tel. 224 228 281. Böhmische Granaten (Edelsteine).

Halada, Na Příkopě 16, Neustadt, Tel. 224 21 86 43, www.halada.cz. Gold- und Silberschmuck, Perlen und Diamanten.

Sperky Jitka Kudlácková, Vinohradská 149, Prag 3, Tel. 255 74 20 17, www.jk.cz. Gold- und Silberschmuck, Hochzeitsringe, Perlen und Edelsteine.

Essen und Trinken

Ob deftige böhmische Küche in einem rustikalen Gasthaus, edle Speisen im Feinschmeckerrestaurant oder exotische Gaumenfreuden im entsprechenden Ambiente – Prag hat für jeden Geschmack etwas zu bieten.

Die Auswahl und Bestellung einer Mahlzeit von der Speisekarte bietet in der Regel keine Schwierigkeiten. Die meisten Kellner und Kellnerinnen sprechen deutsch, in vielen Gaststätten gibt es Speisekarten in deutscher Sprache.

Bedienungsgeld ist im Rechnungsbetrag in aller Regel enthalten, zuzüglich wird ein Trinkgeld von ca. 5–10 % der Summe erwartet bzw. auf die Rechnung aufgeschlagen. Einige Restaurants erheben Zuschläge für das Gedeck.

Offiziell darf in Lokalen nur noch in abgetrennten Raucherräumen geraucht werden. Viele Gaststätten handhaben das Gesetz jedoch sehr liberal.

Tschechische Küche

Lví dvůr, U prašného mostu 6, Hradschin, Tel. 224 37 23 61, www.lvidvur.cz. Regionale Speisen sowie leichte Küche der Saison unter bemaltem Gewölbe oder im Hof mit Blick auf den Königlichen Garten. Spezialität: Spanferkel.

TOP TIPP **Mlejnice**, Kožná 14, Altstadt, Tel. 224 22 86 35. Herzhafte Küche, z.B. Gulasch im Brotlaib, in üppigen Portionen nahe dem Altstädter Ring.

TOP TIPP **Nebozízek**, Petřínské sady 411, Kleinseite, Tel. 257 31 53 29, www.nebozizek.cz. Hotelrestaurant mit Sommerterrasse auf dem Laurenziberg, (Mittelstation der Drahtseilbahn). Böhmische und Altprager Spezialitäten, Wildbretgerichte. Herrliche Aussicht.

Olympia, Vítězná 7, Kleinseite, Tel. 251 51 10 80, www.olympia-restaurant.cz. Köstliche Fleischgerichte und frisch gezapftes Bier zu moderaten Preisen.

Posezení U Ciriny, Navratilova 6, Altstadt, Tel. 222 23 17 09. Die erklärte Lieblingsköchin des ehem. Staatspräsidenten Václav Havel verwöhnt ihre Gäste mit tschechischen Klassikern, bereichert um ungarische und slowakische Spezialitäten.

Vojanův dvůr, U Lužického semináře 21, Kleinseite, Tel. 257 53 26 60, www.vojanuvdvur.cz. Deftige böhmische Speisen in rustikalem Ambiente.

Luxusrestaurants

Bellevue, Smetanovo nábřeží 18, Altstadt, Tel. 222 22 14 43, www.bellevuerestaurant.cz. Feine internationale und traditionelle tschechische Küche in erlesenem Ambiente. Von der Terrasse hat man einen schönen Blick auf die Burg.

David, Tržiště 21/611, Kleinseite, Tel. 257 53 31 09, www.restaurant-david.cz. Tschechische und internationale Küche in stilvollem Interieur mit altertümlichen Möbeln und farbenfrohen Gemälden.

Kampa Park, Na Kampě 8 b, Kleinseite, Tel. 257 53 26 85 6, www.kampagroup.com. Luxusrestaurant mit Wintergarten direkt an der Moldau. Blick auf die Karlsbrücke.

La Perle de Prague, Tančící dům, Rašínovo nábřeží, Prag 2, Tel. 221 98 41 60, www.laperle.cz. Französische Küche im 7. Stock des Tanzenden Hauses (So geschl.).

TOP TIPP **Rybí trh**, Týnský dvůr 5, Altstadt, Tel. 224 89 54 47, www.rybitrh.cz. In dem mit zahlreichen Aquarien geschmückten Nobelrestaurant im Ungelthof kocht man an mehreren ›Marktständen‹ vor allem Fischgerichte: Sushi, Muscheln, Heilbutt, Hummer ... Große Auswahl an Weinen.

Sarah Bernhardt, U Obecního domu 1, Altstadt, Tel. 222 19 51 95, www.hotel-paris.cz. Ausgesprochen schönes Restaurant im Jugendstil mit tschechischer, französischer und internationaler Küche.

U Malířů, Maltézské náměstí 11, Kleinseite, Tel. 257 53 00 00, www.umaliru.cz. Eines der luxuriösesten Restaurants der Stadt. Französische Haute Cuisine unter freskierten Gewölben.

Internationale Küche

Noodles, Politických vězňů 12, Neustadt, Tel. 234 10 01 10, www.noodles.cz. Pastaspezialitäten aus aller Welt im durchgestylten Erdgeschoss des Hotel Yasmin.

Pod křídlem noci, Národní 10, Neustadt, Tel. 224 95 17 41, www.podkridlemnoci.cz. Der Name ›Unter dem Flügel der Nacht‹ ist Programm: Hier werden feine Menüs im Dunkeln serviert. Für weniger Experimentierfreudige gibt es aber auch einen beleuchteten Raum.

Pravda, Pařížská 17, Josefstadt, Tel. 222 32 62 03, www.pravdarestaurant.cz. Hier speist man in schickem, minimalistischem Ambiente und will gesehen werden. Gehobene Preise.

U Císařů, Loretánská 175, Hradschin, Tel. 220 51 84 84, www.ucisaru.cz. Feierlich gediegenes Ambiente im Erdgeschoss, im Keller sorgen gotische Steingewölbe für eine heimelige Stimmung.

U Knihovny, Veleslavínova 10, Altstadt, Tel. 732 83 58 76, www.uknihovny.cz. Kleines, beliebtes Restaurant mit einer guten Auswahl an günstigen Gerichten.

U maltézských rytířů, Prokopská 10, Kleinseite, Tel. 257 53 00 75, www.umaltezskychrytiru.cz. Romantisches Restaurant, in dem feines Essen, Klaviermusik und Kerzenschein die Sinne betören.

U Svatého Jana Nepomuckého, Hradčanské náměstí 12, Hradschin, Tel. 257 53 17 59, www.inepomuk.cz. Fisch- und Wildspezialitäten in rustikal-gediegenem Ambiente. Mit Sommergarten.

U Zlaté Konvice, Staroměstské náměstí 26, Altstadt, Tel. 224 22 52 93, www.ukonvice.cz. Gediegene Atmosphäre im Keller mit gotischem Gewölbe. Einst kamen die königlichen Beamten durch einen unterirdischen Geheimgang, um hier Wein zu kosten.

Nationalitäten-Restaurants

Französisch

La Provence, Štupartská 9, Altstadt, Tel. 296 82 61 55, www.laprovence.cz. Eines der besten französischen Restaurants in Prag. Stimmungsvoll mit Bänken und Kissen ausgestatteter Gewölbekeller.

Le Saint-Jacques, Jakubská 4, Altstadt, Tel. 222 32 26 85, www.saint-jacques.cz. Gepflegtes Restaurant für einen romantischen Abend. Bei Kerzenschein kann man Austern, Chateaubriand, Schnecken oder Froschschenkel genießen.

Italienisch

Kogo, Na Příkopě 22 (im Slovanský Dům), Neustadt, Tel. 224 21 02 59, www.kogo.cz. Elegantes Restaurant mit einer großen Auswahl frischer Fisch- und Fleischgerichte, Pizza und Pasta.

Pizzeria Donna, Veleslavínova 10, Altstadt, Tel. 222 32 19 37, www.pizzadonna.cz. Hier lassen sich auch Studenten und Dozenten der nahen Uni günstige Holzofenpizza und Pasta schmecken.

Pizzeria Kmotra, V Jirchářich 12, Neustadt, Tel. 224 93 41 00, www.kmotra.cz. Holzofenpizza in angenehmem Kellerambiente.

Japanisch

Sushi Bar, Zborovská 49, Kleinseite, Tel. 603 24 48 82, www.sushi.cz. Nette kleine Sushi Bar, Ableger des benachbarten Fischhändlers. Das ist die Garantie für stets frische, köstliche Sashimi, Maki oder Nigiri Sushi. Die Getränkeauswahl beinhaltet Sake, Mogi-shochu und Kirin-Bier.

Jüdisch

King Solomon, Široká 8, Josefstadt, Tel. 224 81 87 52, www.kosher.cz. Das in mittelalterlichem Stil eingerichtete Restaurant bietet strikt koschere Küche.

Vegetarisch

Beas, Týnská 19 (im Hof), Altstadt, Tel. 608 03 57 27, www.beas-dhaba.cz. Vegetarische indische Küche (Mo–Sa 11–20, So 11–18 Uhr).

Country Life, Melanchtrichova 15, Altstadt, Tel. 224 21 33 66, www.countrylife.cz. Vegetarisches und veganes ›Fastfood‹ von Sonnenblumenkern-Burgern bis zu Sojagulasch, Sandwiches und Pizza. Angegliedert ist ein Lebensmittel-Supermarkt mit entsprechendem Angebot.

Lehká Hlava, Borsov 2, Altstadt, Tel. 222 22 06 65, www.lehkahlava.cz. Internationale vegetarische Küche in fantasivoll gestalten Räumen.

Weinlokale

Die Südhänge Prags waren einst mit Weinreben bepflanzt. Während das Stadtviertel Vinohrady (Weinberge) oberhalb des Wenzelsplatzes nur noch mit seinem Namen daran erinnert, wachsen seit 2006 auf dem St.-Wenzels-Weinberg auf dem Burgberg wieder die Trauben. In den Prager Weinstuben gibt es heute vornehmlich inländischen Wein (Víno), besonders aus dem Elbetal (Mělník, žernoseky) und aus Südmähren (Bzenec, Mikulov, Valtice, Hodonín, Znojmo) zu trinken.

Blatnička, Michalská 6–8, Altstadt, Tel. 224 22 58 36, www.blatnice.com. Schlicht eingerichtetes Lokal mit Wein vom Fass, dazu gibt's böhmische Küche.

Divinis, Týnská 23, Altstadt, Tel. 224 80 83 18, www.divinis.cz. Kleines gemütlich-modernes Lokal mit italienischer Wein- und Speisekarte.

U Mecenáše, Malostranské náměstí 10, Kleinseite,Tel. 257 53 16 31, www.umecenase.cz. Luxuriös-gediegene Ausstattung und gemütliche Atmosphäre in altem

Weinkeller aus dem 15. Jh. Zu essen gibt es leichte Kleinigkeiten wie flambierte Spieße oder Heidelbeer-Tarte.

U Sudu, Vodičkova 10, Neustadt, Tel. 222 23 22 07, www.usudu.cz. Weinstube in mehreren sehr schönen Räumen in einem Labyrinth aus Kellergewölben.

Bierlokale

Bier (Pivní) ist das tschechische Nationalgetränk. Weltberühmt sind das Pilsener und das Budweiser. Dunkles Bier ist ebenfalls eine beliebte Spezialität in Prager Lokalen. Dort trifft sich traditionsgemäß das Volk, Arbeiter wie Intellektuelle, ähnlich den britischen Pubs. Zum Bier wird meist auch Wurst, Schinken und Käse oder Gulasch geboten – in Gasthäusern zusätzlich landestypische Spezialitäten.

Klášterní Pivovar Strahov, Strahovské nádvoří 301, Kleinseite, Tel. 233 35 31 55, www.klasterni-pivovar.cz. Die Brauerei in der Klosteranlage von Strahov schließt an eine im Jahr 1140 begründete Brautradition an. Zum hellen Bier gibt es böhmische Küche.

Novoměstský pivovar, Vodičkova 20, Neustadt, Tel. 222 23 24 48, www.npivovar.cz. Große Brauerei-Gaststätte mit deftigem Essen und Live-Musik. Sommerterrasse.

U Fleků, Křemencova 11, Neustadt, Tel. 224 93 40 19, www.ufleku.cz. Prags berühmtestes Bierlokal (seit 1499), ein beliebter Touristentreff.

U Kalicha, Na Bojišti 12, Neustadt, Tel. 296 18 96 00, www.ukalicha.cz. Einst Stammlokal des Schriftstellers Jaroslav Hašek. Hier wollte sein Romanheld, der ›Brave Soldat Schwejk‹, nach dem Krieg die Freunde wieder treffen.

U Parlamentu, Valentinská 8, Altstadt, Tel. 721 41 57 47, www.uparlamentu.cz. Stets gut besuchte Bierschenke mit günstigem tschechischen Essen.

TOP TIPP **U Zlatého Tygra**, Husova 17, Altstadt, Tel. 222 22 11 11, www.uzlatehotygra.cz. Traditionsreiches Bierlokal, das auch Politiker, Künstler und Spieler von Sparta Prag zu seinen Gästen zählt.

Cafés und Teestuben

Anfang des 18. Jh. gründete der Armenier Deodatus Damajan das erste Prager Kaffeehaus. Vom 19. Jh. an bis zum Ausbruch des Zweiten Weltkriegs waren die Kaffeehäuser Treffpunkt von Literaten, Künstlern, Studenten und Politikern. Heutzutage erfreuen sich Prager und Touristen gleichermaßen an den köstlichen Kaffee- und Gebäckspezialitäten. Viele der Lokale haben bis spät abends geöffnet und bieten auch kalte und warme Speisen an.

Black Tower Café, Jiřská 6, Hradschin, Tel. 224 37 21 37. Café mit Sommerterrasse.

Café Louvre, Národní 22, Neustadt, Tel. 224 93 09 49, www.cafelouvre.cz. Café und Restaurant in schönen Räumen mit Jugendstildekor. Opulente Frühstücksauswahl. Billardtische in stilvollem Ambiente im 1. Stock.

Knödeleien süß und salzig

Was den meisten zuerst als landestypische Speise einfällt, sind natürlich die **Böhmischen Knödel** (*Knedlík*), die in Scheiben geschnitten als Beilage zu Braten oder Gulasch überall und jederzeit auf den Teller kommen. Doch damit fängt die tschechische Spezialitätenküche erst richtig an.

Lieblingsgericht vieler Prager und in ganz Böhmen und Mähren verbreitet ist **Schweinebraten** (*Vepřová pečeně*) mit Knödel und Kraut. Bevorzugtes Geflügel ist die Gans, zu der natürlich obiger Knödel, knusprig braun gebraten, sowie in der Regel Rotkohl serviert werden.

Prager Schinken (*Šunka*) – der beste kommt aus dem mährischen Znojmo – besitzt in der Regel eine vorzügliche Qualität. Meistens wird er mit Meerrettich und Gewürzgurken garniert.

Schon im Mittelalter galten böhmische **Karpfen** (*Kapr*) – besonders aus den weit verzweigten Teichanlagen der Herren von Rosenberg in Südböhmen – als Leckerbissen.

Geradezu unerschöpflich scheint in der ehemaligen Donaumonarchie die Vielfalt der süßen **Mehlspeisen** (*Moučník*), die – vor allem dank böhmischer Köchinnen – auch einen festen Platz in der Wiener Küche einnehmen. Buchteln, gefüllt mit Powidl (Zwetschgenmus), Mohn oder Zwetschgen und serviert mit Vanillesauce oder Weinchadeau, Germknödel (Hefeklöße) mit Mohn, Zucker und zerlassener Butter und andere Köstlichkeiten sollte man sich keinesfalls entgehen lassen.

Café Imperial, Na Poříčí 15, Neustadt, Tel. 602 65 23 57, www.cafeimperial.cz. In der gediegenen Jugendstil-Atmosphäre lässt man sich nicht nur herrliches Gebäck sondern auch feine internationale Gerichte schmecken.

Café Savoy, Vítězná 5, Kleinseite, Tel. 257 31 15 62, www.ambi.cz. Elegantes Kaffeehaus, feines Restaurant und gut ausgestattete Bar seit 1893.

Café Slavia, Smetanovo nábřeží 2, Neustadt, Tel. 224 21 84 93, www.cafeslavia.cz. Legendäres Literatencafé am Moldau-Ufer mit schönem Blick auf die Prager Burg [s. S. 71].

TOP TIPP **Espresso Kajetánka**, Hradčanské náměstí, Hradschin, Tel. 257 53 37 35, www.espresso-kajetanka.cz. Café mit Sommerterrasse direkt vor der Burgrampe. Bei Kaffee, Imbiss oder Gebäck genießt man den wunderschönen Panoramablick über Prag.

Grand Café Orient, Ovocný trh 19, Altstadt, Tel. 224 22 42 40, www.grandcafe orient.cz. Einziges kubistisches Kaffeehaus der Welt im Haus Zur Schwarzen Muttergottes.

TOP TIPP **Grand Café Praha**, Staroměstské náměstí 22, Altstadt, Tel. 221 63 25 22, www.grandcafe.cz. Schickes Jugendstilcafé im 1. Stock des Grand Hotel Praha, direkt gegenüber dem Altstädter Rathausturm mit Blick auf den Apostelzug. Vornehmlich bei Touristen beliebt – die Aussicht ist einfach grandios.

TOP TIPP **Kavárna Obecní dům**, Náměstí Republiky 5, Neustadt, Tel. 222 00 27 63, www.vysehrad2000.cz/obecnidum. Große Kronleuchter und ein plätschender Brunnen gehören zu der Ausstattung des eleganten Jugendstilcafés im Gemeindehaus [Nr. 61].

Feiertage

Neujahr (1. Januar), Ostern (So/Mo), Tag der Arbeit (1. Mai), Befreiungstag (8. Mai), Gedenktag der Slavenmissionare Kyrill und Method (5. Juli), Gedenktag für Jan Hus (6. Juli), Tag der tschechischen Staatlichkeit/St. Wenzels Tag (28. September), Unabhängigkeitstag (28. Oktober), Tag des Kampfes um Demokratie und Freiheit (17. November), Weihnachten (24.–26. Dezember).

Festivals und Events

Januar/Februar

Pražské Zima, (Prager Winter), Náměstí Míru 15, Prag 2, Tel. 221 59 09 91, www.praguewinter.com. Diese kulturelle Festwoche mit Theater- und Konzertaufführungen findet in den ersten Tagen des Januars statt.

März/April

Dny evropského filmu (Europäische Filmtage), Národní 28, Neustadt, Tel. 604 60 74 77, www.eurofilmfest.cz. Festival mit aktuellen europäischen Filmen.

Febiofest (Schmetterlingsfest), Růžová 13, Neustadt, Tel. 221 10 11 11, www.febio fest.cz. Internationales Film- und Videofestival mit über 300 Filmen.

Jeden Svět (Eine Welt), Sokolská 18, Prag 2, Tel. 226 20 04 34, www.jedensvet.cz. Internationales Dokumentarfilmfestival zu den Menschenrechten unter der Schirmherrschaft von Václav Havel.

Mai

Khamoro – World Roma Festival, Francouzská 2, Prag 2, Tel. 222 51 85 54, www.khamoro.cz. Kulturfestival europäischer Roma mit viel Musik an verschiedenen Orten, z. B. im Jazzclub Reduta.

Prague International Marathon, Záhořanského 3, Prag 2, Tel. 224 91 92 09, www.pim.cz. Prag als wunderschöne Kulisse für den Marathon. Start und Ziel ist der Altstädter Ring.

Pražské Jaro (Prager Frühling), Hellichova 18, Kleinseite, Tel. 257 31 25 47, www.festival.cz. Musikfestival von Weltrang in den großen Konzertsälen der Stadt sowie in ausgewählten Kirchen, Klöstern, Palais und Villen. Den Prager Frühling gibt es seit 1946. Traditionellerweise beginnt er an Friedrich Smetanas Todestag (12. Mai) mit seiner sinfonischen Dichtung ›Mein Vaterland‹.

Juni–September

Tanec Praha (Prager Tanzfestival), Jirsíkova 4, Prag 8, Tel. 224 81 78 86, www.tanecpraha.cz. Internationales Festival für zeitgenössischen Tanz & Tanztheater (Juni).

Letní Shakespearovské Slavnosti (Shakespeare Sommerfestival), Anenské náměstí 2, Altstadt, Tel. 226 20 08 30, www.shakespeare.cz. Shakespeare-Stücke unter freiem Himmel im Hof der Prager Burg (Mitte Juni–Mitte Sept.).

Letní Slavnosti Staré Hudby (Sommerfestival für Alte Musik), Melantrichova 19, Altstadt, Tel. 224 22 94 62, www.collegium-marianum.cz. Das renommierte Collegium Marianum lädt ein (Juli/Aug.).

Prague Proms, Wielova 2/1144, Prag 10, Tel. 267 21 55 76, www.pragueproms.cz. Internationale Musikstars geben Klassik, Jazz, Chanson u.v.m. zum Besten, verschiedene Veranstaltungsorte (Juli/Aug.)

Mezinárodní Varhanní Festival (Internationales Orgelfestival), Bazilika sv. Jakuba, Malá Štupartská 6, Altstadt, Tel. 604 20 84 90, www.auditeorganum.cz. Kirchenmusik auf der Orgel aus dem frühen 18. Jh. in der St. Jakobskirche [Nr. 48] (Aug.–Sept.).

Mlada Praha (Young Prague), Tel. 224 21 13 98, www.mladapraha.cz. Internationales Festival für junge Musiker (Aug./Sept.).

Pražský Podzim, (Prager Herbst), Příběnická 20, Prag 3, Tel. 222 54 04 84, www.pragueautumn.cz. Internationales Musikfestival in zahlreichen Konzertsälen, Kirchen und Museen (Sept.).

Oktober/November

Struny podzimu (Herbstsaiten), Tickets an der Kasse des Nationaltheaters, Národní 2, Neustadt, Tel. 224 90 12 47, www.strunypodzimu.cz. Internationales Festival für Streichinstrumente mit einer Mischung aus klassischer, Alter und Avantgardemusik (Anf. Okt.–Mitte Nov.).

International Jazz Festival, U Bulhara 3, Neustadt, Tel. 224 23 52 67, www.jazzfestivalpraha.cz. Jazzkonzerte mit Bands aus aller Welt im renommierten Club Reduta [s. S. 128] und in ausgewählten weiteren *locations* (Nov.).

Pražský Divadelní Festival Německého jazyka (Prager Theaterfestival Deutscher Sprache), Karlovo náměstí 28, Neustadt, Tel. 222 23 23 03, www.theater.cz. Goethe & Co zu Gast in Prag (Nov.).

Alternativa Festival, Tel. 222 24 09 01, www.unijazz.cz. Internationales Festival für Alternative Music von Rock, Jazz und ›moderner Klassik‹ bis hin zu experimentellen elektronischen Klängen (Nov.).

Dezember

Pražské Vánoce (Prager Weihnachten), Na Hájku 367, Prag 8, Tel. 284 82 66 08, www.choirs.cz. Internationales Festival für Advents- und Weihnachtsmusik, verschiedene Veranstaltungsorte.

Kultur live

Ein **Veranstaltungsprogramm** in deutscher und englischer Sprache ist bei der Touristeninformation im Altstädter Rathaus [s. S. 116] erhältlich. Über kulturelle Veranstaltungen auf der Burg informiert der Informationsdienst der Prager Burg [s. S. 116] im dritten Burghof.

Karten für die meisten Veranstaltungen erhält man bei:

Bohemia Ticket, Malé náměstí 13, Altstadt, Tel. 224 22 78 32 oder Na Prikopě 16, Altstadt, Tel. 224 21 50 31, www.bohemiaticket.cz. Mit weiteren Dependancen in der Stadt.

Ticketpro, Staroměstské náměstí 1 (Altstädter Rathaus), Altstadt oder Rytířská 12, Altstadt, zentrale Tel. 234 70 42 34, www.ticketpro.cz. Mit weiteren Dependancen in der Stadt.

Bühnen

Divadlo ABC, Vodičkova 28, Neustadt, Tel. 224 21 59 43, www.mestskadivadlapražska.cz. Komödien.

Divadlo Archa, Na Poříčí 26, Neustadt, Tel. 221 71 63 33, www.archatheatre.cz. Modernes Theater.

Divadlo DISK, Karlova 26, Altstadt, Tel. 234 24 42 54, www.divadlodisk.cz. Junge Künstler der Schauspielschule.

Divadlo Na Vinohradech, Náměstí Míru 7, Prag 2, Tel. 296 55 01 11, www.dnv-praha.cz. Klassische und moderne Stücke in einem schönen Jugendstilbau (1905–07) im Viertel Vinohrady.

Divadlo Na zábradlí, Anenské náměstí 5/209, Altstadt, Tel. 222 86 88 68, www.nazabradli.cz. Moderne Pantomime.

TOP TIPP **Laterna Magika**, Národní 4, Neustadt, Tel. 224 93 14 82, www.laterna.cz. Faszinierendes Theater ohne Worte in einer multimedialen Bühnenwelt. Geboten wird eine unterhaltsame Mischung aus Pantomime, Theater, Ballett, Film und Musik [s. S. 97].

Národní divadlo (Nationaltheater), Ostrovní 1, Neustadt, Tel. 224 90 14 48, Fax 224 93 15 44, www.narodni-divadlo.cz. Schauspiel, Oper und Ballett im prunkvollen Neorenaissancebau [Nr. 66].

TOP TIPP **Stavovské divadlo** (Ständetheater), Ovocný trh 1, Altstadt, Tel. 224 90 14 48, Fax 224 93 15 44, www.narodni-divadlo.cz. Prags traditionsreichste Bühne für Schauspiel, Oper, Ballett und Konzerte [Nr. 41].

Švandovo Divadlo, Štefánikova 57, Prag 5, Smíchov, Tel. 257 31 86 66, www.svandovodivadlo.cz. Moderne Theaterproduktionen, meist mit englischer Übersetzung, Konzerte.

Musik- und Tanztheater

Divadlo Broadway, Na Příkopě 31, Neustadt, Tel. 225 11 33 11, www.divadlo-broadway.cz. Musicals.

Divadlo Hybernia, Náměstí Republiky 4, Neustadt, Tel. 221 41 94 16, www.divadlo-hybernia.cz. Prags neueste Musicalbühne [s. S. 94].

Hudební Divadlo Karlín, Křižíkova 10, Karlín, Tel. 221 86 81 11 , www.hdk.cz. 1891 im Stil des Neobarock erbaute Operetten- und Musicalbühne.

Oper, Ballett

Státní Opera Praha (Prager Staatsoper), Wilsonova 4, Neustadt, Tel. 224 22 72 66, www.opera.cz. Oper und Ballett in reizvollem Neorokkoko-Gebäude von Ferdinand Fellner und Hermann Helmer, 1888 im Auftrag des Deutschen Theatervereins eröffnet.

Puppentheater

International Institute of Marionette Art, Marionettentheater auf drei Bühnen: *Divadlo na Královské ceste* (Theater am Königsweg), Karlova 12, Altstadt; *Divadlo Na Můstku*, Na Můstku 3, Neustadt; *Divadlo Palác Kinských* (Palais Kinský), Staroměstské náměstí 12, Altstadt, Tel. 222 22 09 13, www.puppet art.com

Divadlo Spejbla a Hurvínka, Dejvická 38, Prag 6, Tel. 224 31 67 84, www.spejbl-hurvinek.cz. Die Abenteuer der Marionetten Speijbl, Hurvinek und Mánička.

Nárdoní divadlo marionet, Žatecká 1, Altstadt, Tel. 224 81 93 22, www.mozart.cz. Mozart-Oper im Marionetten-Format.

Schwarzes Theater

Beim Schwarzen Theater (Černe divadlo) ist die Bühne mit schwarzem Samt ausgeschlagen, vor dem schwarz gekleidete Akteure Gegenstände in einem Lichtkorridor bewegen. Bei dieser Mischung aus Drama, Pantomime und Puppenspiel sind erstaunliche, fluoreszierende und oft zauberhaft wirkende Effekte möglich.

All Colours Theatre, Rytířská 31, Altstadt, Tel. 221 61 01 14, www.blacktheatre.cz

Animato, Na Příkopě 10, Palais Savarin, Neustadt, Tel. 281 93 26 65, www.blacklighttheatreprague.cz

Divadlo Image, Pařížská 4, Josefstadt, Tel. 222 32 91 91, www.imagetheatre.cz

Divadlo Metro, Národní 25, Neustadt, Tel. 221 08 52 76, www.divadlometro.cz. Das schwarze Theater von František Kratochvíl.

Divadlo Palace, Václavské náměstí 43, Neustadt, Tel. 224 22 88 14, www.palace theatre.cz

Jiři Srnec, U Lékárny 597, Prag 5, Tel. 257 92 18 35, www.blacktheatresrnec.cz

Reduta, Národní 20, Neustadt, Tel. 224 93 34 87, www.redutajazzclub.cz. Theater neben dem bekannten Jazzklub.

Ta Fantastika, Karlova 8, Altstadt, Tel. 222 22 13 66, www.tafantastika.cz. Vornehmlich Schwarzes Theater, aber auch Dramen und Musicals.

Konzert

In zahlreichen historischen Gebäuden im Stadtzentrum finden regelmäßig klassische Konzerte statt. Flyer zu den Veranstaltungen werden auf der Straße ausgeteilt und liegen in Touristinformationen sowie Hotelfoyers aus. In den unten aufgeführten Stadien geben internationale Superstars ihre Rock- und Popkonzerte.

Klementinum, in der Spiegelkapelle, Klementinum 190, Altstadt, Tel. 222 22 08 79, www.klementinum.cz [Nr. 32]

Kongresové centrum Praha (Kongresszentrum Prag), 5. května 65, Prag 4, Tel. 261 17 11 11, www.kcp.cz

Křižíkova Fontána, U Výstaviště LDS 1/20, Holešovice, Tel. 220 10 32 24, www.kriziko vafontana.cz. Wasserspiele und Musik auf dem ehem. Messegelände [s. S. 107].

Lichtenstejnšký Palác (Liechtenstein-Palais), Martin-Saal, Malostranské náměstí 13, Kleinseite, Tel. 257 53 42 06

Obecni dům (Gemeindehaus), Smetana-Saal, Náměstí Republiky 5, Neustadt, Tel. 222 00 21 01, www.obecni-dum.cz. Heimat des ausgezeichneten Prager Sinfonieorchesters, www.fok.cz [Nr. 61].

Rudolfinum, Dvořák-Saal, Alsovo nábřeží 12, Altstadt, Tel. 227 059 227. Heimat der Tschechischen Philharmonie (Česká filharmonie, www.ceskafilharmonie.cz).

Das 1896 gegründete, landesweit älteste Orchester seiner Art genießt weltweit einen hervorragenden Ruf [Nr. 51].

O2 Arena, Ocelářská 460/20, Prag 9, Vysočany, Tel. 266 12 11 22, www.o2arena.cz

Pražský hrad (Prager Burg), Spanischer Saal, Hradschin, Tel. 224 37 24 35, www.kulturanahrade.cz, www.jazznahrade.cz [Nr. 1]

Stadion Eden, Vladivostocká 1460/10, Prag 10, Tel. 234 71 03 80, www.stadioneden.cz.

Tesla Arena, Za Elektrárnou 419, Prag 7, www.tesla-arena.cz

TOP TIPP **Villa Bertramka**, Mozartova 169, Prag 5, Tel. 257 31 67 53, www.bertramka.cz [Nr. 76]

Kino

Kinofilme werden in Prag oft auch in den Originalsprachen gezeigt. Sie sind dann z.B. mit dem Vermerk ›Anglicka verze‹, ›englische Fassung‹, gekennzeichnet.

Aero, Biskupcova 31, Prag 3, Tel. 271 77 13 49, www.kinoaero.cz. Alternatives Programmkino für Europäische Filme, Retrospektiven und Festivals.

Bio Konvikt Ponrepo, Bartolomejská 11, Altstadt, Tel. 224 23 32 81, www.nfa.cz. Kinosaal des Nationalen Filmarchivs.

Cinema City Flora, Vinohradská 149/roh Jicínská, Prag 3, Tel. 255 74 20 21, www.cinemacity.cz. Multiplex, 8 Säle.

Evald, Národní 28, Neustadt, Tel. 221 10 52 25, www.cinemart.cz. Programmkino. Europäische Filme und amerikanische Independentfilmen sowie eine gute Auswahl an tschechischen Produktionen mit englischen Untertiteln. Benannt nach dem tschechischen Regisseur Evald Schorm (1931–1988).

Francouzský institut – Institut Franćais de Prague, Stepánská 35, Neustadt, Tel. 221 40 10 11, www.ifp.cz. Lust auf einen französischen Film in Prag? Voilá!

Imax, Vinohradská 149, Prag 3, Tel. 255 74 20 21, www.imaxpraha.cz. 3D-Kino.

Lucerna, Vodičkova 36/Stepánská 61 (in der Lucerna Passage), Neustadt, Tel. 224 21 69 72, www.lucerna.cz. Wunderschöner großer Kinosaal von 1906.

MAT, Karlovo náměstí 19, Neustadt, Tel. 224 91 57 65, www.mat.cz. Kleines Programmkino für gehobene Filmkunst. Europäische Filme und Klassiker.

Palace Cinemas Slovanský Dům, Na Příkopě 22, Neustadt, Tel. 840 20 02 40, www.palacecinemas.cz. Multiplexkino.

Světozor, Vodičkova 41, Neustadt, Tel. 224 94 68 24, www.kinosvetozor.cz. Doku, Kunstfilme und Videokunst.

Klima und Reisezeit

Der Berühmtheit und Fülle seiner Sehenswürdigkeiten entsprechend zieht Prag das ganze Jahr über viele Touristen an. Besonders viele Gäste besuchen die ›Goldene Stadt‹ im Frühjahr während der *Oster-* und *Pfingstferien* sowie in den Sommermonaten *Juli/August*. Empfehlenswerte Reisezeiten sind daher die Monate *Mai*, *Juni* und *September*, weil man dann dem größten Besucheransturm entgehen kann und zugleich ein zumeist mildes trockenes Klima genießt.

Klimadaten Prag

Monat	Luft (ľC) min./max.	Sonnen-std./Tag	Regen-tage
Januar	-5/0	2	6
Februar	-4/1	3	6
März	-1/7	4	6
April	3/12	6	7
Mai	8/18	7	9
Juni	11/21	8	9
Juli	13/23	8	10
August	13/22	7	9
September	9/18	6	6
Oktober	5/12	4	7
November	1/5	2	5
Dezember	-3/1	2	6

Museen und Galerien

Museen

Neben den im Hauptteil beschriebenen Museen bietet Prag eine Vielzahl weiterer sehenswerter Museen und Sammlungen, z.B.:

Museum der Hauptstadt Prag (Muzeum Hlavního Města Prahy), Na Poříčí 52, Prag 8, Tel. 224 81 67 72, www.muzeumprahy.cz, Di–So 9–16 Uhr. In einem Neorenaissance-Bau (1898) im Stadtteil Karlín werden ein *Rundpanorama* nach einem Gemälde von Sachetti, ein *Stadtmodell* (1826) sowie Exponate zur Stadtgeschichte und -kultur, darunter Trachten, Mobiliar und Hauszeichen, gezeigt.

Tschechisches Museum der Bildenden Künste (České muzeum výtvarných umění), Husova 19–21, Altstadt, Tel. 222 22 02 18, www.cmvu.cz, Di–So 10–18 Uhr. Wechselausstellungen zu moderner Kunst.

Villa Müller (Vila Mullerova), Nad Hradím Vodojemen 14, Střešovice, Tel. 224 31 20 12, www.mullerovavila.cz, nur mit Führung nach Voranmeldung zu besichtigen, max. 8 Pers., April–Okt. Di, Do, Sa/So 9, 11, 13, 15 und 17, Nov.–März Di, Do, Sa/So 10, 12, 14 und 16 Uhr. Der Wiener Architekt Adolf Loos schuf das funktionalistische Haus (»mein schönstes«) 1930 für den Unternehmer František Müller.

Galerien

Informationen über die jeweiligen Ausstellungen erhält man beim Prager Informationsservice [s. S. 116].

Futura, Holečkova 49, Smíchov, Tel. 251 51 18 04, www.futuraprojekt.cz, Mi–So 11–18 Uhr. Galerie für junge Kunst: Fotografie, Video, Installationen, Performances auf 10 000 m^2 Ausstellungsfläche. Im Garten ist eine umstrittene Installation von David Černy zu sehen, dem *Enfant terrible* der Prager Kunstszene.

Galerie Art Praha, Staroměstské náměstí 20, Altstadt, Tel. 224 21 10 87, www.galerie-art-praha.cz, Mo–Fr 10.30–18.30, Sa 10.30–17 Uhr. Gemälde und Plastiken tschechischer Künstler des 20. Jh.

Galerie Mánes, Masarykovo nábřeží 250, Neustadt, Tel. 224 93 07 54, www.galeriemanes.cz, Di–So 10–18 Uhr. Die in den 1920er-Jahren von Josef Mánes selbst gegründete Galerie zeigt und verkauft noch heute interessante zeitgenössische Kunst. Die Ausstellungshalle befindet sich in dem 1927–30 erbauten funktionalistischen Mánes-Haus, das eine Sehenswürdigkeit an sich ist.

Galerie Miro, St.-Rochus-Kirche, Strahovské nádvoří 1, Hradschin, Tel. 233 35 40 66, www.galeriemiro.cz, tgl. 10–17 Uhr. Europäische Moderne.

Hollar, Smetanovo nábřeží 6, Altstadt, Tel. 224 23 52 43, www.hollar.cz, Di–So 10–13 und 14–18 Uhr. Malerei, Grafik und Plastik.

Jaroslava Frágnera, Betlémské náměstí 5 a, Altstadt, Tel. 222 22 21 57, www.gjf.cz, Di–So 10–18 Uhr. Architekturprojekte der Tschechischen Republik. Retrospektiven und Themenausstellungen.

Josef Sudek, Úvoz 24, Hradschin, Tel. 257 53 14 89, www.upm.cz, April–Sept. Mi–So 11–19, Okt.–März Mi–So 11–17 Uhr, Präsentation des Werkes von Josef Sudek und anderer moderner tschechischer Fotografen in der Wohnung, wo Josef Sudek 1959–76 gelebt hat.

Kodl Galerie, Vítězná 11, Kleinseite, Tel. 251 51 27 28, www.galeriekodl.cz, Mo–Fr 10–13 und 14–18 Uhr. Dauerausstellung tschechischer Künstler des 19. und 20. Jh.

Peithner-Lichtenfels, Michalská 12, Altstadt, Tel. 224 22 76 80, www.gplc.cz, Mo–Fr 10–19 Uhr. Tschechische und österreichische Kunst ab 1895.

Galerie Lazarską, Lazarská 7, Neustadt, Tel. 257 04 44 11, www.galerie-lazarska.cz, Mo–Fr 10–12 und 13–18, Sa 10–12 und 13–16 Uhr. Malerei, Grafik, Plastik, Schmuck.

Nachtleben

Bars und Klubs

AghaRTA Jazz Centrum, Železná 16, Altstadt, Tel. 222 21 12 75, www.agharta.cz, Klub tgl. 19–1 Uhr. Jazz-Café und Livemusik tgl. 21–24 Uhr.

Café-Bar Duende, Karoliny Světlé 30, Altstadt, Tel. 775 18 60 77, www.barduende.cz. Alternativ angehauchte Bar mit internationalem Publikum.

Cloud 9 Sky Bar, Pobřežní 1, Prag 8, Tel. 224 84 11 11, www.prague.hilton.com. Im obersten Stock des noblen Hilton Hotels genießt man Cockails, Lounge-Musik und einen spektakulären Ausblick (So geschl.).

TOP TIPP **Jazz Lounge U Staré Paní**, Michalská 9, Altstadt, Tel. 603 55 16 80, www.jazzlounge.cz, tgl. 19–2 Uhr. Renommierte Interpreten bieten täglich Live-Konzerte und öfter auch mal Sessions.

TOP TIPP **Molly Malone's**, U Obecního dvora 4, Altstadt, Tel. 224 81 88 51, www.mollymalones.cz. Irish Pub, skurril und musikalisch original: Am offenen Kamin sitzen, ein frisch gezapftes Pint of Guinness vor sich, gegen den Hunger ein *boxty* (irischer Kartoffelpuffer) und dazu *real Irish music*.

Palac Akropolis, Kubelíkova 27, Prag 3, Tel. 296 33 09 11, www.palacakropolis.cz. Kulturzentrum mit Theater, Konzertsaal, Ausstellungsräumen und Disko.

TOP TIPP **Reduta Jazz Club**, Národní 20, Neustadt, Tel. 224 93 34 87, www.redutajazzclub.cz. Grande Dame der ›Jazzspelunken‹, stets gut besuchter Musiktempel alter Tradition mit täglich wechselnden Live-Veranstaltungen.

Roxy, Dlouhá 33, Altstadt, Tel. 224 82 62 96, www.roxy.cz. Musikklub mit Freude an Experimenten. Es gibt Live-Konzerte und Musik von DJs.

U Malého Glena, Karmelitská 23, Kleinseite, Tel. 257 53 17 17, www.malyglen.cz. Gemütliche Bar mit Musikkeller, in dem regelmäßig Jam-Sessions stattfinden.

Ungelt Jazz & Blues Club, Týn 2/640, Altstadt, Tel. 224 89 57 48, www.jazzblues.cz. Jazz, Blues und Funk.

Vagon, Národní 25, Neustadt, Tel. 221 08 55 99, www.vagon.cz. Rockklub.

Kasinos

Einige Hotels in Prag unterhalten eigene Kasinos, z. B. Ambassador, Hilton, Jalta oder President. Sie sind für Gäste in entsprechender Garderobe ebenso frei zugänglich wie folgende Etablissements:

Casino Palais Savarin, Na Příkopě 10, Neustadt, Tel. 224 22 16 36, www.czechcasinos.cz, tgl. 16–3 Uhr. Kasino im barocken Palais Sylva-Taroucca.

Spearmint Casino, U Plovárny 8, Kleinseite, Tel. 257 53 57 55, www.spearmintcasino.cz, tgl. 19–4 Uhr. Luxuskasino englischen Stils.

Diskotheken

Chapeau Rouge, Jakubská 2, Altstadt, Tel. 222 31 63 28, www.chapeaurouge.cz. Klub mit Bar und einer Mischung aus Soul, R'n'B, House, HipHop, Latino, Oldies und 1980er-Jahre Musik.

Diskotéka Hany Bany, U Kongresového centra, 5. května 1640, Prag 4, Tel. 261 17 42 41, www.discohanybany.cz. Großraumdiskothek mit Themenveranstaltungen.

Double Trouble, Melantrichova 17, Altstadt, Tel. 221 63 24 14, www.doubletrouble.cz. Hier darf man auf den Tischen tanzen.

Duplex, Václavské náměstí 21, Neustadt, Tel. 732 22 11 11, www.duplex.cz. Großraumdisko.

Futurum Music Bar, Zborovská 7, Prag 5, Smíchov, Tel. 257 32 85 71, www.musicbar.cz/futurum. 1980er-/90er-Jahre-Party.

Gong, Sokolovská 191, Prag 9, Tel. 266 31 16 29, www.kultura9.cz. Musikveranstaltungen von Rock bis Jazz.

Karlovy lázne, Smetanovo nábrezí 198, Altstadt, Tel. 222 22 05 02, www.karlovylazne.cz. Vier Stockwerke für tanzwütige Diskofans.

TOP TIPP **Klub Lávka**, Novotného lávka 1, Altstadt, Tel. 221 08 22 99, www.lavka.cz. Café und Klub nahe der Karlsbrücke direkt an der Moldau. Musik von den 1960ern bis heute. Sieben Bars, zwei Tanzflächen (In- und Outdoor), ein Theater.

Lucerna Music Bar, Vodičkova 36, Neustadt, Tel. 224 21 71 08, www.musicbar.cz. Konzerte, Fr/Sa beliebte 1980er-/90er-Jahre-Party.

Mecca, U Pruhonu 3, Prag 7, Holešovice, Tel. 283 87 05 22, www.mecca.cz. Techno und andere elektronische Musik.

Misch Masch, Veletržní 61, Prag 7, Tel. 603 27 22 27, www.mischmasch.cz. Oldies, Black Musik und Dancefloor.

Music Club Zlatý Strom, Karlova 6, Altstadt, Tel. 222 22 04 41, http://club.zlatystrom.com. Zwei Tanzflächen mit Housemusik und fünf Cocktailbars sorgen für allabendliches Vergnügen.

Radost FX Club, Bělehradská 120, Vinohrady, Tel. 224 25 47 76, www.radostfx.cz. Techno.

Rock Café, Národní 20, Neustadt, Tel. 224 93 39 47, www.rockcafe.cz. Café und Diskothek, die erste Adresse für Liebhaber von Rock, Rauch und heißen Rhythmen.

U Bukanýra, Nábřeží L. Svobody, pod Štefánikovým mostem, Altstadt, www.bukanyr.cz. House Boat Music Bar, das östlich der Brücke Štefánikův most vor Anker liegt.

Sport

Bowling

Sportcentrum im Hotel Duo, Teplická 492/19, Prag 9, Tel. 266 13 11 11, www.bowlingduo.cz. Sport- und Freizeitzentrum mit 12 Bowlingbahnen, einem beheizbaren 20 m Swimmingpool, Sauna und Solarium, Massagen.

Eishockey

HC Slavia Praha, O2 Arena, Ocelářská 460/20, Prag 9, Vysočany, www.hc-slavia.

cz. Tickets über Sazka Ticket, Tel. 266 12 11 22, www.sazkaticket.cz

HC Sparta, Tesla Arena, Za Elektrárnou 419, Prag 7, www.hcsparta.cz. Tickets im Kundencenter der Tesla Arena, Tel. 266 72 74 43, Mo–Fr 13–18.30, bei Spielen am Sonntag auch So 13–17.30 Uhr

Fitness

Level 25 Health & Fitness Center, in den obersten Etagen des Corinthia Towers Hotel, Kongresová 1, Prag 4, Tel. 261 19 13 26, www.corinthia.cz. Workout, Schwimmbad, Sauna, Dampfbad und Massage im Luxushotel.

Fußball

AC Sparta Prag, Axa Arena, Milady Horákové 1066, Prag 7, Letná, Tel. 296 11 11 11, www.sparta.cz. Kundencenter: Milady Horákové 1066, Eingang 1, Prag 7, Letná, Tel. 296 11 14 00, Ticketverkauf ab 13 Uhr (Spiele Mo–Fr) bzw. 3 Std. vor Spielbeginn (Spiele Sa/So)

Slavia Prag, Stadion Eden, Vladivostocká 1460/10, Prag 10, www.slavia.cz. Ticketoffice: Vladivostoká 1620, Prag 10, Mo–Fr 9–12 und 13–16 Uhr

Golf

Erpet Golf Centrum, Strakonická 2860/4, Prag 5, Tel. 296 37 31 11, www.erpet.cz. Indoor-Golfanlage.

Golf Club Praha, Plzeňská 401, Prag 5, Tel. 257 21 65 84, www.gcp.cz. Golftradition seit 1925.

Pferderennen

Dostihove zavodiste Praha (Rennbahn Chuchle), Radotínská 69, Prag 5, Velka Chuchle, Tel. 242 44 70 31, www.velka-chuchle.cz. Die Rennen finden von April bis Nov. an den Wochenenden statt.

Schwimmbäder

Podolí, Podolská 74, Prag 4, Tel. 241 43 39 52, www.pspodoli.cz. Große Schwimmhalle, Freibad mit Riesenrutsche, Sauna.

Sportivní klub Motorlet Praha, Radlická 298/105, Prag 5, Radlice, Tel. 251 09 14 11, www.sk-motorlet.cz. 25 m-Becken, Fitness- und Wellnesszentrum.

Slavia, Vladivostocká 2, Prag 10, Tel. 267 31 10 62, www.psslavia.cz. Großes Schwimmstadion unter freiem Himmel.

Squash

Clubhotel Praha Průhonice, Průhonice 400 (an der D1 Richtung Brno), Tel. 274 01 05 30, www.club-hotel-praha.cz. Squashcourts, Tennisplätze, Schwimmbad und Bowlingbahnen.

Squashcentrum Strahov, Spartakiádní stadion, Vaníčkova 2 b, Prag 6, Strahov, Tel. 233 10 93 01, www.squashstrahov.cz

Tennis

Česky Lawn Tennis Klub Praha, Stvanice 38, Prag 7, Holešovice, Tel. 222 31 63 17, www.cltk.cz. Traditionsreicher Klub.

Sportcentrum Hotel Čechie Praha, U Sluncové 618, Karlín, Tel. 266 19 41 11, www.hotelcechie.cz. Tennis, Squash, Golf, Bowling und Sauna.

Stadtbesichtigung

Die zahlreichen Sehenswürdigkeiten Prags besichtigt man am besten zu Fuß. Altstadt, Teile der Kleinseite und der Burgberg sind weitgehend autofrei und daher für Fußgänger ideal.

Großartig ist das Ablaufen des alten Krönungs- oder Königsweges vom Pulverturm in der Altstadt zur Prager Burg: Zeltnergasse (Celetná) – Altstädter Ring (Staroměstské náměstí) – Karlsgasse (Karlova) – Karlsbrücke – Brückengasse (Mostecká) – Kleinseitener Ring (Malostranské náměstí) – Nerudagasse (Nerudova) – Hradschin.

Aussichtspunkte

Altstädter Brückenturm (Staroměstská mostecká věž), Karlsbrücke, Altstadt, Tel. 224 22 05 69, www.pis.cz, März tgl. 10–18, April/Mai, Okt. tgl. 10–19, Juni–Sept. tgl. 10–22, Nov.–Febr. tgl. 10–17 Uhr [Nr. 30].

Altstädter Rathausturm (Staroměstská radnice věž), Staroměstské náměstí 1/3, Altstadt, Tel. 724 50 85 84, www.pis.cz, April–Okt. Mo 11–18, Di–So 9–18, Nov.–März Mo 11–17, Di–So 9–17 Uhr [Nr. 45]

Fernsehturm (Žižkovská televizní), Mahlerovy sady 1, Prag 3, Tel. 242 41 87 78, www.tower.cz, tgl. 10–23.30 Uhr. In 93 m Höhe bietet sich ein schöner Blick über die Stadt. Mit Restaurant in 66 m Höhe.

Kleinseitener Brückentürme (Malostranské mostecké věže), Karlsbrücke, Kleinseite, Tel. 257 53 04 87, www.pis.cz, April–Nov. tgl. 10–18 Uhr [Nr. 28]

Petřín Aussichtsturm (Petřínská rozhledna), Petrínské sady, Kleinseite, Tel. 257 32 01 12, www.pic.cz. Jan.–März Sa/So 10–17, April, Nov.–Dez. tgl. 10–19, Mai–Sept. tgl. 10–22, Okt. tgl. 10–20 Uhr [Nr. 20]

Pulverturm (Prasná brána), Na Příkopě, Neustadt, Tel. 724 06 37 23, www.pis.cz. April–Okt. tgl 10–18 Uhr [Nr. 60]

Turm der Kirche St. Niklas (Věž chrámu sv. Mikuláse), Malostranské náměstí 556/29, Kleinseite, Tel. 251 51 25 16, www.pis.cz, tgl. 10–18 Uhr [Nr. 12]

Turm des Veitsdoms, (Wenzelsturm) Prager Burg, Hradschin, www.katedralapraha.cz, wg. Restaurierung voraussichtl. bis Ende 2009 geschl. [Nr. 1].

Schöne Ausblicke bieten sich auch von der Prager Burg, vom Kloster Strahov und vom Letná-Plateau, von den Palastgärten auf der Kleinseite, vom Smetana-Kai am Moldauufer und vom Vyšehrad.

Ballonfahrt

Ballooning CZ, Na Vrcholu 7, Prag 3, Tel. 222 78 39 95, www.ballooning.cz. Ausflüge mit dem Heißluftballon.

Führungen

Meran Tourist, Václavské náměstí 27, Neustadt, Tel. 222 24 70 00, www.guide-meran.cz. Führungen durch Prag, auch zu speziellen Themen; der Führer steht in der Regel innerhalb von 1 Stunde zur Verfügung.

Prager Burg, Dritter Burghof, Touristen-Information, Tel. 224 37 33 68, www.hrad.cz. Buchung für einstündige Führungen, auch individuell, speziell für die Burg.

Prague Walks, Jakubská 4, Josefstadt, Tel. 222 32 23 09, www.praguewalks.com. Informative Spaziergänge durch die Stadt mit den Schwerpunkten Prager Burg, Jüdisches Viertel, Pubs in der Altstadt und Geistertour.

Pražská informační služba (Prager Informationsdienst), Staroměstské náměstí 1 (im Rathaus), Altstadt, Tel. 236 00 25 62, www.pis.cz. Führer durch Prag, auch individuell.

Precious Legacy Tours, Kaprova 13 (Klingel am Haus Maiselova 1), Josefstadt, Tel. 222 32 19 54, www.legacytours.cz. Mit jüdischen Führern auf den Spuren Franz Kafkas, Rabbi Löws und Mordechai Maisels – Spaziergänge durch das ehem. jüdische Viertel.

Stadtrundfahrten und Ausflüge

Bohemia Travel Service/Gray Line Prague, Info und Tickets: Národní 38, Neustadt, Tel. 224 82 62 62, www.citytours.cz. Stadtrundfahrten und -spaziergänge, Schiffsrundfahrten, Prag bei Nacht, Ausflüge zu Burg Karlstein und in die Umgebung. Auf Wunsch Abholung vom Hotel.

Cityrama Sightseeing Travel Agency, Info und Tickets: Náměstí Republiky, Neustadt, Tel. 222 23 02 08, www.cityrama.cz. Große Stadtrundfahrt (3,5 Std.), Bootsfahrten und Ausflüge zur Burg Karlstein, nach Karlovy Vary (Karlsbad) sowie Prag bei Nacht.

Čedok, Na Přikopě 18, Neustadt, Tel. 221 44 72 42, www.cedok.de. Rundfahrten, Konzert- und Theaterkarten, Flugtickets und Fahrkarten.

EVD, Evropská vodní doprava, Tickets und Abfahrt: Na Františku (gegenüber Hotel Continental), Čechuv-Most, Altstadt, Tel. 224 81 00 30, www.evd.cz. Dampferfahrten auf der Moldau, Abendkreuzfahrten mit Buffet und Livemusik.

History Trip, Tel. 776 82 98 97, www.historytrip.cz. Stadtrundfahrt im Oldtimer. Abfahrt Malé náměstí, Altstadt, Ende März–Nov.

Pony Travel, Tel. 224 93 11 12, www.ponytravelsro.cz. Kutschfahrten. Abfahrt Staroměstské náměstí, Altstadt, April–Dez.

Praha Bike, Dlouhá 24, Altstadt, Tel. 732 38 88 80, www.prahabike.cz. Geführte Radtouren sowie Fahrradverleih, ganzjährig, Mitte Nov.–Mitte März nur nach telefonischer Anmeldung.

Premiant City Tour, Info und Tickets: Na Příkopě 23, Neustadt, Tel. 224 94 69 22, www.premiant.cz. Stadtrundfahrten, kombinierte Bustouren und Spaziergänge durch die Josefstadt, Prag bei Nacht, Ausflüge zur Burg Karlstein, zur Kristallfabrik und zur Minenstadt Kutná Hora, Schiffsausflüge.

Statistik

Bedeutung: Hauptstadt der Tschechischen Republik, Regierungssitz, Verwaltungssitz des Mittelböhmischen Gebiets

Lage: 50° 05' 19" nördlicher Breite, 14° 25' 17" östlicher Länge.

Fläche des Stadtgebietes: 496 km²

Einwohnerzahl: 1 223 000 (2008)

Höhe: 177–397 m über dem Meeresspiegel

Verwaltungsgliederung: 22 Verwaltungseinheiten und 57 Stadtviertel, von Stadträten verwaltet

Bildung: seit 1348 Sitz der Universität, seit 1707 der Technischen Hochschule

Wirtschaft: Der Großraum Prag ist der bedeutendste Industriestandort der Tschechischen Republik. Dominant sind Maschinen- und Fahrzeugbau, Erdölraffinerie, Elektro-, Bekleidungs-, Druck- und chemische Industrie. Daneben zählen Filmindustrie und der Tourismus zu den wichtigsten Wirtschaftsfaktoren Prags.

Unterkunft

Hotels

*******Aria**, Tržiště 9, Kleinseite, Tel. 225 33 41 11, www.ariahotel.net. Luxuriöse Unterkunft im Zeichen der Musik: Alle Zimmer sind Musikern gewidmet, es gibt eine Musikbibliothek sowie einen Musiksalon.

*******Ambassador – Zlatá Husa**, Václavské náměstí 5–7, Neustadt, Tel. 224 19 31 11, www.ambassador.cz. Hotel in zwei historischen Gebäuden direkt am Wenzelsplatz mit zwei Restaurants, Pub, Weinstube, Kasino und Wellnessangeboten.

*******Corinthia Towers Hotel**, Kongresová 1, Prag 4, Tel. 261 19 11 51, www.corinthia.cz. Hotelhochhaus am Innenstadtrand mit breitem Unterhaltungsangebot, u.a. Bowlingbahn. Neben Kongresszentrum.

TOP TIPP *******Hilton Praha**, Pobřežní 1, Prag 8, Tel. 224 84 11 11, www.prague.hilton.com. Eines der größten Hotels der Tschechischen Republik bietet Luxus und Komfort in modernster Architektur aus Glas und Stahlbeton. Hinter dem futuristischen Gebäudekubus verbergen sich 788 Zimmer, diverse Restaurants, Fitness- und Wellnessbereiche.

*******InterContinental Prague**, Náměstí Curieových 43, Josefstadt, Tel. 296 63 11 11, www.icprague.com. Großes, modernes Gebäude am Moldauufer nahe der Čech-Brücke mit Restaurant, Café und Bierstube sowie Geschäften und Fitnessstudio. Das Restaurant Zlatá Praha im 9. Stock bietet ein schönes Altstadt-Panorama.

*******Mandarin Oriental Prague**, Nebovidska 459/1, Kleinseite, Tel. 233 08 88 88, www.mandarinoriental.com/prague. Einst Dominikanerkloster, heute gediegene Luxusherberge mit 99 Zimmern und Suiten sowie Spa.

TOP TIPP *******Palace Praha**, Panská 12, Neustadt, Tel. 224 09 31 11, www.palacehotel.cz. Eines der schönsten Prager Hotels in einem traditionsreichen Jugendstilgebäude von 1909 mit allem modernen Komfort und stilvoller Einrichtung.

*******Paříž**, U Obecního domu 1, Altstadt, Tel. 222 19 51 95, www.hotel-pariz.cz. Jugendstilhotel (seit 1904) in der Nähe des Pulverturms mit Restaurant und Café im Erdgeschoss.

*******U Zlaté Studne**, U Zlaté studne 166/4, Kleinseite, Tel. 233 92 01 18, www.hotelgoldenwell.cz. Kleines feines Boutique-Hotel in einem spätbarocken Gebäude in malerischer Lage. Gourmetrestaurant mit Aussichtsterrasse.

******987 Prague Hotel**, Senovazne namĕstí 15, Josefstadt, Tel. 222 21 03 63, www.987-praguehotel.com. Schickes Designhotel in zentraler Lage.

******Diplomat**, Evropská 15, Prag 6, Tel. 296 55 91 11, www.diplomatpraha.cz. Ehem. Regierungshotel mit viel Komfort.

******Domus Henrici**, Loretánská 11, Hradschin, Tel. 220 51 13 69, www.domus-henrici.cz. Charmantes Boutiquehotel mit sieben weitläufigen Zimmern und einer Suite. Von den beiden lauschigen Dachterrassen genießt man einen herrlichen Blick auf die Gärten des Laurenziberges.

******Dorint Novotel Don Giovanni Praha**, Vinohradská 157 a, Prag 3, Tel. 267 03 11 11, www.dorint.com. Großes 397-Zimmer-Haus, 3 km vom Stadtzentrum entfernt.

TOP TIPP ******Jalta Praha**, Václavské náměstí 45, Neustadt, Tel. 222 82 21 11, www.jalta.cz. Direkt am Wenzelsplatz gelegenes Hotel mit 94 stilvoll eingerichteten Zimmern und Restaurant mit Gartenterrasse.

******Sax**, Jánský vršek 328, Kleinseite, Tel. 257 53 12 68, www.sax.cz. Psychedelische Tapeten, großgepunktete Bettwäsche, Hänge-Sessel: Wer das Design der 1950er–70er-Jahre mag, wird sich hier rundum wohlfühlen.

******Top Hotel Praha**, Blažimská 1781, Prag 4, Chodov, Tel. 267 28 41 11, www.tophotel.cz. Riesige Hotelanlage mit 1020 durchweg angenehmen Zimmern. Diverse Fitnessangebote und japanischer Garten.

******Ungelt**, Stupartska 7, Josefstadt, Tel. 222 74 59 00, www.ungelt.cz. In dem schönen Altbau schläft man unter bemalten Holzdecken in großzügigen Apartments mit Wohn- und Schlafzimmer sowie kleiner Küche.

******U Páva**, U Lužického semináře 32, Kleinseite, Tel. 257 53 33 60, Fax 257 53 09 19, www.romantichotels.cz. Kleines Haus mit gemütlicher Einrichtung und freundlichem Personal.

******U Raka**, Černínská 10, Hradschin, Tel. 220 51 11 00, www.romantikhotel-uraka.cz. Sechs exklusive, individuelle Gästezimmer in stimmungsvollem kleinem Landhaus auf einer Anhöhe nahe dem Loreto-Heiligtum.

******U Tří Pštrosů**, Dražického náměstí 12, Kleinseite, Tel. 257 28 88 88, www.hotelutripstrosu.cz. Eines der ältesten Hotels Prags direkt an der Karlsbrücke. Wem seine Nachtruhe lieb ist, sollte allerdings um ein Zimmer im hinteren Teil des Gebäudes bitten. Restaurant mit internationalen Gerichten.

/Jelení Dvůr**, Jelení 197, Hradschin, Tel. 233 02 83 33, www.hotel-jeleni-dvur.info. Familiäres Hotel mit 30 komfortablen Zimmern nahe der Prager Burg, gute Straßenbahnanbindung.

*****Albatros**, Nábřeží L. Svobody/Kai Ludvíka, Neustadt, Tel. 224 81 05 47, www.botelalbatros.cz. Mal etwas anderes: Botel, also ein Hotel in einem Boot, am Ufer der Moldau mit rustikalem Charme, komfortablen Kajüten und Restaurant auf dem Oberdeck.

*****Belvedere**, Milady Horákové 19, Prag 7, Tel. 220 10 61 11, www.europehotels.cz. Im Stadtteil Holešovice gelegenes Hotel, das mit Restaurant, Disko-Klub und Abendveranstaltungen mit tschechischer Blasmusik zu den lebhafteren Häusern gehört.

*****Centrál**, Rybná 8, Altstadt, Tel. 224 81 20 41, www.orfea.cz. Hotel in zentraler Lage mit 70 komfortablen Zimmern und Restaurant.

*****Pension Museum**, Mezibranská 15, Neustadt, Tel. 296 32 51 86, www.pensionmuseum.cz. Modern eingerichtete Zimmer nahe dem Wenzelsplatz. Kleiner Garten.

*****U Klenotníka**, Rytířská 3, Altstadt, Tel. 224 21 16 99, Fax 224 22 10 25, www.uklenotnika.cz. Reizvolles Familienhotel mit elf kleinen, gepflegten Zimmern in einem restaurierten Bürgerhaus mit Mauern aus dem 13. Jh.

/*Extol Inn**, Pristavni 2, Holešovice, Tel. 220 80 25 49, www.extolinn.cz. Freundliches und zentrumsnahes Hotel. Es gibt ein einfacheres Haus und eines mit etwas mehr Komfort, wie Fitnessraum, Sauna und Whirlpool.

Hostels und Jugendherbergen

*****Juniorhotel Praha**, Senovážné náměstí 21, Neustadt, Tel. 222 24 80 57, www.junior-hotel.info. Schlichte Zimmer beim Hauptbahnhof.

TOP TIPP **Czech Inn**, Francouzská 76, Prag 2, Tel. 267 26 76 00, www.czech-inn.com. Vom 12er-Schlafsaal über das Einzelzimmer bis hin zur Café-Bar: Hier ist alles modern durchgestylt. Das Frühstück kostet extra.

Podolí, Na Lysině 12, Blok B, Prag 4, Tel. 233 35 37 39, www.podoli.prague-hostels.cz, Mai–Ende Sept. geöffnet. Schlichte Unterkunft in einem Wohnviertel nahe der Vyšehrad Burg: Gemeinschaftsbad, kein Frühstück dafür aber sehr günstig.

Youth Hostel Týn, Týnská 19, Altstadt, Tel. 224 82 85 19, www.hosteltyn.com. Schlichte, sehr ordentliche 2- bis 6-Bett-Zimmer in einem reizenden Hinterhof nahe dem historischen Teynhof. Kein Frühstück, aber Restaurants in der Nähe.

Privatzimmer

Private Unterkünfte, die zumeist sehr gut sind, vermitteln die Büros der Tourismusämter sowie private Reisebüros am Hauptbahnhof, Flughafen und im Zentrum [s. S. 116]. Neuankömmlinge werden häufig auch von Privatpersonen angesprochen, die ihre Wohnung zur Vermietung anbieten. Da nicht alle diese Offerten seriös sind, empfiehlt sich jedoch eine Vermittlung durch die etablierten Büros, etwa das PIS [s. S. 116].

Verkehrsmittel

Öffentliche Verkehrsmittel

Von 5–24 Uhr stehen täglich die **U-Bahn** (Metro) sowie **Straßenbahnen** und **Busse** nach Fahrplan zur Verfügung. Das Beförderungsgeld ist gering. *Fahrscheine* für die Benutzung aller öffentlichen Verkehrsmittel mit Umsteigeberechtigung gibt es an den Automaten in den Metrostationen oder in Zeitungskiosken, Tabakläden, Reisebüros, Metrostationen, Bahnhöfe, Hotelrezeptionen. Sie sind bei Fahrtantritt zu entwerten und gelten ab dann auf allen Strecken 75 Minuten. Günstigere Kurzstreckenfahrten gelten tagsüber 20 Minuten lang und bis zu max. fünf U-Bahn-Stationen. Für häufige Fahrten sind 24-Stunden-Scheine oder Touristenfahrkarten erhältlich für 1 Tag bzw. 3, 7 oder 15 Tage preisgünstiger und bequemer.

Alle Tickets (außer die Kurzstrecken) gelten auch für die **Seilbahn** auf den Laurenziberg sowie für die **Moldaufähren** (Route 1: Smetanovo nábřeží – Střelecký ostrov – Slovanský ostrov – Dětský; Route 2: Jiráskova náměstí – Výtoň – Smíchovská náplavka – Císařská louka), Mitte April–Mitte Okt. tgl 8–20 Uhr.

Achtung: Von Frühjahr 2009 bis Mitte 2010 ist die Metrostation Narodní třída wegen Umbauarbeiten geschlossen. Es emphiehlt sich, in dieser Zeit in den nächstgelegenen Metrostationen Muzeum oder Karlovo náměstí aus- bzw. zuzusteigen.

Information:

Dopravní podnik hl. m. Prahy (Prager Verkehrsbetriebe), Tel. 800 19 18 17, www.dpp.cz.

Informationszentren der Prager Verkehrsbetriebe befinden sich in folgenden Metrostationen: Muzeum (Metro A und C), Můstek (Metro B, Unterführung Jungmannovo náměstí), Nádraží Holešovice (Metro C, Ausgang Plynární) und Anděl (Metro B) sowie am Flughafen Ruzyně.

Mietwagen

Avis, Praha City Center, Klimentská 46, Neustadt, Tel. 221 85 12 256, www.avis.cz

Budget, Hotel InterContinental, Náměstí Curieových 5, Josefstadt, Tel./Fax 222 31 95 95, www.budget.cz

Europcar, Pařížská 28, Josefstadt, Tel. 224 81 12 90, www.europcar.cz

Hertz, Karlovo náměstí 28, Prag 2, Tel. 225 34 50 31, www.hertz.cz

Für Mitglieder bietet die **ADAC-Autovermietung GmbH** günstige Bedingungen. Buchungen vorab über Tel. 018 05/31 81 81 (0,14 €/Min.) oder die ADAC-Geschäftsstellen.

Taxi

Für die Prager Taxis gelten Festpreise pro gefahrenem Kilometer (derzeit 28 Kč), der Grundpreis sollte 40 Kč betragen, Wartezeit wird mit 6 Kč/Min. berechnet. Allerdings wird die Situation auf dem Taxi-Markt noch immer nicht kontrolliert und es gibt zahlreiche schwarze Schafe unter den Fahrern. Es ist daher unbedingt ratsam, den Preis vor der Abfahrt zu vereinbaren oder ein **Funktaxi** – AAA, Tel. 140 14 – zu rufen.

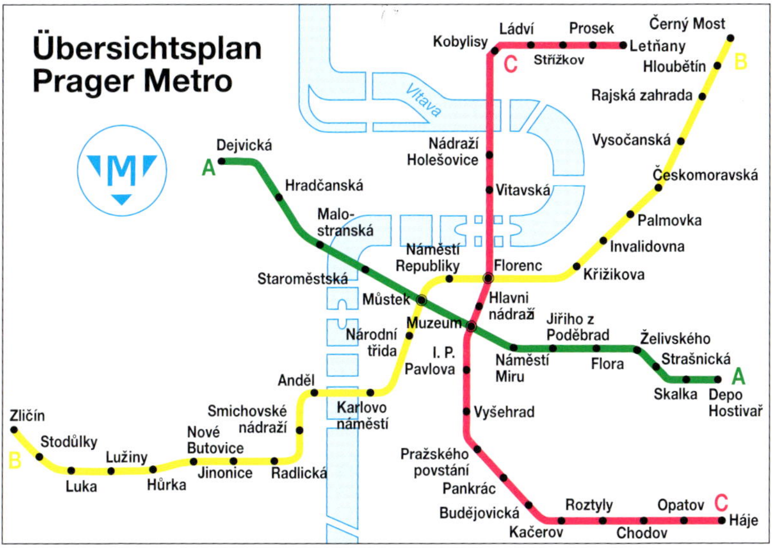

Sprachführer

Tschechisch für die Reise

Das Wichtigste in Kürze

Ja/Nein	*Ano/Ne*
Bitte/Danke	*Prosím/Děkuji*
In Ordnung!/ Einverstanden!	*V pořádku! Souhlasím!*
Entschuldigung!	*Promiňte!*
Wie bitte?	*Jak prosím?*
Ich verstehe Sie nicht.	*Já Vám nerozumím.*
Ich spreche nur wenig Tschechisch.	*Já mluvím jenom trochu česky.*
Können Sie mir bitte helfen?	*Můžete mi, prosím, pomoci?*
Das gefällt mir (nicht).	*To se mi líbí (nelíbí).*
Ich möchte …	*Rád bych …*
Haben Sie …?	*Máte …?*
Wie viel kostet das?	*Kolik to stojí?*
Kann ich mit Kreditkarte bezahlen?	*Mohu platit kreditní kartou?*
Wie viel Uhr ist es?	*Kolik je hodin?*
Guten Morgen!	*Dobré ráno!*
Guten Tag!	*Dobrý den!*
Guten Abend!	*Dobrý večer!*
Gute Nacht!	*Dobrou noc!*
Hallo!/Grüß dich!	*Haló!/Ahoj!*
Mein Name ist …	*Jmenuji se …*
Wie ist Ihr Name, bitte?	*Jak se jmenujete, prosím?*
Wie geht es Ihnen?	*Jak se Vám daří?*
Auf Wiedersehen!	*Nashledanou!*
Tschüs!	*Ahoj!*
gestern/heute/morgen	*včera/dnes/zítra*

Zahlen

0	*nula*	19	*devatenáct*
1	*jeden, jedna, jedno*	20	*dvacet*
2	*dva, dvě*	21	*dvacetjeden/ jedna / jedno*
3	*tři*	22	*dvacetdva /dvě*
4	*čtyři*	30	*třicet*
5	*pět*	40	*čtyřicet*
6	*šest*	50	*padesát*
7	*sedm*	60	*šedesát*
8	*osm*	70	*sedmdesát*
9	*devět*	80	*osmdesát*
10	*deset*	90	*devadesát*
11	*jedenáct*	100	*sto*
12	*dvanáct*	200	*dvěstě*
13	*třináct*	1 000	*tisíc*
14	*čtrnáct*	2 000	*dva tisíce*
15	*patnáct*	10 000	*deset tisíc*
16	*šestnáct*	100 000	*sto tisíc*
17	*sedmnáct*	$1/4$	*čtvrtina*
18	*osmnáct*	$1/2$	*polovina*

am Vormittag/ am Nachmittag	*dopoledne/ odpoledne*
am Abend/ in der Nacht	*večer/ v noci*
um 1 Uhr/ um 2 Uhr …	*v jednu hodinu/ ve dvě hodiny …*
um Viertel vor/ um Viertel nach …	*ve třičtvrtě na/ ve čtvrt na …*
um … Uhr 30	*v půl …*
Minute(n)/ Stunde(n)	*minuta (minuty)/ hodina (hodiny)*
Tag(e)/ Woche(n)	*den (dny)/ týden (týdny)*
Monat(e)/Jahr(e)	*měsíc(e)/rok(y)*

Wochentage

Montag	*pondělí*
Dienstag	*úterý*
Mittwoch	*středa*
Donnerstag	*čtvrtek*
Freitag	*pátek*
Samstag	*sobota*
Sonntag	*neděle*

Monate

Januar	*leden*
Februar	*únor*
März	*březen*
April	*duben*
Mai	*květen*
Juni	*červen*
Juli	*červenec*
August	*srpen*
September	*září*
Oktober	*říjen*
November	*listopad*
Dezember	*prosinec*

Maße

Kilometer	*kilometr*
Meter	*metr*
Zentimeter	*centimetr*
Kilogramm	*kilogram*
Pfund	*pfund*
Gramm	*gram*
Liter	*litr*

Unterwegs

Nord/Süd/West/ Ost	*sever/jih/západ/ východ*
oben/unten	*nahoře/dole*
geöffnet/geschlossen	*otevřeno/zavřeno*

geradeaus/links/ rechts/zurück	*přímo/vlevo/ napravo/zpátky*
nah/weit	*blízko/daleko*
Wie weit ist ...?	*Jak daleko je ...?*
Wo sind die Toiletten?	*Kde jsou záchody?*
Wo ist die (der) nächste Telefonzelle/ Bank/ Polizei/ Geldautomat?	*Kde je nejbližší telefonní budka/ banka/ policie/ bankomat?*
Bitte, wo ist … der Hauptbahnhof/ der Busbahnhof/ die U-Bahn/ der Flughafen?	*Prosím Vás, kde je ... hlavní nádraží/ autobusové nádraží/ metro/ letiště?*
Wo finde ich … eine Apotheke/ eine Bäckerei/ Fotoartikel/ ein Kaufhaus/ ein Lebensmittel-geschäft/ den Markt?	*Kde najdu ... lékárnu/ pekárnu/ obchod s foto-grafickými přístroji/ obchodní dům/ obchod s potravinami/ trh?*
Ist das der Weg/ die Straße nach …?	*Vede tato cesta/ ulice do ...?*
Ich möchte mit dem Zug/dem Bus dem Schiff/der Fähre/ dem Flugzeug nach … fahren.	*Chtěl(a) bych jet vlakem/autobusem lodí/ trajektem/ letadlem do ...*
Gilt dieser Preis für Hin- und Rückfahrt?	*Platí tato cena tam i zpět?*
Wo ist das Fremden-verkehrsamt/ ein Reisebüro?	*Kde je turistická centrála/ cestovní kancelář?*
Ich benötige eine Hotelunterkunft.	*Rád bych se ubytoval v hotelu.*
Wo kann ich mein Gepäck lassen?	*Kde mohu nechat moje zavazadlo?*

Zoll, Polizei

Ich habe etwas (nichts) zu verzollen.	*Mám (nemám) nic k proclení.*
Ich habe nur per-sönliche Dinge.	*Mám jenom osobní věci.*
Hier ist die Kauf-bescheinigung.	*Zde máte potvrzení o nákupu.*
Hier ist mein(e) … Geld/ Pass/ Personalausweis/ Kfz-Schein/ Versicherungskarte.	*Zde je (jsou) ... moje peníze/ můj pas/ osobní průkaz/ technický průkaz/ pojištění.*
Ich fahre nach … und bleibe … Tage/ Wochen.	*Jedu do ... a zůstanu ... dní/ týdnů.*
Ich möchte eine Anzeige erstatten.	*Chtěl bych podat oznámení.*
Man hat mir ... Geld/ die Tasche/ die Papiere/ die Schlüssel/ den Fotoapparat/ den Koffer/ das Fahrrad gestohlen.	*Byly mi ... ukradeny peníze/ ukradena taška/ ukradeny papíry/ ukradeny klíče/ ukraden fotoaparát/ ukraden kufr/ ukradeno kolo.*
Verständigen Sie bitte das Deutsche Konsulat.	*Vyrozumte, prosím, německý konsulát.*

Freizeit

Ich möchte ein … Fahrrad/ Motorrad/ Surfbrett/ Mountainbike/ Pferd mieten.	*Chtěl(a) bych si pronajmout ... kolo/ motorku/ prkno na serfování/ horské kolo/ koně.*
Gibt es ein(en) … Freizeitpark/ Freibad/ Golfplatz in der Nähe?	*Je zde v blízkosti ... zábavní park/ plovárna/ golfové hřiště?*
Wo ist die (der) nächste Bademög-lichkeit?	*Kde je nejbližší možnost koupání?*
Wann hat … geöffnet?	*Kdy otvírá ...?*

Hinweise zur Aussprache

á	wie ›ah‹, Bsp.: dálnice [dahlnjitse]
e	wie ›ä‹, Bsp.: deset [däsät]
é	wie ›äh‹, Bsp.: dobré ráno [dobräh rahno]
ě	wie ›jä‹, Bsp: děkuji! [djäkuji!]
í	wie ›ih‹, Bsp.: prosím [prossihm]
ó	wie ›oh‹, Bsp.: gól [gohl]
ú ů	wie ›uh‹, Bsp.: můj [muhj], působí [puhsobih]
ý	wie ›ih‹, Bsp.: týden [tihden]
c	wie ›tz‹, Bsp.: dvacet [dwatzet], am Wortende wie ›ts‹, Bsp.: pomoc [pomots]
č	wie ›tsch‹, Bsp.: číst [tschihst]
ch	wie ›ch‹, Bsp.: chodit
ň	wie ›nj‹ wie in ›Kognak›, Bsp.: promiňte [prominjte]
ř	etwa wie ›rsch‹, Bsp.: říkat [rschihkat]
š	wie ›sch‹, Bsp.: šest [schest]
v	wie ›w‹, Bsp.: devět [däwjet]
y	wie ›i‹, Bsp.: ryby [ribi]
z	wie ›s‹, Bsp.: rozumím [rosumihm], am Wortende wie ›ss‹, Bsp.: vaz [wass]
ž	stimmhaftes ›sch‹ wie in ›Genie‹, Bsp.: žádost [schahdost]

Die Betonung liegt im Tschechischen stets auf der ersten Silbe.

Bank, Post, Telefon

Ich möchte Geld wechseln.	*Chtěl bych vyměnit peníze.*
Brauchen Sie meinen Ausweis?	*Potřebujete můj průkaz?*
Wo soll ich unterschreiben?	*Kde se mám podepsat?*
Ich möchte eine Telefonverbindung.	*Chtěl(a) bych telefonovat.*
Wie lautet die Vorwahl für …?	*Jaké je směrovací číslo do ...?*
Wo gibt es …	*Kde dostanu ...*
Münzen für den Fernsprecher/	*drobné na telefon/*
Telefonkarten/	*telefonní karty/*
Briefmarken?	*známky?*

Tankstelle

Wo ist die nächste Tankstelle?	*Kde je nejbližší benzinová pumpa?*
Ich möchte … Liter …	*Chtěl(a) bych ... litrů ...*
Super/Diesel/	*super/nafty/*
bleifrei/	*naturálu (bez olova)/*
verbleit/	*olovnatého*
mit … Oktan.	*oktanového ... benzínu.*
Volltanken, bitte!	*Plnou nádrž, prosím!*
Bitte prüfen Sie …	*Prosím, přezkoušejte ...*
den Reifendruck/	*tlak v kolech/*
den Ölstand/	*stav oleje/*
den Wasserstand/	*stav vody/*
das Wasser für die Scheibenwischanlage/	*stav vody v nádrži na stěrače/*
die Batterie.	*baterii.*
Würden Sie bitte …	*Bylo by možné ...*
den Ölwechsel/	*vymněnit olej/*
den Radwechsel vornehmen/	*vymněnit kolo/*
die Sicherung austauschen/	*vymněnit pojistku/*
die Zündkerzen erneuern (nachstellen)/	*vymněnit svíčky dát nové (seřídit)/*
den Wagen waschen?	*umýt auto?*

Panne

Ich habe eine Panne.	*Mám poruchu.*
Der Motor startet nicht.	*Motor nestartuje.*
Ich habe die Schlüssel im Wagen gelassen.	*Zapomněl jsem klíče v autě.*
Ich habe kein Benzin/ Diesel.	*Nemám benzín/ naftu.*
Gibt es hier in der Nähe eine Werkstatt?	*Je zde v blízkosti autoopravna?*
Können Sie meinen Wagen abschleppen?	*Můžete odtáhnou moje auto?*
Können Sie mir einen Abschleppwagen schicken?	*Můžete mi poslat odtahový vůz?*
Können Sie den Wagen reparieren?	*Můžete to auto opravit?*
Bis wann?	*Kdy to bude hotové?*
Ich möchte ein Auto mieten.	*Rád bych si pronajal auto.*
Was kostet die Miete?	*Kolik stojí pronájem?*
pro Tag/pro Woche/	*na den/na týden/*
mit unbegrenzter Kilometer-Zahl/	*s neomezenými kilometry/*
mit Kaskoversicherung/ Kaution?	*s povinným ručením s kaucí?*
Wo kann ich den Wagen zurückgeben?	*Kde mohu auto vrátit?*

Unfall

Hilfe!	*Pomoc!*
Achtung!/Vorsicht!	*Pozor!*
Rufen Sie bitte schnell …	*Zavolejte, prosím, rychle ...*
einen Krankenwagen/	*sanitku /*
die Polizei/	*policii/*
die Feuerwehr.	*hasiče.*
Es war (nicht) meine Schuld.	*Byla (nebyla) to moje vina.*
Geben Sie mir bitte Ihren Namen und Ihre Adresse.	*Dejte mi, prosím, Vaše jméno a Vaší adresu.*
Ich brauche die Angaben zu Ihrer Autoversicherung.	*Potřebuji údaje o Vaší pojišťovně.*

Krankheit

Können Sie mir einen guten Deutsch sprechenden Arzt/ Zahnarzt empfehlen?	*Můžete mi doporučit dobrého, německy mluvícího, lékaře/ zubaře?*
Wo ist die nächste Apotheke?	*Kde je nejbližší lékárna?*
Ich brauche ein Mittel gegen ...	*Potřebuji léky proti ...*
Durchfall/	*průjmu/*
Halsschmerzen/	*bolení v krku/*
Fieber/	*horečce/*
Verstopfung/	*zácpě/*
Zahnschmerzen.	*bolení zubů.*

Hotel

Können Sie mir ein Hotel/eine Pension empfehlen?	*Můžete mi doporučit hotel/pension?*
Ich habe bei Ihnen ein Zimmer reserviert.	*Reservoval jsem u Vás pokoj.*
Haben Sie …	*Máte ...*
ein Einzel-/	*jednolůžkový/*
Doppelzimmer …	*dvoulůžkový pokoj ...*
mit Bad/	*s koupelnou/*
Dusche/	*s prchou/*
für eine Nacht/	*na jednu noc/*
für eine Woche?	*na týden?*

Was kostet das Zimmer mit Frühstück/ mit Halbpension/ mit Vollpension?	*Kolik stojí pokoj se snídaní/ s poloviční pensí/ s plnou pensí?*
Wie lange gibt es Frühstück?	*Do kolika hodin se podává snídaně?*
Ich möchte um … geweckt werden.	*Chtěl bych být v ... hodin vzbuzen.*
Ich reise heute Abend/ morgen früh ab.	*Odjíždím dnes večer/ zítra ráno.*
Haben Sie ein(en) Faxgerät/Hotelsafe?	*Máte fax/ hotelový tresor?*
Nehmen Sie Kreditkarten an?	*Akceptujete kreditní karty?*
Kann ich Geld wechseln?	*Můžete mi vyměnit peníze?*

Restaurant

Wo gibt es ein gutes/ ein günstiges Restaurant?	*Kde najdu dobrou/ levnou restauraci?*
Die Speisekarte/ Getränkekarte, bitte.	*Podejte mi, prosím, jídelní lístek/ nápojový lístek!*
Welches Gericht können Sie besonders empfehlen?	*Které jídlo mi můžete obzvlášť doporučit?*
Ich möchte das Tagesgericht/ Menü (zu …)	*Dal bych si jídlo z denní nabídky/ menu (v ceně ...)*
Ich möchte nur eine Kleinigkeit essen.	*Dal bych si jen maličkost.*
Gibt es vegetarische Gerichte?	*Máte zeleninová jídla?*
Haben Sie offenen Wein?	*Máte rozlévaná vína?*
Welche alkoholfreien Getränke haben Sie?	*Jaké nealkoholické nápoje máte?*
Haben Sie Mineralwasser mit/ ohne Kohlensäure?	*Máte minerálku s/ bez bublinek?*
Das Steak bitte ... englisch/ medium/ durchgebraten.	*Ten biftek, prosím, ... anglicky/ medium/ dobře propečený.*
Können Sie mir bitte … ein Messer/ eine Gabel/ einen Löffel geben?	*Můžete mi dát, prosím, ... nůž/ vidličku/ lžíci?*
Darf man rauchen?	*Může se zde kouřit?*
Die Rechnung, bitte/ Bezahlen, bitte!	*Účet, prosím/ Zaplatím, prosím!*

Essen und Trinken

Abendessen	*večeře*
Apfel	*jablko*
Apfelsine	*pomeranč*
Aubergine	*jilek*
Banane	*banán*
Bier	*pivo*
Birne	*hruška*
Braten	*pečeně*
Brot/ Brötchen	*chleba/rohlíky*
Butter	*máslo*
Ei	*vejce*
Eiscreme	*zmrzlina*
Erdbeere	*jahoda*
Essig	*ocet*
Fisch	*ryba*
Flasche	*flaška*
Fleisch	*maso*
Fruchtsaft	*džus*
Frühstück	*snídaně*
Geflügel	*drůbež*
Gemüse	*zelenina*
Glas	*sklenice*
Gurke	*okurka*
Hörnchen	*rohlík*
Huhn	*kuře*
Hummer	*humr*
Kaffee (schwarzer Kaffee, Kaffee mit Milch)	*kafe (černá káva, bílá káva)*
Kalbfleisch	*telecí maso*
Kartoffeln	*brambory*
Kartoffelknödel	*bramborové knedlíky*
Käse	*sýr*
Kirschen	*třešně*
Krug/Karaffe	*džbánek/karafa*
Marmelade	*džem*
Meeresfrüchte	*mořský salát*
Milch	*mléko*
Milchkaffee	*kafe s mlékem*
Mineralwasser	*minerálka*
Mittagessen	*oběd*
Nachspeisen	*moučník*
Obstknödel	*ovocné knedlíky*
Öl	*olej*
Orangensaft	*pomerančový džus*
Pfeffer	*pepř*
Pflaumen	*švestky*
Pilze	*houby*
Reis	*rýže*
Rindfleisch	*hovězí maso*
Salat (gemischter Salat)	*salát (míchaný)*
Salz	*sůl*
Schinken	*šunka*
Schweinefleisch	*vepřové maso*
Suppe	*polévka*
Süßigkeiten	*sladkosti*
Tee	*čaj*
Thunfisch	*tučňák*
Vorspeisen	*předkrm*
Wassermelone	*meloun*
Wein Weiß-/ Rot-/ Rosé-Wein	*víno bílé/ červené/ růžové*
Weintrauben	*hroznové víno*
Wiener Schnitzel	*smažený řízek*
Wurst	*salám*
Zucker	*cukr*

Register

Q

R

S

T

U

V

W

Z

Bildnachweis

Umschlag-Vorderseite: Buntes Menschengewimmel auf der Karlsbrücke.
Foto: Helga Lade, Frankfurt (joke)
Umschlag-Vorderseite Reiseführer Plus: Blick vom Letná-Plateau über das nächtliche Prag. Foto: Visum, Hamburg (R. Nobel)

Titelseite
Oben: Blick auf den Altstädter Ring (Wh. von S. 78/79)
Mitte: Das Tanzende Haus in der Neustadt (Wh. von S. 9)
Unten: Prager Kaffeehaus (Wh. von S. 8)

AKG, Berlin: 12, 13 unten, 72 (N.N.), 28, 51, 80 oben (H. Champollion), 38, 106 unten (E. Lessing), 43, 101 (Bildarchiv Monheim), 59 (Archiv Klaus Wagenbach) – Anzenberger, Wien: 40 (A. Pacciani), 74 unten (M. Horvath), 83, Umschlag Rückseite (Y. Levy) – Argus, Hamburg: 100 oben (Raupach) – Bilderberg, Hamburg: 10 unten, 27 (R. Spalek), 36 (J. Heimann), 39 (J. Modrak) – Das Fotoarchiv, Essen: 8 Mitte (M. Dlouhy) – dpa Picture Alliance, Frankfurt: 24/25 (R. Martini), 67 (W. Thieme/ZB) – F1online, Frankfurt: 55 oben, 103 unten (Profimedia), 97 (Jon Díez Beldarrain/AGE) – Gruppe/28, Hamburg: 30 (H. Madej) – Helga Lade, Frankfurt: 60/61 (joke) – Jupiterimages, Ottobrunn: 6/7 (Chumra), 10/11, 29, 106 oben (Jonarnoldimages), 78/79 (Imagestate), 112/113 (R. Harding) – Laif, Köln: 7 oben, 9 rechts, 16/17, 23, 41, 46/47, 62/63, 85 oben, 98 (M. Gonzalez), 7 Mitte, 11 unten, 48 unten, 50, 105 (Hemispheres), 7 unten, 82 (Hoa-Qui), 8 unten (Modrow), 9 links, 36/37, 74 oben, 75 (T. Gerber), 10 oben, Umschlag Rückseite (de Russe/Le Figaro Magazine), 11 Mitte (M. Borgese/Hemis), 45, 66, 84, 89, 108 unten, 112 (J.-B. Rabouan/Hemis), 48 oben, 96, 109 (Hemis), 92 unten (A. Casasoli/Contrasto) – Lobkowicz Events Management, Nelahozeves: 34 – Look, München: 70/71 (F. M. Frei), 77 (E. Fleisher), 81, Umschlag Rückseite (age fotostock) – Mauritius Images, Mittenwald: 9 oben, 33 (H. Higuchi), 21, 76 (Photononstop), 24 (imagebroker/A. Pöschel), 26 (Tetra Images), 32 (Cash), 53, 57, 100 unten, 103 oben, 111 (Profimedia), 52 (imagebroker/E. Strigl), 56 (N.N.), 58 unten, 87 (imagebroker/J. Richter), 60 (imagebroker/alimdi/ J. Sedmak), 68 (Author`s Image), 73 (SuperStock), 80 unten (H. T. Kaiser), 99 (Jiri) – Museum Kampa, Prag: 58 oben – Národní Muzeum (Nationalmuseum), Prag: 70 – Okapia, Frankfurt: 90, 92 oben (R. Fischer) – Prague Information Service, Prag: 31, 35, 49, 55 unten, 94, 108 oben – Schapowalow, Hamburg: 8 oben/79 (FAN) – Superbild, München: 10 Mitte (E. Bach), 20, 91 (JTB) – SZ Photo, München: 13 oben (Scherl), 14, 15 oben (N.N.), 15 unten (S. Simon) – Transit, Leipzig: 54 (P. Hirth), 107 (Th. Haertrich) – Ullstein Bild, Berlin: 69 (N.N.) – Umeleckoprumyslové Muzeum (Kunstgewerbemuseum), Prag: 85 unten – Visum, Hamburg: 18/19, 95 (A. Buellesbach), 64/65 (S. Doering)

Impressum

Redaktionsleitung: Dr. Dagmar Walden
Lektorat: Cornelia Hübler, München
Bildredaktion: Cornelia Hübler, München, und Astrid Rohmfeld
Karten: Huber Kartographie, München
Herstellung: Martina Baur
Druck, Bindung: Stürtz GmbH, Würzburg
Printed in Germany

Ansprechpartner für den Anzeigenverkauf:
Kommunalverlag GmbH & Co KG,
MediaCenterMünchen, Tel. 089/92 80 96-44

ISBN 978-3-89905-493-4
ISBN 978-3-89905-249-7 Reiseführer Plus

Gedruckt auf chlorfrei gebleichtem Papier

Neu bearbeitete Auflage 2009

1 Tag in Prag

Zu Beginn natürlich auf den **Hradschin**, zunächst wegen der großartigen Aussicht auf die Kleinseite sowie jenseits der Moldau auf die Alt- und Neustadt. Vom **Hradschiner Platz** zu Fuß durch den Ersten und Zweiten Burghof zum **Dom St.**

Veit mit der edelsteinschimmernden **Wenzelskapelle**. Neben der Kapelle durch das Südtor des Domes zum **Alten Königspalast** mit dem schönen Wladislaw-Saal. Über die Reiterstiege vorbei an der romanischen **St.-Georgs-Kirche** zum pittoresken **Goldenen Gässchen**. Über die Alte Schlossstiege zum Stadtteil Kleinseite, durch die von Adelspalästen gesäumte Waldsteingasse zum **Kleinseitener Ring**. Dann über die **Karlsbrücke** mit ihren prächtigen Barockplastiken zum **Kreuzherren-Platz**. Weiter durch die schöne **Karlsgasse** zum **Altstädter Rathaus** mit der berühmten Astronomischen Uhr. Zum Abschluss der überwältigende **Altstädter Ring**, eventuell **St. Niklas in der Altstadt** als Beispiel des Prager Barock. Für Unermüdliche noch ins ehemalige **Jüdische Getto**. Am Abend Oper oder Ballett in **Ständetheater**, **Staatsoper** oder **Nationaltheater**, in die **Laterna Magika** oder einfach Bummel über den Wenzelsplatz.

1 Wochenende in Prag

Freitag: Ein Tag ›Königliches Prag‹, beginnend mit dem Königlichen Garten und dem Lustschloss **Belvedere**, dann auf die Prager Burg, in den **Veitsdom**, die **Wenzelskapelle** und den **Alten Königspalast** mit Wladislaw- und Statthalter-Saal. Dann in die romanische Kirche **St. Georg**. Abstecher zum **Goldenen Gässchen**, zurück durch die Burghöfe auf den **Hradschiner Platz**, wo sich nochmals ein herrlicher Blick auf Kleinseite und Altstadt bietet. Besichtigung der Sammlung ›Barock in Böhmen‹ im **Palais Schwarzenberg**. Anschließend in das zauberhafte **Loreto-Heiligtum** und die Schatzkammer. Weiterer Höhepunkt: **Kloster Strahov** mit der grandiosen Bibliothek!

Samstag: Der heutige Tag ist Prag als Stadt der Vielfalt gewidmet. Zunächst zum **Altstädter Rathaus** mit der Astronomischen Uhr. Die gotische **Teyn-Kirche**, die Barockkirche **St. Jakob** und das gotische **Agnes-Kloster** mit der hervorragenden mittelalterlichen Sammlung stehen nun auf dem Programm. Durch die **Zeltnergasse** zum **Pulverturm** und **Gemeindehaus**, einem Hauptwerk der Prager Sezession. Nun über den Graben zum **Wenzelsplatz**. Am Nachmittag geht es zur gotischen Kirche **Maria im Schnee**, abschließend über die **Nationalstraße** mit bedeutenden Jugendstil- und Gründerzeitbauten bis zum **Nationaltheater** am Moldauufer.

Sonntag: Jüdisches Prag, Adelspaläste und Bürgerhäuser. Im ehemaligen Getto Besuch der **Altneu-Synagoge** und des **Jüdischen Museums**. Spaziergang über den Pariser Boulevard zum **Kleinen Ring** und durch die **Karlsgasse**, vorbei an der **Welschen Kapelle** zum **Kreuzherren-Platz** an der Moldau, wo man das überwältigende Panorama bewundert! Über die **Karlsbrücke** zur malerischen Kleinseite. Am Nachmittag **St. Niklas-Kirche** mit der prächtigen Kuppel, durch die zauberhafte **Nerudagasse**. Zum Abschluss **Palais Waldstein** mit **Garten** – Ruhe, Kunstgenuss und ein prachtvoller Blick zum Hradschin! Für Unermüdliche: die Kirche **Maria de Victoria** mit dem berühmten Prager Jesulein, das Viertel um die **Malteser-Kirche** und über die Moldauinsel **Kampa** zurück zur Karlsbrücke.

15.07. - 02.08.2009
WWW.PRAGUEPROMS.CZ
PRAGUE PROMS®
INTERNATIONAL MUSIC FESTIVAL
09
ČESKÉ DRÁHY, a. s.

64. Internationales
Musikfestival
PRAGER
FRÜHLING
PRAGUE
SPRING
64th International
Music Festival
In Zusammenarbeit mit dem Kulturministerium der Tschechischen Republik
Partner Hauptstadt Prag
Ausführliches Programm
unter der Adresse:
www.festival.cz
Kartenverkauf: Verkaufstellen
Ticketpro, www.ticketpro.cz
Kasse des Prager Frühlings,
nám. Jana Palacha, Prag 1
12. Mai - 3. Juni 2009